UNREAD

花鸟风月
日本史

四季风物中的
日式美学

[日] 高桥千剑破——著　　　曹倩——译

贵州出版集团
贵州人民出版社

目　录

引言

　　日本的文化传统，正是根源于"花鸟风月"四个字所象征的、在四季中交织的美丽自然。

　　日本是世上为数不多一年四季自然变化极为丰富的国家。不变的山川草木根据季节的变化展现出千姿百态。风，吹来季节的变化；雨雪，滋润着大地。日本人在这般美丽富饶的自然环境中创造了历史，也孕育出文化。自古以来，不论是物语、诗歌这样的文学作品，还是绘画、雕刻等美术作品，都会约定俗成般地展现花鸟风月。但是，这一传统如今似乎渐渐被遗忘了。甚至在文学的世界中，这种传统也只是好不容易才在俳句的季语中保住了命脉。

　　日常生活中，我已很久没有走过土路了。

　　而小时候，路大多是土路。

　　以前，冬天走在路上时，会故意去踩路边的霜柱。上学途中，还会把路面上的那层冰踩出裂纹。

　　春天到来，冰霜融化后，道路很是泥泞，木屐的屐齿里往往满是泥巴，所以走路时还要拿根小棍，时不时把木屐底的泥巴清理一下。有时为了把木屐底下的泥弄掉，还会去踢路边的小石子，结果有一次竟把木屐给踢坏了。但是，春天走在路上，实在是心旷神怡，能闻到春的味道，嗅到细嫩

1

青草的气息。

尽管款冬花已经发芽，但偶尔吹来的风还是会让人感受到尚未消散的冬意，而这时婆婆纳开始开出蓝色的小花。艾草遍地发芽，笔头菜也开始露头。渐渐地，终于能在路边看到野芝麻、荠菜、堇菜，还有连钱草和野豌豆了。田埂的蒲公英开了花，田地里满是紫云英。曾经这样的风景随处可见，而如今在城市近郊，这般春日景致都消失无踪了。

夏日里我经常光脚出门。路边总能看到盛放的牵牛花和虎杖花。还有车前草，不论怎么踩来踩去，它就是能霸道地趴在地上继续生长。我偶尔会走上大马路，至今还能记起柏油路面滚烫难耐、自己寸步难行的感觉。

如果是光脚走路，还是土路走起来最舒服。这样想来，从人类诞生于这个地球直至今日，赤脚行走的时间要长得多。

秋天，狗尾草和狼尾草可谓野蛮生长，而日语里别名"赤饭"（アカマンマ）的一种药草——马蓼，亦俯拾皆是。地榆之类的植物更是像地毯般铺满附近的堤坝。野生的菊科小花肆意地在田间地头绽放。但如今，五颜六色的野花海洋和大片的芒草旷野，在大都市中早已成为遥远的记忆。

我现在住在埼玉县浦和市（现埼玉市）郊外的见沼田圃附近，在广阔的田野间纵横交错的田间路，如今基本上被铺修成柏油路，以前能钓到小鲫鱼或小麦穗鱼的见沼水沟，现在已用水泥重新砌筑，成了一条"没有生命"的水渠。斜坡林地的面积也在急剧减少。

如今，春夏秋冬依然轮回交替，但我们对于季节变换的感受却越来越迟钝。一整年下来，店里都可以售卖同样种类的蔬菜，就连鱼的售卖，也由于冷冻技术的提高，季节感越发淡薄。也就是说，我们正在抹消"时令"。

住在城市里的现代人丧失了季节感，忘却了美好的花鸟风月。曾经每一个日本人都理所当然地了解、熟悉的知识和感受，却正被现在的我们丢弃。

虽然如何应对高科技文明以及完全掌握电脑的使用，都是我们需要面对的重要课题，但是，希望大家不要忘记日本人应该延续下去的、跨越千年孕育出的花鸟风月精神和文化上的感性，因为这也是留给未来日本的一份重要遗产。

日本的环境现已遭到破坏，毫无疑问，我们身边日常的自然环境正走向恶化。而更可怕的是，我们正渐渐丢掉积累了上千年的文化感悟力。

大自然比它看上去的更加坚强。不论是动物还是植物都会努力不断地顺应环境的变化。当然，很多动植物因环境恶化而失去了它们的家园，在城市里再也看不到它们的身影了。另外，在城市里找到新的居所，开始繁衍生息的鸟类与昆虫也不在少数。从整体来看，日本在世界上仍可谓为数不多的自然环境得天独厚的国家。

但是，现在有多少人通过鸟儿的啼鸣感受季节，有多少人喜爱昆虫的鸣叫呢？又有多少人在风中捕捉四季的气息，通过雨的种类感受时节呢？

顺便一提，我们日常生活中看到的鸟大多是候鸟或漂鸟。什么时节什么样的鸟会飞来，它们何时会发出啼鸣声，又如何鸣叫——这些恐怕在以前是无人不知、无人不晓的，而我相信直到不久前，很多人也是知道的。这里的"很多人"不是指野鸟或自然爱好者，而是指普通人。

喜欢昆虫的鸣叫声可以说是日本人独有的情感。欧洲人在多数情况下将虫子的叫声视作噪声。过去的日本人会在秋季的漫漫长夜中欣赏昆虫的鸣叫声，有人甚至会为了听蟋蟀的叫声，专门跑去荒山野岭。一直以来，这些感受大自然之声的行为在很多日本人看来是理所当然的。但如今，又有多少人能够区分出不同昆虫的鸣叫声呢？

日本亦是风之国。表示"风"的日语说法远超百个。"东风"化雪迎春，

"野分"乃二百十日至二百二十日前后吹来的秋季大风*,"木枯"则为从晚秋吹到初冬的北风。虽然现在人们应该也都知道这些,但已经很少有城市里的人会通过肌肤感受吹来的风,判断季节的变换了吧。

表示雨的日语说法也有上百个。日本亦可谓雨之国。不同时节会下起不同类型的雨:冰雨、春雨、菜种梅雨、五月雨、梅雨、骤雨、夕立、霖雨、时雨等,数不胜数。

如果我们丧失曾经每一个日本人都拥有的感性和知识,那么我们今后会难以理解自己国家的古典和文艺。

日本是少数一直在追求与大自然共生共息的国家,至少一百年前仍是这样。日本人不仅从海洋和群山中获得了山珍海味作为食粮,同时也养育着这些自然界的美味食物。曾经的日本人在捕鱼时只捕捞所需的量,采摘山中美味时也绝不过度,若要伐木,必会种上新苗。

如今,我们必须学习先人的这种智慧,一切还来得及。现在的我们应该重新回顾历史,向祖先学习如何与大自然友好共生,如何在大自然中培养丰富的文化感性。

那么,接下来,请谅解我多少带些独断和偏见的言论,让我们一起出发,踏上探寻"日本人如何与自然相处"之答案的内心旅程吧。这趟文字旅程有您相伴,本人不胜荣幸。

---

* 野分(のわき),台风的古称。日本人认为,从二百十日(にひゃくとおか,指从立春开始的第二百一十天,约在9月1日左右)开始至二百二十日,期间常常有台风侵袭,因而往往将二百十日这天视为厄日。——以星号(*)标识的注释为编者注,下同。

第一章　树木的日本史

一　森林孕育出的日本古代文化

日本的文明与森林一起开始

由于石器时代、绳纹式土器时代、弥生式土器时代这样的时代划分，以及青铜器文明、铁器文明等术语，我们在不知不觉中忽略了一件很重要的事——在古代人所使用的道具或器具中，木器远比石器或土器多得多。木文化、木文明才是古代日本的载体，而且这种文化与文明一直延续至今。

古代遗留下的物件中甚少出现木制品或木器。这是因为比起石器、土器和青铜器等器具，木器作为遗留物难以保存。木头会在土中变成腐殖质，最终成为土壤的一部分。因此，木器出土比例少并不代表古代人不使用木器，这点自不必多说。

可以说，如果没有树木给予的恩惠，日本文化便无法成立。不谈树木，日本的历史也就无从谈起。

日本是一个森林之国。

日本作为岛国，四面环海，所以乍看之下宛如一个海洋之国，但其实日本文化的源头并非海洋文化，而是树木文化。在遥远的古代，日本列岛的居民大多住在森林里。住在海边、以海为生的人其实也受惠于树木。山林中繁茂的树木和海洋密切相关，这点尽人皆知。山里的树木若遭到破坏，海洋也会随之失去活力，海藻无法生长，鱼贝类也会减少。海洋是依靠森林呼吸的。

日本是世界上屈指可数的树木再生率极高的国家。草木葳蕤生长的初夏，梅雨到来，充分滋润着大地。秋季，果实成熟前，又会再次迎来秋霖的洗礼。冬季，群山被厚厚的积雪覆盖，雪慢慢渗透到土壤中，成为地下水，最终汇入河川，唤醒春芽。日本的气候与风土温暖湿润，极其适合树木的生长和再生。

尽管随着土地开发不断推进，现在平原地区基本已城市化，但综览世界，日本仍是一个水资源丰富、草木欣荣的国家。坐飞机时从高空俯瞰日本，就会发现它是个绿意盎然的岛国。

绳纹时代，日本列岛的森林覆盖率远高于现在。据称自绳纹时代中期开始，随着气候变暖，西日本以橡树、米槠等常绿阔叶树为主，照叶树林带的范围逐渐扩大；而从北陆、日本中部地区到东北地区，则多为枹树和栗子树等构成的落叶阔叶林。

绳纹时代的日本人与森林共生，在数千年的历史中孕育出了日本文化的源头。

青森市发现的三内丸山遗迹，展现了约五千五百年前至四千年前的一千五百年间绳纹时代人类的生活形态，可谓划时代的重大遗迹。在这个约三十五公顷的巨大遗迹内出土了体积庞大的遗物，还找到了巨大的柱根和诸多工具类的木制品。整个三内丸山遗迹让我们得以管窥绳纹时代的人类生活及文化，也大幅刷新了人们对绳纹时代的认知观念。

根据 1992 年—1995 年间的发掘调查结果，三内丸山遗迹共发现了约五百八十栋竖穴式建筑遗迹、约一百栋掘地立柱式建筑、约一百个土坑以及近千座坟墓等。除了绳纹时代的土器、陶俑和石器，还出土了约四万箱骨角器、动物遗体以及木制品等。然而这些被挖掘出来的遗迹并非全部，仍有很多遗迹和遗物埋藏在地下，尚未被发现。

根据发掘出的居住遗迹的构成来看，很可能在某个时期，有多达五百人生活于此，无论怎么看，这都是一个小型的城市遗迹。无论经历了何种兴盛衰败，在一千五百年的漫长岁月中，绳纹人一直在这里群居着。所以绳纹人并不如人们之前所说，是为了获得食物而具有流动性的原始狩猎采集群体。通过这个遗迹，我们能清楚地了解到，绳纹人用树木搭建房屋的建筑技术和加工技术其实超出了我们的想象。他们拥有优秀的技艺，或者更准确地说，拥有优秀的文化。

巨柱中所包含的绳纹人的思想

人们在三内丸山遗迹的台地边缘发现了一个直径 2 米、深 2 米的巨大柱洞。列成两排的六个柱洞中，有四处留下了直径约 1 米的木柱根。所采用的树种为栗子树。这到底意味着什么呢？

柱根周围和底部都被烧焦，这应该是为了防止木材腐朽而故意为之的。每根柱子之间的距离都是 4.2 米，由此可知，绳纹人很可能已经知道如何运用长度单位了。

从直径 1 米的栗木柱根可以推断，这些巨大的柱子高 10 米以上，最高可达 20 米。也就是说，可以猜想，这些柱根是巨大的多层木造高架屋的遗址。在铁器还未出现的那个时代，绳纹人究竟是如何砍伐巨树的呢？由于这些柱子都稍稍向内侧倾斜，大致可以推断上面盖的是屋顶，但这究竟是什么样的建筑还无从得知，也不清楚这些建筑到底是为何而造的。但毋庸置疑的是，绳纹人在那时已经拥有了一定程度的木材加工技术。

有些说法称这些遗迹或许并不是有屋顶的建筑，而仅仅是祭祀用的朝天柱。位于石川县能登半岛的绳纹遗址"真胁遗迹"中发现了整齐排列的巨大木柱根，这些木柱根是由直径约 1 米的栗木一切为二得来的，人们猜测这里是祭祀场所的遗迹。如此看来，三内丸山遗迹的柱列也不是没有这种可能性。

在长野县的诹访大社，每到猴年和虎年，人们都会举办"御柱祭"这一著名的祭祀活动。在这一传统祭典上，人们会采伐巨大的木材作为神柱，将神社四角的旧柱子替换掉。

那么，为什么要建造柱子呢？对此，自古以来便众说纷纭且并无定论，最有影响力的说法是：这些柱子是神灵降临时附身的对象，换言之，连接天地的桥梁便是这些柱子。连接河川两岸的桥梁在日语中写作"橋"，将食物与人类连接起来的筷子在日语中叫作"箸"，而连接天与地的柱子在日语中叫作"柱"，有说法认为这三个词其实本是同一语源。[1] 它们虽有大小之分，但均用木材制作，且对于日本人来说是无可替代的物品。

特别是柱子，它具有非凡的意义。正是通过柱子的建造，日本的建筑文化才得以开始。而这些柱子作为连接天地的一个象征，在日本人的精神史上同样意义深远。显然，绳纹人对此早已了然于胸。

总之，这些巨大的柱根可谓绳纹人曾拥有高度发达的精神文化的一个证据。

人类的寿命不过数十年，鲜少超过百岁。但树木却可以活数百年，有些树种还能千年不死。甚至有的树能像屋久岛的绳纹杉那般，已拥有数千

---

[1] 日语中，"橋"读作"ハシ"（hashi）；"箸"也读作"ハシ"，与"橋"假名相同但音调不同；"柱"读作"ハシラ"（hashira）。——以方括号加上数字（[1][2][3]等）标识的注释为译者注，下同。

花鸟风月日本史

年的树龄，直至今日依然顽强地活着。屋久岛的杉树中那些树龄在三千年以下的，则不能被称为绳纹杉，只能叫"小杉"。在《日本书纪》中，可以找到推古二十四年（616年）掖玖人（屋久岛居民）归化入大和朝廷的记载，但绳纹杉的历史可以追溯到比那时更加遥远的绳纹时代，并且仍在悠久的历史长河中延续着生命。

日本古人将古树视作有精灵寄宿的神树，所以自然可以说，这些巨大的木柱寄托了那时的人们对神灵的信仰。

在三内丸山遗迹的村落遗址周边，有规模极大的栗树林遗迹。专家推测这里是绳纹人栽培、管理过的栗树林的遗迹，并根据栗树果实的DNA鉴定结果确证了这片栗树林并非天然林，而是经过人为地反复栽培，打理而成的人工林。绳纹人精心养护着这些为自己的生存提供食物的树木。除了栗树和胡桃树，这片遗迹中还确证存在着山葡萄、软枣猕猴桃、木莓、接骨木等植物种子。

此外，三内丸山遗迹还出土了许多木制品，比如用来挖掘洞穴的木棒和木板，以及木浆、木盆，甚至还有漆器和用树皮编制的像小挎包一样的东西。除了出土的这些器物以外，毫无疑问，这里使用过大量的其他木制品。对于绳纹人来说，树木不仅是建筑材料或舟、船的板材，同时也是燃料。可想而知，树木给予人的恩惠是无比巨大的。

至今为止，人们对于绳纹人的印象有：制作绳纹土器，堆砌贝冢，在洞窟或竖穴居住，以狩猎或捕鱼为生。他们的头骨或其他骨骼与其后登上历史舞台的弥生人、古坟人的骨骼有着明显的不同，曾经有一段时期，人们并不认为绳纹人是现代日本人的直系祖先。但是，到江户时代为止的日本人的骨骼与明治以后近代至现代的日本人的骨骼也明显不同，由此可知，若文化上出现划时代的改变，生活方式及饮食的变化都会导致体形和骨骼随之发生变化。进入弥生时代，即便随着日本西面的先进文化的传入，外来人口大量涌入日本列岛，也并不意味着绳纹人就消失了。通过不断混血和对新文化的接受，人们的生活形态发生了翻天覆地的改变，这也造成了身体上的变化。

绳纹人早已在与森林共生的同时过上了群居生活，甚至创造出了可被称作"木器文明"的文化。绳纹人正是现代日本人遥远的祖先，这一点是毋庸置疑的。

顺便一提，位于福井县三方町 * 的鸟滨贝冢是具有代表性的绳纹遗迹之一，这里因出土了大量的木制品而闻名，人们在这里确认了以下十六种被用于制作木制品的树木：交让木、米槠、杨桐、栲树、野山茶、栗树、榧子树、橡树、松树、枫树、杉树、桧树、山桑、七叶树、榉树、红楠。

植栽神话与森林保护

根据"记纪"[1] 神话，在伊邪那岐和伊邪那美二神生下了日本列岛之后，又生下了海神与川神，随后生育了木神久久能智以及草神野槌（草野姬）。自此，日本列岛开始有了山川草木，这片被称作"苇原中国"的国土也得以成形。也就是说，日本国土诞生的同时，草木也随之生长。在《日本书纪》卷二《神代下》中便有记载："磐根、木株、草叶，犹能言语。"

这句话的意思是说，即使是在神话世界中，国土的诞生也必须同时伴随着树木的出现，而且那些树木能很好地发挥作用。"记纪"向我们展示了古代人与树木间精神交融之深，甚至流传下来了与之相关的神话。

---

* 旧地名，位于福井县三方郡内。现已于 2005 年与远敷郡的上中町合并为若狭町。
[1] 《古事记》与《日本书纪》的总称。

据《日本书纪》的《神代上》，素戈呜尊被放逐出高天原后，和其子五十猛一起带着树木的种子从天而降，并将这些种子播种在各地。而另一处则描述说，素戈呜尊的胡子长成了杉树，他的胸毛成了桧树，臀部的毛变成了土杉，他的眉毛成了樟树，素戈呜尊将杉木和樟木用作造船的板材，将桧木用于建造宫殿，并将土杉作为制作棺材的板材。

虽然不清楚素戈呜尊的植栽神话反映的是哪个时代，但总归应是在弥生时代中的公元元年前后。对弥生人来说，用于建筑、造船甚至制作棺材的木材是必不可缺的。从当时的人们认为这些树木都是上天赐予的宝物这点，我们就能解读出时人对树木的崇敬之情。而这毫无疑问与来自遥远绳纹时代的记忆一脉相承。

根据《万叶集》中记载的藤原宫兴建时工人所唱的歌谣，桧木的原材料是从田上山 * 砍伐得来，并通过河川运送的。

藤原宫建于持统八年（694 年），是持统、文武、元明三代天皇所用的大宫殿，位于奈良县橿原市。当时修建这座宫殿，想必需要巨大的桧木材料吧。但是，主要在飞鸟时代发达起来的苏我氏家族和古代天皇家族恐怕已将附近上好的桧木砍伐光了，所以才不得不从远处位于宇治川上流的田上川运送木材。那时，日本人已经开始破坏环境。其后，奈良平城京的建造与京都平安京的建造都大量使用了木材。

虽说如此，但帝都周围并没有变成一片荒凉的秃山。这除了与此地的气候适合树木或其他植物的再生与繁殖有关外，也得益于日本人睿智地保护着森林中的树木，使之得以再生。

山国乡是位于京北地区的一大片山林地带，据说，朝廷从这里采伐了平安迁都所用的木材后，派遣了三十六人定居于此，这三十六人随后发

---

* たなかみやま（tanakami-yama），日本古代重要的木材产地。

展出八十八家，他们住在这里管理这片森林，并支援了皇室的经济。这三十六人就好比现在的营林署，八十八家便是营林署职员。砍伐掉树龄达二百年的树木后，即便再种上新的树苗，待其长成之前那般的大树，也需要二百年时间。这对于人类来说，是一项需要延续数代人的工作。但是，日本人千年以来正是如此坚持着对森林的保护和培育。

　　并不仅是朝廷，寺庙和神社一直以来也承担着管理森林、栽培树木的职责。神社镇守的森林、寺庙后山苍郁的森林又或是院内亭亭玉立的古树，都曾是用来建造或修复寺庙、神社的木材，却并没有被砍伐殆尽，反而酝酿出了寺庙及神社内浓厚的宗教氛围。自绳纹时代以来，古树繁茂的森林对日本人来说，就是与各路神灵相会的场所，也是使内心平静的场所。

　　伊势神宫的"式年迁宫"每二十年举行一次，每逢迁宫之年，便会依照原型营造新的社殿，并重新架构一座神桥。

　　正如一千多年前建造的法隆寺一直保存至今一样，从古时起，人们应该就能建造出可以永存的社殿。伊势神宫却偏偏不使用基石，而采用了"掘立柱式"[1]结构、茅草屋顶和桧木原木打造宫殿，并且长期以来每二十年重建一次，这又是为什么呢？

　　对此，人们的观点各异，其中一种说法认为，这是前人的一种智慧，如此一来就能使建造宫殿的工艺代代相传了。如果重建宫殿的间隔时间超过二十年，便很难让后人继承这项技术。托前人的福，直至今日，我们依然知晓自弥生时代以来的，或是更古老时期的神社建造的样式与方法。

　　日本的木造建筑技术因圣德太子主持的大规模寺院修建而取得了飞跃。这种技术是由从朝鲜半岛移居至日本的工人团体带来的。

　　但是，在很久以前，日本人的祖先就已经开始使用巨大的木材建造高

---

[1]　柱子直接深埋入土的建造方式。

层建筑物了。平安时代之前便已存在的出云大社据说是一个高度在 45 米以上的巨型高层建筑。与圣德太子之后的寺院建筑不同，出云大社是一座或许能上溯至绳纹时代的日本特有的建筑物。

无论如何，由树木孕育出的文化在以建筑为首的方方面面得以绽放，为历史增添了光彩。

二 巨大的木造建筑与工匠的技艺

巨大的木造建筑：出云大社与法隆寺

日本的树木之多，世上少有。一直以来，日本人利用树木建造了各种各样的建筑物。日本传统的建筑物全部是用木材建造的。其木造建筑技术可以说已登峰造极，在世界上也是首屈一指。早在千年以前，日本的木造建筑技术就已经达到了极高水准。

天禄元年（970年），源为宪创作的《口游》中有一篇关于大屋的文章，其中便有"云太、和二、京三"这样的文字。"大屋"指的就是高层建筑物。其中"云"为首，"和"为次，"京"排第三。这里的"云太"指的是出云国城筑明神的神殿（出云大社本殿），"和二"指的是大和国东大寺的大佛殿，"京三"指的是京都的太极殿。

也就是说，通过《口游》这本书我们能了解到，直到平安时代中期，出云大社都是日本最高的建筑物。至于它到底有多高，因为东大寺大佛殿顶高十五丈（约45米）*，所以出云大社的高度一定在其之上。即便假设出云大社高十六丈，那也相当于现在十几层大楼的高度了。

随后，经过镰仓时代的重建，出云大社规模被缩小，而后又经历了数

---

* 按日本"尺贯法"计量体系，1丈约为3.03米。

次重建，才呈现出我们如今所见的样貌。

我们现在已无从得知出云大社究竟是何时建造的了。在《古事记》中关于大国主神让国的记载里，出现了"建造的宫殿仿照天神的宫殿，将粗柱笔直地插入地里，千木[1] 高耸入云"这样的描写。在《日本书纪》记载神代天孙降临的篇章中，这个宫殿被称为"天日隅宫"。《出云国风土记》中也记载了依照天神的构造建造天日栖宫的故事。此外，《古事记》有关垂仁天皇的部分也出现了出云大神宫、出云的石硐曾宫。这些描写均被认为是指出云大社。

从"记纪"的记载中虽然无法确定出云大社的建造年代，但是在弥生时代，这个巨大的木造建筑应该已经实际存在了。可以说，弥生人使绳纹人连接天地的"柱"之思想更加具体了。

出云大社就先说到这里，接下来我们说说日本现存的世界上最古老的木造建筑——法隆寺。

《法隆寺金堂药师如来像光背铭》上记述了该寺乃于推古天皇十五年（607 年）由圣德太子完成。先不说这篇铭文是否正确，在《日本书纪》推古十四年的条目中，记载着将播磨国的水田献给"斑鸠寺"的内容，所以这座寺在七世纪初就已建立的说法可信度最高。而"斑鸠寺"（亦称鹤寺、伊可留我寺）正是法隆寺的别名。

但同样在《日本书纪》关于天智天皇九年（670 年）四月壬申（30 日）的那一条中，却记载着"夜半之后，灾法隆寺，一屋无余，大雨雷阵"，说明法隆寺遭遇了灾害而被损毁。明治二十年代（1888 年—1897 年）兴起的有关法隆寺是否重建过的争论，正是因这段记载而起。之后在昭和

---

[1] ちぎ，屋顶上沿斜面交叉安装的长木板。

十四年（1939年），人们对若草伽蓝*进行了发掘调查，结果证明法隆寺曾被烧毁，其后又在稍偏西北的位置重新建造。根据之后的研究可知，法隆寺重建的年代最早不超过天武、持统朝（673年—697年），最迟不过和铜四年（711年）。即便如此，现存的法隆寺也经历了将近一千三百年的历史，依然是世界上最古老的木造建筑。

若是直面法隆寺的金堂和五重塔，定会被其厚重的木结构所折服。回廊的圆柱等巧妙设计与精湛工艺令人赞叹不已。基于此，人们能充分、切身地感受到，其木造建筑的技术水准已经达到了顶峰。

据说，即便现在对法隆寺进行拆解维修，用来承接屋面瓦重量的椽子还是有弹性的，令人不得不为"树木"所具有的强韧生命力而惊叹。

对树木了如指掌的工匠的技艺

近代以来，与建筑相关的手艺人（如木匠、水泥匠等）之间盛行"太子讲"。据传圣德太子建造了四十六所寺庙，因此在寺院建筑方面，人们将圣德太子视作工匠之先祖，而"太子讲"正是基于这种思想的讲义。

自古以来，在圣德太子建造的这四十六所寺庙中，有七所非常有名，分别是法隆寺（位于奈良斑鸠町）、四天王寺（位于大阪阿倍野区）、中宫寺（位于奈良斑鸠町）、橘寺（位于奈良明日香村）、池后寺（位于奈良斑鸠町）、葛城寺（位于奈良橿原市）、蜂丘寺（位于京都太秦）。此外，也有以定林寺（位于奈良明日香村）取代蜂丘寺的说法。不论是哪一种说法，均认可圣德太子在建造寺庙方面的伟大功绩，而这些寺庙所使用的木造建

---

* 奈良县生驹郡斑鸠町的法隆寺西苑发现的遗迹。人们普遍认为它就是初代法隆寺的遗址。

花鸟风月日本史

筑技术也毫无疑问为后世所继承。

继承了这些精湛技术的人正是被称为"匠人"的木匠们。宫殿、帝都以及日本各地的寺院和神社都出自这些工匠之手。

日本的木造建筑技术因众多的寺庙、神社而得以传承至今。全国各地保留了传统韵味的大型寺庙、神社周围，几乎都有带"匠"字或"番匠"二字的地名。这些地区曾经是专门修缮寺庙、神社的工匠群居的地方。这些工匠一代一代、孜孜不倦地从事着寺庙、神社的营造与修复，而这门传统的工艺也就这么代代流传了下来。

但最近用钢筋水泥建造的寺庙、神社渐渐增多，木造建筑技术急剧衰落。人们渐渐不再使用木材重建或修缮寺庙、神社，背后的原因是多重的：现在木材的价格过高；木造建筑完全依赖木匠手工打造，所以耗时颇长；漫长的工期直接导致人工费用远远高于钢筋水泥结构所需费用；等等。而最关键的问题在于，一个木匠如果要熟练掌握这项手艺并培养出做工时的直觉，需要从少年时期就开始进行漫长的学习与磨炼，但这样的木匠越来越少了。

然而，日本传统木造建筑的手艺还没有失传。被称为"宫大工"[1]的现代匠人正继承并发扬着这门手艺。

1992年，人们在位于东京深川的深川不动堂寺院内建造完成了稻荷社·吒枳尼天堂。虽只是一间小小的四方佛堂，从开工到竣工却用了两年半的时间。这间佛堂没有使用一根钉子，完全依靠木材搭建而成，房顶上铺的也是丝柏树的树皮，整间佛堂的建造全部采用日本传统的寺庙、神社的建筑工艺。而这间佛堂正是由负责画图和总指挥的工头（日语中写作"栋梁"），几乎包揽所有木工活儿的木匠（"大工"）和负责虹梁、悬鱼等

---

[1] 专指修建宫殿等建筑的木匠。

雕刻的木雕师这三名现代匠人亲手打造完成的。

我有幸在这间佛堂的建造期间采访了这些当世的匠人。他们精湛的手艺和建造智慧令人钦佩不已。

这间佛堂的木材全部选用了匠人们所说的"本桧"（ホンヒ）。"本桧"其实就是尾州桧木（亦称"木曾桧"）。木曾谷在江户时代曾是德川御三家之一的尾张藩的领地，这片地区出产的桧木被认为是全国最上等的，为尾张藩提供了重要的经济来源，而尾张藩也对木曾的山林进行了严格的保护与管理。因此，木曾的桧木被称为"尾州桧"或"本桧"并闻名于世。直到现在，这片地区仍在出产优质的桧木。

现代的匠人在采购时，会亲自前往木曾，仔细挑选优质木材。这是因为每一根木头根据其斜面和生长情况的不同，品质和特点有所差异。据说，一棵上等的树木会有好些人竞标，所以想要买到最优质的木材其实并非易事。

支撑整个建筑的是四根圆柱。这四根圆柱近乎完美，却并非使用转动木柱子再用砂纸打磨的方式制作，而是工匠们用刨子亲手刨出来的。首先，工匠们将一个正四角形的柱子用平刨削成八角柱，再制作成十六角柱，最后削磨成三十二角柱。进行到这一步，柱子其实已经近乎圆柱了。然后，匠人们会根据柱子的直径计算出圆周的曲线，并按照这个曲线制作出一个圆刨，最后用这个圆刨将柱子的表面打磨圆滑。

据说，现在所使用的台刨是室町时代的发明。在那之前，工匠们都是使用手斧和枪刨削磨出圆柱。法隆寺里柱身呈凸肚状的柱子据说也是这样制作的。其后虽然有人想出了通过转动木柱子来制作圆柱的方法，但木匠们还是继续使用着自己的刨子。与结合木头上的纹路用刨子打磨出来的圆柱不同，若是转动木头来打磨，会将纹路的美感全部破坏掉。木匠们能够一眼分辨出哪根圆柱是靠转动木材制作出来的，哪根是用刨子刨

花鸟风月日本史

出来的。

吒枳尼天堂里除了四根圆柱外，在正面以外的其他三面还安装了板壁。八寸（约25厘米）宽的桧木板沿着左右两边柱子的沟槽一块一块地嵌进去。横板上下的接缝处事先做好了榫头和榫眼，能够让两块板子完美地拼接在一起。当然，木板的拼接完全不使用钉子。这样一来，接缝处也就很难产生缝隙了。

木头在干燥环境下会收缩，而在湿气重的环境下又会膨胀。几乎所有日本传统木造建筑板壁构造中的横板都会在干燥时沿着左右的沟槽向下降，而木材膨胀起来时又会向上移动，这种充分考虑了木材的"缩"与"胀"的工艺能够很好地防止两块木板的接缝处产生缝隙或者木板出现断裂等问题。毋庸赘述，在传统木造建筑的其他拼接部分，自然也有精心设计的可以让木材"缩"与"胀"的空间。

木造建筑是有生命的，就像人类呼吸一般，会伸展、收缩，会"胖"起来也会"瘦"下去，木材会随着气候环境的改变微妙地重复着这些变化。那些历史悠久的寺庙、神社至今依然能够完好地保存下来，正是因为匠人们充分理解了木材的特性，并将木材细节上的变化很好地与木造建筑的整体融合，保证了建筑总能处在一个精妙的平衡点。这正是对树木了如指掌的古代匠人钻研出的技艺。

由木匠们打造的这些和式建筑基本不会根据事先画好的图纸按部就班地施工。因为工匠们会通过"视觉"和"直觉"在施工中途进行各种各样的修改与完善。计算出来的均衡并不一定与肉眼看到的平衡一致。一点点的弧度就会让"小"变"大"；一个微妙的角度就能让空间显得更深邃；又或者根据背景中山的形状，将图样左右颠倒后反而看起来更对称，这些人类视觉上的特性才是匠人们最为重视的部分。

只有那些积累了足够的学习与经验的匠人，才能通过自己精湛的技艺，让那些微妙的不平衡变成绝妙的平衡。

现代匠人的这些手艺是千百年来，不，甚至是更久远以来喜爱、依赖树木的日本人的传统。但现在这些传统却渐渐没落了，对此我们还能熟视无睹吗？

热爱四季树木的日本人

日本人不仅会充分利用树木，也非常热爱树木。这里的树木大致可分为常绿阔叶树、落叶阔叶树以及针叶树三类。

绝大部分常绿阔叶树的树叶表面带有光泽。常绿阔叶树也被称为"照叶树"，橡树、米槠、樟树以及山茶树等都属于这一类。这些照叶树林自喜马拉雅南麓至东南亚北部山地，自中国云南地区至华南、江南的山地，自日本西南部至中部地区呈带状分布。

这些地带自古便居住着众多民族，而各个民族在生活上具有诸多共通点，比如摘取橡树和七叶树的果实以及采集蕨菜等植物的方法，去除野草涩味的做法，从漆树中提取树液制作漆器的方法，加工茶叶以供饮用的饮食习惯，从蚕茧中抽取蚕丝织成绢的方法，甚至是在放火烧田后种植谷物类农作物的耕种法，用酒曲酿酒的方法，吃年糕的饮食习惯，等等，都颇为相似。

这种文化被称作"照叶树林文化"。众所周知，"照叶树林文化"也是日本文化的一大起源。

针叶树中除了落叶松等少数种类外，几乎都是常绿树。它们多生长在亚寒带及亚高山带，树木高耸挺拔，适合用作建筑材料。桧木、杉木及松木等用于日本木造建筑的树木都是针叶树。

而落叶阔叶树则为人们提供了可以食用的果实及树种。除可供食用外，大部分落叶树还可以用作建筑或木器的材料，它们杂生的枝干能够用作燃料，而落叶也可以当作肥料使用。

除了具有与日常生活息息相关的实用价值外，树木在日本人的精神文化史上也占据了重要地位，这便是它的另一种价值——精神价值。落叶阔叶树四季分明的面貌深刻影响了日本人在文化上的感性思考。

春季的崇山峻岭为何如此旖旎多姿！嫩绿的新芽从山脚一直爬上山顶。落叶树林的嫩芽根据树种的不同，颜色也各不相同，既有黄绿色的，也有乳白色的，甚至还有绯红色的。每一种嫩芽的颜色都淡淡的，却富有生机，随着天色、气候的变化，时刻展现着自己独特的风情。

初夏是新绿的季节，嫩芽的浅淡渐渐被油绿统一。夏季的群山统一穿上了绿装。但就算都是绿色，仔细看去也会发现，绿与绿之间存在着微妙的不同，令人百看不厌。

秋季，当树叶即将逝去时，又是多么绚烂夺目啊！红色绸缎般的叶子铺满山野，其绚丽秀美的姿态实在难以名状。

最后，当萧瑟的冬季来临，枯叶从枝头飘落，森林里只剩下了光秃秃的枝干，这般侘寂*之美却酝酿出了一番别样风情。枯树忍受着凛冽的寒风，披霜挂雪地静静等待下一个春天。

正如《实语教》所言："山高故不贵，以有树为贵。"这句话的意思是山不在高，有树则贵。

自古以来，日本人就热爱、欣赏四季流转中的各类树木，并将这份情趣写入诗歌进行咏诵，绘入图画加以临摹。他们还将这种自然之美植入庭

---

* 侘寂（わびさび），一种讲求古朴、幽玄、静寂、残缺的日本传统美学理念，受禅宗思想影响颇深。

园，打造一个看不出人工雕琢痕迹的园池，建造一座假山并搭配天然石，再种上各类草木。这便是日本独树一帜的崇尚自然的庭园美学。日本的庭园明显与偏爱几何学的欧洲庭园大相径庭，又与喜爱搭配奇山异树的中国庭园貌同实异。

特别重要的一点是，在日本的庭园中，落叶树、常绿树以及各类花草才是主角。

这些花草树木交织出的千变万化的四季景色与自然情趣，正是百看不厌的日式庭园最重要的构成元素。

因此，日本人必须感谢这片拥有常绿阔叶树、落叶阔叶树、针叶树以及其他各种各样树木的国土。同时，保护好培养了日本人文化感性的自然环境并将它交给下一代，也是当代日本人无论如何都要承担的义务。

三 树木奇谈与松国日本

被巨树救下一命的圣德太子

古木与巨树往往有着生命延续千百年后才沉淀而成的威严与大气。爬满苔藓的交错枝干气势十足，令人叹为观止。不知何时生出的树洞被鸟儿和小动物借去当成了家。一棵古树就这样在漫长的时间中顽强地延续着生命，并养育了包括昆虫和菌类在内的成百上千的生命。从古至今，人们总能从古树上感受到永恒的生命力，所以自然也会希望住在树中的神灵能够庇佑自己。

有关参天大树的传说与奇闻不胜枚举。

据说，六世纪末发生了这样一件与巨树有关的事情。在用明天皇驾崩的 587 年，围绕对佛教的接受问题，苏我氏与物部氏形成了鲜明的对立立场并引发了战争。圣德太子在这一年虽然仅虚岁十四，但也加入苏我军，上了战场。

战争初期物部军占据优势，以致后来圣德太子被敌军追赶到无处可逃。在这千钧一发之际，他的眼前出现了一棵巨大的糙叶树，其树干突然张开了一个大洞，待他钻进去躲藏后，这棵巨树又将洞口封闭，他得以逃过一劫，摆脱危机。之后，圣德太子用这棵糙叶树的树枝雕出了四天王像，并插在苏我军的头盔上以祈祷胜利。最后，苏我军竟真的一扫颓势，取得了战争最后的胜利。

圣德太子为了感谢糙叶树的救命之恩，在那里建造了一座寺庙。据说，现在位于大阪府八尾市的大圣胜军寺就是这座传说中的寺庙。寺庙中相传救了圣德太子的那棵巨大的糙叶树至今依然安在。与圣德太子的传说相似，壬申之乱那年（672年），天武天皇（大海人皇子）也曾在命悬一线时躲进了巨大的朴树树洞，才得以死里逃生。

此外，在《源平盛衰记》中还记载了下面这个源赖朝藏身于巨大的卧木中而化险为夷的故事。

治承四年（1180年），源赖朝在石桥山合战中被打败，被敌军追赶，走投无路。正巧眼前有一根巨大的树干倒在地上，源赖朝便钻进去藏身，并一直向八幡大菩萨祈祷。追赶过来的大庭景亲看到这棵巨大的卧木，心生怀疑，命令部下梶原景时去调查。梶原景时进入卧木的洞中，果然发现了源赖朝，而源赖朝也早已有了自杀的觉悟。但这时，梶原景时突然说道："我会帮助您。若赖朝殿下日后取胜，请勿忘了我。若今后您不幸被敌人杀害，还望您在九泉之下保我武运昌隆。"梶原出去后便谎称树洞中没有任何人。大庭景亲仍然不信，将大弓插入卧木中乱搅了一通，弓碰到了源赖朝盔甲的袖子发出了声响。这时，一只山鸠从卧木中飞出，又碰巧下起了雷雨。大庭景亲认为，如果源赖朝在树洞中，里面必不会有山鸠，但为了以防万一，他还是用巨石堵住了洞口方才离去。

梶原景时救下源赖朝的这则故事非常有名。《源平盛衰记》的作者引用了圣德太子或天武天皇的故事，并称源赖朝藏身巨木洞中躲过危机这件事应成为广为流传的祥事。

良辨杉与暗杀实朝事件中的银杏

与历史人物有关的树木不胜枚举。接下来再为大家介绍几则故事。

奈良时代的高僧良辨幼时的传说"良辨杉"便是一则广为人知的故事。

良辨两岁时，一只大雕趁其母摘桑不备，将他抓走，随后将他放在了东大寺二月堂的大杉树树梢上。目睹此景的义渊将他救了下来。多年后，良辨成为东大寺的初代"别当"[1]。另一方面，良辨的母亲三十年来一直在寻找自己的儿子。最终，以当年母亲雕刻的观音像为证，母子二人得以重聚。这则传说记载于《元亨释书》及《本朝高僧传》，此后歌舞伎以"二月堂良辨杉由来"为主题创作了剧目，由此，这则传说得以在世间广为流传。故事中提到的义渊也是一位著名的僧人，除良辨外还曾抚养玄昉和行基等高僧。

尽管源赖朝因巨木得救，但其子镰仓三代将军实朝却因树殒命。建保七年（1219 年）正月二十七日，源实朝出席了在镰仓鹤冈八幡宫举行的右大臣拜贺仪式。仪式结束后，在暮色即将降临之时，源实朝退席。就在这时，藏在石阶旁银杏树后的公晓突然冲出来刺杀了源实朝。

公晓是源实朝的兄长源赖家（二代将军）的儿子，也就是说他是实朝的侄子。这起暗杀事件的背后既有幕府内复杂的权力斗争，也有北条氏的阴谋。源实朝死后，曾经的源氏将军一族血脉断绝，之后北条氏作为"执权"掌握了幕府政权。

银杏，也称公孙树或鸭脚树，原产地是中国。据称，银杏应该是在平安时代末期或镰仓初期引入日本的。这么算的话，暗杀实朝事件中的那棵

---

[1]　日本佛寺内的职位，即管辖大寺院的僧官。

银杏的树龄最多不过百年，但即便树龄没有那么大，这棵银杏的树干似乎也足够遮挡住公晓的身体了。

日本各地有许多高大的银杏树。银杏是雌雄异株植物，雌株会在秋天结银杏果。据说，之所以现在经常能在古城遗址看到很多高大的银杏树，是因为当年的武将为应对笼城战而栽种了许多。此外，银杏老树的粗枝下会长出下垂的"树奶"，也就是钟乳状木块，日语称其为"乳柱"，因此，很多地方的老百姓也将银杏供奉为"乳神"。宫城县仙台市银杏町有一棵"苦竹银杏"，也被人们称作"乳银杏"或"姥银杏"，据传这棵银杏与圣武天皇的乳母红百尼的传说有关。

儿岛高德削开樱花树树干在上面刻诗的事迹，也甚是有名。

元弘二年（1332年）三月，后醍醐天皇被流放至隐岐岛，途中曾在美作国的院庄（地名，现冈山县津山市）留宿一晚。这一著名的事迹正是在那晚发生的。备前国的武士儿岛高德悄悄潜入行宫内的庭院，削开一棵樱花树的树干，刻下了"天莫空勾践，时非无范蠡"的诗句。这句话的意思是：上天并没有放弃勾践，现今也并非找不出一个范蠡。高德引用忠臣范蠡帮助越王勾践的故事，安慰、鼓励了后醍醐天皇。这是《太平记》中一个非常著名的故事。

日本全国有许多与达官、显贵、高僧、武将等相关的植树传说。比如天皇亲手种植松树、高僧的手杖或筷子最后长成了参天大树、武将折下并插在地里的树枝长成了遮天蔽日的巨树，等等。这类传说可谓不计其数。

天皇、皇后和皇太子出行在外时会亲手种树留念，这种做法具体是从何时开始的已无从得知，但绝对是自古沿袭下来的，而这种做法成为如今的惯例，则是从明治进入近代才开始。不仅是皇室，近年来包括总理大臣在内的身居高官要职之人、外国首相或大使，甚至是运动员和演艺圈人士，均以种树为风尚。这当然是非常值得称赞的事情。几百年后这些树木都将成长为高大挺拔的苍翠绿木，而亲手种下这些树木之人的事迹又有多少能流传到后世呢？

松树和日本人以及行道树

一直以来，喜爱树木的日本人都对松树抱有一种偏爱。

《万叶集》中咏诵树木的诗歌有 76 首与松树相关，数量之多仅次于描写梅的诗歌，而"梅"往往被归入"花"一类，所以单从树木的范畴来讲，咏诵松树的诗歌最多。咏梅诗数量可观，是因为奈良时代的贵族喜好梅花，他们认为梅花是春季鲜花的代表，当时的日本对梅的痴迷，甚至到了使用单字"花"便是特指梅花的程度。作为花树之代表的樱花逐渐演变为"花"的代名词，则是平安时代中期以后的事情了。

皇宫中的紫宸殿南阶正面东、西两侧种植的"左近樱"与"右近橘"中的"樱"，最开始其实是梅花。改种樱树，据说是在天德三年（959 年）九月，皇宫失火烧毁并再次重建之后。从《万叶集》（卷十）中咏诵的"宫中仕宦人，闲暇出宫门。头簪梅花蕊，同迎此地春"[1] 这首诗歌，到元久二年（1205 年）编纂的《新古今和歌集》（卷二）中"宫中仕宦人，闲暇出宫门。头簪樱花蕊，今日亦逍遥"一诗，也能看出从梅花到樱花的转变。

樱花之美确实令人心动。其花期虽短，但这种大片花朵同时绽放又倏

---

[1] 译文取自李芒译本《万叶集选》（北京：人民文学出版社，1998 年）。

然飘落，花落时不留一丝眷恋的决绝之姿，很快便受到了势力日渐庞大的武士阶级的青睐，并创造出"花と散る"的说法，以盛开的樱花迅速凋落、毫不留恋之姿比喻战场上的英勇赴死。而在春天到来前盛开的梅花，有着樱花所不具备的情调与趣味。梅花散逸出的一缕缕淡淡的芳香沁人心脾。由于黄莺的初啼几乎与梅花的开花期一致，所以在日语中"梅"与"莺"为对语。

但是，比起一直以来作为花树深受日本人喜爱的梅与樱，其实松树更受欢迎。能乐舞台便以松树为背景，绝大多数屏风和隔扇也以松树为图案。"内匠头"浅野长矩拔刀砍向吉良上野介时所在之地——江户城的"松之廊下"，其墙壁上画满了松树。日本南画体系中的风景画以及浮世绘中的风景画，许多都描绘了松树的优美之姿。从葛饰北斋的《富岳三十六景》以及安藤广重的《东海道五十三次》中也能看出描绘松树的画作之多。就连被称作"日本三景"的"松岛""天桥立"和"安艺之宫岛"三处观光名胜，构成景观主体的树木也都是松树。现在，日本的林荫道上种植着许多松树，家中还会摆放用于借景的"见越松"[1]，正月要在门口装饰由松枝等材料做成的门松，喜庆之事则要用到松、竹、梅等。可以说，日本人已经离不开松树了。

正月里装饰门松的习俗自古便有。门松最初被称作"门木"，用于在门上供奉年神，为年神提供附身之处。最开始不仅是松树，橡树、山茶树、朴树、栗树、杨桐、榉树、灯台树等都可以充作门木。平安时代后期，人们为了祈求长寿与繁荣，开始以松木为饰。据说这种演变与武士势力的日益强大息息相关，时人逐渐被松树在荒地也能顽强生根并茁壮成长的韧劲与生命力所折服。

---

[1]　指在屋外隔墙便能看见的松树。

《新敕撰和歌集》（卷七）中提及了松树：

> 初春の花の都に松を植ゑて
> 民の戸とめる千代ぞしらるる

（在初春的繁华都市种下松树，才知道［之前正月里］百姓家门
上挂的是千代木［松树的别名］。）

《徒然草》（十九段）中亦有——

> 大路のさま、松立てわたして、花やかにうれしげなるこそ、ま
> たあはれなれ。

（都城大路亦是家家门前挂门松，那华美喜悦之貌正是其颇具风
趣之处。）

由此可见，在镰仓时代，门松便已稀松平常。此外，那时还在松树以
外追加了竹子。

虽然松树的典型代表是赤松与黑松，但据说在弥生时代以前，这两个
品种的松树数量极少。《魏志·倭人传》中记载的邪马台国国内种植、生
长的草木中没有出现松树。之前讲过的素戋鸣尊的植栽神话中出现的也是
杉树、桧树和樟木，并没有松树。首次记载松树的文献是《古事记》的景
行天皇条目，其中写道：倭建命（日本武尊）将太刀忘于一棵松树下，回
来时发现太刀没有丢失，于是他便夸奖了松树并吟诵了赞歌。

人们对烧制土器和须惠器的烧窑遗迹中留存下来的木炭进行分析后得
知，六世纪之前的窑遗迹中并没有发现松木炭。而七世纪后半叶之后的烧
窑，则绝大多数以赤松为燃料。也就是说，从六世纪前后开始，人们越来

越倾向于使用松木;"记纪"约在八世纪编纂成书,此后松木的使用迅速扩展至日本各地。至编纂《万叶集》的八世纪末期,松树已经成为日本人非常熟悉且依赖的树木了。那么为何会有这种演变呢?《森林文化史》的作者、农学博士只木良也分析认为,随着农耕文化的发展,人们不停从农田附近的山林采收本应成为土壤养分的落叶和柴草,因此造成了土壤的贫瘠与土质恶化,而能够在并不肥沃的土地上种植的代表性树木便是赤松与黑松。

实际上,即便在恶劣的环境下,松树也能茁壮成长。它既可以在岩山石壁上生根发芽,也可以在荒漠沙地中生长。遍布奇岩怪石的山峰上孤独矗立的松树往往为风景画提供了绝妙的素材;而种植在海岸边的松树林又起到了防风防沙的作用,保护着海边的居民。

长期以来,日本人将松木用于方方面面。由于松木的树脂含量高,耐水性也强,自然成了船只、桥墩以及其他土木工程的木桩之首选。因松木材质坚韧,所以也被用作大型木造建筑的梁材。在第二次建造东大寺大佛殿时,人们便从遥远的九州雾岛运来了两根巨大的赤松木。此外,由于松木能够充分燃烧,具有火力旺、燃烧时间长的特点,所以在制铁和烧制陶器时也会选用松木作为燃料。即便是现在,依然有不少窑户和陶艺家使用赤松作为烧制陶器的燃料。将松木劈成细条绑在一起,就制成了"松明"[1]。松木燃烧后的黑灰即"松烟",用于制作黑色颜料,将松烟混合熔胶制成固体即为墨块。松脂是硬膏与蜡膏的原材料,清漆和松节油都是用松脂制成的,此外,松脂形成的化石即琥珀。

风拂过松树时发出的声响在日语中叫作"松籁"或"松涛",它为日本人带来了种种文学情趣。正如某人所言——"松国日本"。

---

[1] たいまつ,即火炬。

神话传说提到的树木中，种类最丰富的也是松树。比如，神样松、影向松、山神松、天狗松、羽衣松、衣挂松、驹系松、鞍挂松，等等。甚至还有在神社等地种植的枝叶向下生长开来的笠松（伞松），据说神灵会降临在笠松枝叶上。

顺便一提，与树木相关的地名中，带"松"字的占绝大多数。仅仅是市町村 * 的名字就有松山、松本、松浦、松原、松阪、松户、松江等超过五十个。同样，带"松"字的日本姓氏也非常多，如松本、松下、松田、松永、松木、松山、上松、植松、村松、赤松等。

沿着道路，每隔一段固定距离种植一棵同类型树木的做法，据说自奈良时代便已存在。《万叶集》卷十九中，大伴家持的歌内便有"春日折下绿叶饱满的柳枝，一看便不由得思念起京都的大路"。从这句中我们可以看出，那时在京都的大路上便已种植了成排的柳树。此外，据《类聚三代格》的描述，天平宝字三年（759 年）普照法师曾上奏称，畿内七道的诸国驿路两侧种有果树。道路两旁一旦有树，人们就可以在树下休息，夏天可以在阴凉处避暑，饥饿时还能以树木的果实果腹。

而这些道路两旁的树，千百年来一直为旅途中的人提供消除疲劳、放松身心的一片绿荫。此外，这些成排的树还可以区分边界、保护道路，成为过往行人的指向标。

提起行道树，以东海道为首的松树行道树最为著名，除此以外，人们还会栽种杉树、樱花树、银杏树、山毛榉和柳树等诸多品种的树木。据说东京的小金井堤和墨堤的樱花行道树便是江户时代的享保年间（1716 年—1736 年）德川吉宗命人种下的。虽然有人说德川吉宗此举是为了吸引大量

---

* 日本对市、町、村等最底层地方行政单位的统称。

游客来此赏樱，如此人们便可以将河堤踩得结结实实，但该说法不过是民间传说罢了。在此种植樱花行道树主要是为了利用深扎入土壤的树根来保护堤坝。同时，人们对樱花的热爱也得到了淋漓尽致的展现。

日光市的杉树行道树是由担任相模国甘绳藩主的松平正纲、松平正信父子二人自宽永二年（1625 年）起的二十年间种下的。据民间说法，由于松平正纲当时只是一名势力相对弱小的大名，无法像其他大名那样向东照宫进献昂贵的东西，所以便在街道上种植了杉树。而种下的杉树苗多达二十万棵，仍然花费了一笔巨额费用。

虽然朴树并非行道树，但每隔一里便在道路两侧堆起土堆并种上朴树用作距离标识的"一里冢"经由德川家康得以制度化。有说法称，"一里冢"起源于天正年间（1573 年—1592 年），织田信长命人每隔三十六町*便堆起"一里冢"并种上朴树的举措，但这种说法是否确切已无从考证。大家都知道丰臣秀吉曾建"一里冢"，但真正将其确立为制度的是德川家康，他在庆长九年（1604 年）命人以江户日本桥为基点，在东海道、东山道甚至北陆道堆起了"一里冢"并种上了朴树，随后他还将这种做法推广至全国。

据说，选用朴树是因为朴树之根能深深地扎入土壤并散布开来，如此便能避免土堆瓦解的问题。此外，还有一种说法，当部下询问德川家康要在"一里冢"上植什么树时，他回答："用剩余的树苗（よのき）即可。"但部下却错听成了朴树（エノキ），于是才导致"一里冢"上种的都是朴树。

日本人与树木的联系还有许多未能提及，在此先告一段落，为大家进

---

* 町（丁），日本传统的"尺贯法"度量体制中的长度单位（亦为面积单位），1 里等于 36 町，1 町等于 60 间，1 间等于 6 尺，1 尺为 10/33 米。因而这里的"一里冢"间隔约为 3927.27 米。

行一个简单的总结。

正如前文所述，树木赋予日本人的恩惠无可替代。不论是作为建筑材料，还是作为生活用品材料，甚至作为燃料，树木都为人们的生活提供了便利。此外，树木还孕育了日本人文化上的感性。

即便大都市建起了越来越多钢筋水泥的高楼大厦，日本人对树木的喜爱与执着也不会消失。即便现在可以用新式建材取代和室屋顶和墙壁的传统材质，人们却依然会在其表面仿制木头的纹理，这也正体现了日本人对木质的追求。同理，公园等设施中的水泥柱子和长椅被做成了仿木模样。希望大家想一想，森林或行道树，哪怕只是一棵树、一根木柱、一块木板，曾为我们的内心带来了怎样的宁静。而这正是自森林的居民——绳纹人的时代起，历经漫长的历史所孕育出的日本人之精神。

第二章　虫子的日本史

一 喜爱虫子的国家——日本

被神武天皇称为蜻蜓之国的日本

我们日常生活中能看到的一种较小的生物便是虫子。也正因其体格小，我们极易失去它们。小时候，我们总能在身边找到各种各样的虫子，但如今，它们中的绝大多数从我们的日常生活环境中消失了。

曾经一到秋天就成群结队飞上飞下的红蜻蜓，现在都去哪儿了呢？不仅萤火虫早已甚少见到，就连蝴蝶和飞蛾都越来越罕见了。独角仙和锹甲已然成了百货商场里售卖的商品。街边树上除了外来品种梨蟋的鸣声外，大都市的秋天已听不到什么昆虫叫声了。

我非常怀念中学时期捉蝴蝶以至于忘我的那段时光。那时，我总是拿着捕虫网漫山遍野地跑啊跑、找啊找。随后我又迷上了观察和饲养昆虫，冬天我会从落在朴树根周围的叶片下翻找大紫蛱蝶的幼虫，从日本桤木的树皮里寻找翠灰蝶幼虫，还会在院子里种上马兜铃来饲养麝香凤蝶。渐渐地，我的兴趣完全集中在各种灰蝶上，让我痴迷的最后一种昆虫是翠灰蝶。不过这些都已是四十多年前的事情了。

曾经萤火虫闪闪飞舞、马兜铃遍布的小河河岸，现已用钢筋水泥保护了起来，还围起了铁丝网。以前能钓到小鲫鱼的小河现如今有水无鱼，成了一条排水沟。人类为了方便，大肆"改造"着自然，而这些行径也改变了蝴蝶等各种各样的昆虫生存的环境。

虽然很多人会表示："不就是小虫子嘛，有什么大不了。"但是，连虫子都无法生存的环境对人类来说绝非有益。花草树木的授粉大多数情况下是由昆虫来完成的。对人类来说或许是害虫的生物，对于维持地球生命来说并不一定毫无用处。

自古以来，日本人就与昆虫关系密切，日本是世界上为数不多的极其钟爱昆虫的国家。

"日本"这个国家昔日被叫作"秋津岛""秋津洲"或者"蜻蜓洲"。"秋津"（あきづ）正是蜻蜓的古称。而为何被称为"秋津岛"，《日本书纪》卷三为我们提供了答案。

据该书记载，神武于橿原即位后第三十一年的初夏："因登腋上嗛间丘[1]而回望国状曰：'妍哉乎、国之获矣。虽内木锦之真迮国、犹如蜻蛉之臀呫焉。'"这句话的大意是，神武感叹："这是个多么壮美的国家啊，虽然国土狭小，却有如蜻蜓在空中交尾一般连绵的山丘。"因此，才出现了"秋津洲"这个称号，也就是说自此"大和国"（日本）才开始被称为"秋津岛"。

日本列岛目前已确认有约二百种蜻蜓。粗钩春蜓、蓝辛灰蜻、麦藁蜻蛉、丝蜻蛉、黑色螅等都是日本人颇为熟悉的蜻蜓种类。盛夏时节，蜻蜓们开始飞舞交配，到了秋天红蜻蜓集结成群，在天空中展现轻盈的舞姿。自古以来，日本人便视蜻蜓为益虫。在盂兰盆节前后，蜻蜓会突然大量出现，过去人们认为这是祖先的灵魂化作蜻蜓之姿显现，所以绝对不会捕杀它们。正如日本东北地区流传的"蜻蛉长者"的古老故事，日本人认为蜻

---

[1]　今奈良县御所市东北部的国见山。

蜓是为人带来幸福的昆虫。长久以来，不论是视蜻蜓为祖先的化身还是认为蜻蜓可以带来好运，日本人一直颇为珍视这种在夏季至秋季出现，捕食稻田里害虫的昆虫。

1996 年，在出云的加茂岩仓遗迹（岛根县大原郡加茂町，今岛根县云南市）发现了三十九个铜铎，震撼了古代史学界。三十九个铜铎中有六个画有图案，其中便有蜻蜓的图案。迄今为止，日本全国共发现了约五十个绘画铜铎，其中也有附蜻蜓图案的铜铎。铜铎的制作时间大致为公元前一世纪至公元一世纪的二百年间，也就是弥生式土器时代。对于以种植农作物为主的农耕民和弥生人来说，能够捕食蝗虫、虫蚋和蚊子等害虫的蜻蜓早就是宝贵的益虫了。

这么说来，古代人是否将所有种类的蜻蜓都称作"秋津"呢？

生活在日本、个体数量最多的蜻蜓要数红蜻蜓。"秋茜"（秋赤蜻）、"夏茜"（夏赤蜻）、"眉立茜"（竖眉赤蜻）等红蜻蜓，在九州等西部地区于六月前后开始出现，而在关东地区则会一直现身至十一月左右。最近在东京周边，到了秋天也依然能看到数不清的红蜻蜓飞来飞去。飞鸟和奈良这些韵味十足的古都与蜻蜓颇为相配。恐怕人们之前所谓的"秋津"正是指红蜻蜓。

弥生人虽习农耕，却颇具战斗性。据《魏志·倭人传》所述，二世纪后半叶倭国处于战乱状态。神武东征，在与长髓彦军队的战斗中取得胜利后，方建立大和政权。若由此观之，蜻蜓中体形最大的无霸勾蜓才最契合人们所说的"秋津"之特质。无霸勾蜓往往一直在低空直线飞行，飞行时翅膀吱吱作响，当它看到小虫子时便会迅速扑过去捉住，随后便悠然飞走，这副手到擒来的样子不愧为蜻蜓中的王者。

不论从哪个方面来看，自古以来蜻蜓都是日本人熟悉并喜爱的昆虫。但最近三四十年，蜻蜓的数量却急剧减少，造成这一局面的是人类所使用的农药和杀虫剂。杀虫剂不光能杀死害虫，也会消灭益虫。再加上蜻蜓需要在池塘或沼泽产卵，而这些蜻蜓幼虫赖以生存的家园有很多已被污染或者填埋。为了防止孩童不慎落入池中溺水，人们拉起铁丝网并挂上了"禁止游泳"的警示牌，但这些池子却渐渐被垃圾堆满，最终不得不填埋起来。这种情况绝非个例，如同现代人亲手抛弃了自己的历史与文化一般。一年四季绽放在水边的各色花草、聚集在池中的水鸟、在那里生息繁衍的蜻蜓等昆虫，大自然中的这些生命带给了日本人数不尽的精神恩泽。

捕虫与"物哀"

小孩子天生就喜欢昆虫，这或许是祖先的遗传基因所致的吧。我的两个孩子小时候也很热爱昆虫，时而去捉蚂蚱甚至将它们吃掉，时而又去捕捉螳螂，或者追逐着蜻蜓、蝉之类的昆虫四处乱跑。但不知从何时开始，他们开始觉得蚂蚱恶心，绝不再放入口中；在房间里看到小飞蛾、蜘蛛或大蚊子之类，哪怕只有一只，也会大喊大叫，似是被吓得不轻；对蝉和蝴蝶也越来越不感兴趣了。他们在成长过程中，似乎不经意间封印了日本人基因中喜爱虫子的那部分。如今的日本人不仅仅是生活方式，或许就连精神层面都逐渐欧美化了。

奥本大三郎（法国文学学者，作为昆虫小品文作者名气颇高）说过，欧美的孩童不会痴迷于捉蝉或抓蜻蜓。于他们而言，蝉叫声不过是一种"噪声"，蜻蜓大多被视作不吉利的昆虫而遭到嫌弃。至于对萤火虫的点点荧光大抒感慨，或是对不同虫子的叫声津津乐道，他们也无法理解。

对比来看，日本人从古时就开始接触昆虫、和昆虫一起玩耍并发自内心地喜爱昆虫。小泉八云 * 在庙会目睹了日本人卖虫子的场景并被深深吸引，他惊叹于喜爱昆虫叫声的日本人那种"非常雅致且具有艺术性的美好生活"，对此表现出了极大的兴趣。他在随笔《虫的音乐家》中曾这样说道：

> （西洋人）……若听说有人会珍视各种昆虫的独特叫声，肯定会感到奇怪。然而很难让这些西洋人理解，在某种十分考究并极具艺术性的国民审美生活中，这些鸣虫所处的地位，等同于我们的斑鸫、红梅花雀或是"南丁格尔"（夜莺）、金丝雀等鸣禽般在西欧文化中占据的重要位置，甚至比起后者有过之而无不及。

小泉八云比本土日本人更深刻地理解了日本文化与日本人的感性。但是对于大多数将虫子的叫声当作噪声的欧美人来说，喜爱那种声音，欣赏各种昆虫，并将其创作成诗歌、物语等文学形式，或是将昆虫作为绘画、雕刻等美术作品的对象，这种日本人特有的文化感性，恐怕他们很难理解吧。日本人甚至会从"病叶"（指受到虫害的叶子）中看到美，并将这种美融入绘画作品或手工艺品中。有一种陶瓷便被称作"虫喰"或者"虫喰手"。这种陶瓷器原本出现于明末时期，其瓶口边缘会有一小块釉质剥落之处。日本的茶道之人将这种残缺之美视作一种别样的风情，珍爱万分，随后便出现了人工特意制作出的"虫喰"陶瓷器。对于日本人欣赏"病叶"和边缘有残缺的茶杯的独特审美，欧美人大概也难以理解吧。

在《万叶集》卷十中已经出现了"庭草骤雨远去，蟋蟀鸣声可闻，原来秋已近。屋外夕阳草丛生，蟋蟀啼鸣却不厌"这类表达喜爱昆虫叫声而

---

* 希腊裔日籍小说家，原名 Patrick Lafcadio Hearn，1896 年归化日本。

咏诵的和歌。据说人们自平安时代才开始将捕捉到的虫子放入虫笼中饲养，以欣赏其鸣叫声。《源氏物语》的《野分卷》中，便有中宫命童女去往庭园，拿虫笼捕虫的描写。过去还有朝廷中人在嵯峨野一带漫步，将捉到的虫子放入虫笼中带回献给天皇和皇后的"虫选"活动。据《古今著闻集》记载，嘉保二年（1095 年）八月十二日，有人曾命童仆四处捕虫，将捕到的虫子放入以渐变色的线制作的虫笼中，并用萩草和女郎花等秋季花草装饰，献给了天皇和皇后。随后，宫中一边欣赏着这些虫子的鸣叫声，一边举杯饮酒、朗诵诗歌。据《嬉游笑览》的记载，这种"虫选"活动开始于堀河天皇（1086 年—1107 年在位）时期。

平安时代，贵族喜爱的昆虫有铃虫、金琵琶、"螽斯"（现在的蟋蟀）、"机织"（现在的蝈蝈）、结草虫等。

自春天到初夏，鸟的啼叫声婉转高亢。这是充满生机的歌声，使人感受到新生命萌生之明快。而昆虫的叫声却是细腻的，令人感到些许"物哀"，这种声音象征着渐渐远去的季节，空寂而萧瑟，轻易地就沁入了满是思绪的人的心脾。小鸟在黎明时开始啼叫，与之相对，虫儿却在傍晚时分鸣叫。

日本人会在某个夜晚，通过不经意间听到的虫音，感受秋天的到来；又会于深秋时节听到虫鸣声时，不由得心生触动，思绪万千。

卖虫为生的江户人

江户时代开始，上流社会爱虫、赏虫的优雅趣味开始渗透到平民百姓之中。随着生活质量和教育水平的提高，江户时代开始出现代表市民阶层的"町人文化"。江户时代的百姓将平安时代贵族的诸多习惯、仪式和游

　　　　　　　　　　　花鸟风月日本史

玩方式吸收进了日常的兴趣与寻乐之中。

欣赏虫鸣的习惯最初在京都、大阪一带风靡，随后京城的朝臣纷纷效仿，江户中期时传至市民中，并广为流行。那时的江户人会专门跑到鸣虫的胜地去一饱"耳"福；还会将捉到的虫子养起来，拿出去跟人比赛，看看谁家的虫子叫声更响亮清脆；又或者是把很多鸣虫放在一起，来一场"大合唱"。

松永贞德的《贞德文集》中也出现了傍晚时分人们出门"虫吹"，捕捉聚在行灯或提灯上的蝈蝈、松虫、蟋蟀的内容。"虫吹"是一种采集昆虫的方法：先要在竹筒的上方盖上一块纱布，然后用竹筒下侧扑捕昆虫，虫子进入竹筒后会沿着筒壁向上爬，人们只需要将虫笼或布袋接在竹筒下方，然后冲着纱布一吹，虫子就掉进虫笼或布袋里了。

据《东都岁时记》记载，江户时期共有道灌山、御茶水、根岸里等十一处聆听虫鸣的著名去处。《江户名所图会》中亦附有《道灌山听虫》一图。这幅图描绘了在山丘上铺上席子，一边赏月一边欣赏虫鸣的三名男性，他们面前备有简单的酒菜。山丘下一个小孩举着虫笼，旁边有一个看似孩子母亲的女人，和女仆一边漫步一边注视着孩子玩耍。整个画面温馨而惬意。

有些人觉得为了听虫鸣而特意出门或者外出捕捉很麻烦，但又希望欣赏昆虫带来的曼妙之音，于是他们便早早下手去购买昆虫。江户中期已出现了以卖虫为生的人。

据明治时期的百科事典《日本社会事汇》记载，将虫子当作商品出售最早出现在宽政年间（1789 年—1801 年），由一个来自越后地区，名叫忠藏的人开始。忠藏原本是卖"御田"（关东煮）的，住在神田的他当时一面经营着关东煮的小生意，一面时不时去根岸里捉铃虫来消遣。一天，某个人在听到忠藏的鸣虫叫声后，提出要花钱买下那只虫子。忠藏通过这件事发现了商机，于是开始捕捉铃虫拿来售卖。由于生意越做越大，他最后关闭了关东煮店，专门经营起卖虫的生意，还出现了供不应求的情况。碰巧这时有人成功地实现了铃虫的人工饲育，这个人便是住在青山的青山下野守家臣桐山。随后，忠藏开始从桐山那儿进购铃虫拿去贩卖。在忠藏的支持下，桐山在树蟋、金琵琶、纺织娘等昆虫的养殖上也取得了成功。

不久便出现了效仿之人，即原本卖日式短袜的安兵卫。安兵卫在装虫子的容器上下足了功夫，而在此之前人们都是将虫子放在罐子或者箱子中。安兵卫结识了本所的大名龟井家家臣近藤，近藤制作出了如鸟笼般小巧精致的虫笼。他们将虫子放进这种虫笼内进行售卖。于是，卖虫子这门生意愈加兴旺。忠藏最后成了昆虫总批发商，他会从近郊采购各种各样的虫子进行人工繁殖。而另一方面，安兵卫则让学徒们负责虫笼的制作，自己穿着华丽的衣装走街串巷地叫卖。安兵卫与忠藏的合作也让二人大获成功。

继承了忠藏家业的是住在下谷御徒町的山崎清次郎。清次郎集结了三十六名卖虫商人，组建了一个佛典讲会，入会之人均信仰相模大山的石尊并定期前去参拜。他通过这种"虫讲"方式获得了生意伙伴，并在江户将卖虫生意做到了一家独大的地步。可以说清次郎当时已经建立起了一家成熟的垄断企业。但不知是否因其过于高调，在水野忠邦的天保改革中，山崎清次郎被迫解散了与三十六名生意伙伴共建的组织。

但这并不意味着这门生意也随之消失，只不过卖虫子又重新回到了小商小贩个体经营的模式。一年四季，江户的街角都能看到叫卖虫子的人，鸣虫的吱吱叫声也不绝于耳。虫贩们成功地让鸣虫比野生虫子更早繁殖生长，这时的卖虫生意也不再受限于季节，一年四季都能售卖。记录了江户后期风俗的《守贞谩稿》中写道，不仅仅是鸣虫，吉丁虫、夜蝉等昆虫也被拿来售卖，比起秋天，冬夏售卖虫子的小贩更多。这本书还有一幅插画，描绘了挂着一串虫笼的小摊。当时的虫贩们并没有推着小摊到处叫卖，而是选择在一个固定摊位售卖。

现在，我们几乎已看不到这种售卖虫子的小摊了。最近，夏天的夜晚我看到银座的街角有人在卖风铃和昆虫，让人不由得心生怀念。但是，他们的顾客往往是醉酒之人，这点还是挺令人悲哀的。

小泉八云曾说："或许直到我们西方的盲目的繁殖主义荒废了它们（昆虫）的乐园，使那里变成不毛之地后，我们才会发现被我们破坏之物本身的魅力，并因此后悔不已。"

二 万古不变的虫与蝴蝶的梦

令古代人为之疯狂的常世虫

皇极天皇三年（644年），东国[1]兴起了一个视昆虫为神灵的奇妙的新兴宗教。

皇极天皇三年正是大化改新的前一年。其时，苏我虾夷、苏我入鹿父子凌驾于天皇之上，掌握政权，君临飞鸟。在那之前的一年，苏我父子二人袭击了圣德太子之子——山背大兄王并令其自杀，随后苏我父子登上了荣华富贵的巅峰。自苏我马子以来，天皇的位置便一直被苏我氏占据，并一直握有国政主导权。但皇极天皇四年（645年），苏我入鹿在宫中的大极殿被中大兄皇子和中臣镰足等人暗杀，随后苏我虾夷也自杀身亡，苏我氏的全盛之世就此落下了帷幕。

在京都政局动荡之时，旁边的东国从平民百姓到上层阶级都信奉着昆虫。《日本书纪》中也记载道：

> （皇极天皇三年）秋七月，东国不尽河边人大生部多劝祭虫于村
> 里之人曰，此者常世神也。祭此神者，到富与寿。巫觋等遂诈托于神

---

[1] 当时京都以东诸国的总称。

语曰，祭常世神者，贫人到富。老人还少。

这段话的意思是：只要供奉这种叫作"常世"的虫子，不仅可以获得荣华富贵，还能返老还童。因此，这种奇妙的宗教便迅速发展起来，人们纷纷倾尽家财加入这一宗教，捉到常世虫后好生供养，并载歌载舞地庆祝，以求长生不老。

终于，这个新兴宗教流行至京都，许多人倾家荡产也未获得好处，反而损失严重。于是，秦河胜便逮捕了鼓吹常世神的大生部多并予以惩治，自此，这一奇特宗教的势头便被打压了下去。

当时的京都人作歌曰："纵闻此为神中神，太秦打惩常世神。"太秦指的便是秦河胜。这句话的意思是，秦河胜被奉为神中之神，责打惩戒了常世神。

六世纪末至七世纪前半叶，秦河胜在现京都市西郊太秦一带发展壮大了自己的势力，使家族成为外来氏族中权尊势重者。他因扈从圣德太子而飞黄腾达，也因建造了蜂冈寺（广隆寺）而声名远播。

那么，这个"常世虫"到底是什么样的虫子呢？

此虫者，常生于橘树或曼椒（山椒）。长四寸余，大如指头。色绿而有黑点，其貌似蚕。

——《日本书纪》卷二十四

这么看，毫无疑问"常世虫"就是凤蝶的幼虫了。在我们常见的凤蝶中，柑橘凤蝶、黑凤蝶以及美姝凤蝶等都是以枸橘、蜜柑等柑橘类或山椒等为寄主植物。在此之中，柑橘凤蝶（一种最普通的凤蝶）的幼虫便是绿色的，身上有黑斑纹。

大化改新时，为何人们会将凤蝶的幼虫奉为神灵已不得而知。蝴蝶的幼虫经过反复脱皮蜕变成蛹，最后又变身成美丽的蝴蝶在空中飞舞。或许那时的人们看到蝴蝶死而复生般的神秘之姿，感受到它们最后完美变身、飞向天空所带来的不可思议，于是将死而复生和大富大贵的愿望寄托在了那小小的幼虫身上。

历史学家下出积与认为，常世神与追求长生不老和富贵丰足的道教信仰密切相关。

蝴蝶的图案与蝴蝶的家纹

蝴蝶，因其美丽的身姿以及飞舞时的优雅高贵，自古以来便深受日本人的喜爱与追捧。

又因蝴蝶在花丛中翩翩起舞，飞来飞去吸取花蜜，人们总将它们与花联系在一起。在中国唐代，蝴蝶与牡丹的组合被赋予了富贵的寓意。这种思想也传入日本，成为王朝文化下象征着富贵之美的图案。直至今日，日本的"花札"（又称花牌）上依然可以看到蝴蝶与牡丹的图案。日语中有一种说法叫"蝶よ花よ（と育てた娘）"，指的就是富贵人家将女儿似蝶似花般捧在掌心疼爱。

作为美术工艺品的蝴蝶图案散见于正仓院的皇室珍藏品中。虽然有很多受到了唐朝审美的影响，但进入平安时期后，这些工艺品渐渐呈现出和风化的倾向。譬如，"和镜"[1] 背面便大量采用了蝴蝶形象作为图案。进

---

[1]　日本古代的铜镜。自平安时代起，日本和镜工艺日趋和风化，至江户时期，已发展出独特而鲜明的审美风格。

入十二世纪后，蝴蝶又作为漆工艺品的图案登场，日本国宝"莲唐草莳绘经箱"（藏于奈良国立博物馆）及重要文化财产"花蝶莳绘念珠箱"（藏于金刚峰寺）上都能看到蝴蝶意象。除此之外，蝴蝶图案还被广泛用于牛车的金属装饰物、铠甲的金属装饰以及公家或武家的服装等。镰仓时代，人们又视蝴蝶为吉祥的象征，因此在日本国宝"笼手"（藏于春日大社）以及同为国宝的"蝶螺钿莳绘手箱"（藏于畠山纪念馆）上的蝴蝶图案，也因其美好的寓意而为大众所知晓。

众所周知，平氏家族的家纹便是"蝶纹"。据《源平盛衰记》所述，源赖朝的铠甲金属装饰上也缀有蝶纹，因此蝶纹并非平氏专用。其后，自称是平氏之后的诸家好用蝶纹，久而久之蝶纹便固定下来成为平氏的家纹。

战国时代，有着称霸天下之雄心壮志的织田信长忽然开始以平氏自称，并开始使用蝶纹。因为基于源平二氏轮流掌政的观念，在作为源氏后裔的足利氏之后，织田信长希望自己能够作为平氏后裔一揽政权。顺便一提，三河土豪出身的松平元康后改名为德川家康，自称源氏。这一做法充分说明了德川家康对织田信长之后的天下垂涎欲滴。

不管历史如何发展，正是织田信长的使用，使蝶纹深受武将的喜爱并被沿用下去。据《宽政重修诸家谱》记载，江户时期的大名、旗本中使用蝶纹的氏家多达二百几十家。蝴蝶意象与图案超过六十种，恐怕是昆虫纹样中应用最为广泛的。

庄周梦蝶与蝴蝶舞

日语中"蝶"这个名称亦可写作"胡蝶"。古时还会写作"蝴蝶"。

《庄子·齐物论》中"庄周梦蝶"的故事，在日本广为流传。

> 昔者，庄周梦为胡蝶。栩栩然胡蝶也，自喻适志与，不知周也。俄然觉，则蘧蘧然周也。不知周之梦为胡蝶与？胡蝶之梦为周与？周与胡蝶，则必有分矣。此之谓物化。

这个故事讲的是庄周做了一个变成蝴蝶的梦，梦醒后，他开始怀疑究竟是自己在梦中变成了蝴蝶，还是蝴蝶刚才在梦中变成了自己。"庄周梦蝶"的故事比喻梦境与现实交杂在了一起，甚至超越了二者的区别，也喻指人生的虚幻。

日语中有一个说法叫"胡蝶の夢の百年目"[1]，它表达的是人在晚年时回顾自己的人生好似梦一般，又或者是人在临死前才惊觉自己的一生碌碌无为并后悔不已。与之相关的有下面这两句比较著名的诗：

> ももとせの花にやどりて過してき
> この世はてふの夢にぞ有ける
> （宿于百岁花虚度，人生在世如蝶梦。）

——大江匡房

> ちる花や胡蝶の夢の百年目
> （落花缤纷，蝴蝶之梦，百年已逝。）

——松永贞德

---

[1] 直译成中文是"蝴蝶梦的第一百年"。

此外，雅乐、舞乐中有一种叫作"胡蝶"的舞曲，也称"胡蝶乐"或"蝶"。这是一种四人"童舞"，四个孩童头戴饰有棣棠花的天冠*，身穿印有蝴蝶纹样的和服裙与上衣，身后背有仿照蝴蝶翅膀做成的装饰，右手持棣棠花翩翩起舞。扮作蝴蝶的孩童们的舞姿可爱又美好。

据说，这种蝴蝶童舞是在平安时代延喜六年（906 年）或延喜八年（908 年），宇多上皇在观赏孩童们表演相扑时，由乐人藤原忠房作曲，敦实亲王编舞而成。敦实亲王是宇多上皇的儿子，善雅乐，是一名琵琶高手。据说藤原忠房和敦实亲王还曾联手创作了"延喜乐"，这种舞曲也通过舞者表现了蝴蝶轻盈飞舞的样子，舞者们一边舞动着手臂，一边围成一个圆在台上一圈圈地旋转。

另外，与"胡蝶"相对的舞曲还有"迦陵频"，与蝴蝶童舞一样，由四个孩童来跳。他们头戴天冠，不过背后背的是鸟翅膀。在以前的佛教法会上，蝴蝶童舞与迦陵频经常一起表演。《源氏物语》的"胡蝶"一章中也出现了蝴蝶童舞与迦陵频，这说明作者紫式部曾多次欣赏这种非常可爱的舞蹈。

我们按照时间线往下说，日本的能乐中也有"胡蝶"。如创作了《舟辩庆》《罗生门》《钟卷》等剧目的观世信光（1435 年—1516 年），也创作了《胡蝶》这部作品。

《胡蝶》的主人公是一只蝴蝶精。剧中作为配角的僧侣到访古都，正值梅花盛开的季节，他久久凝望着梅花。这时一名女性出现并叹息道，自己能与四季开放的花嬉戏玩耍，却独独无法亲近早春盛开的梅花。这名女性便是这部剧目的主人公——蝴蝶精。她希望能够借助僧侣的法力成佛。于是，那天夜晚，这名僧侣为她祈了冥福。之后他在梦中见到了

---

* 骑手或舞乐表演者所戴的一种冠冕。

那只蝴蝶精，托佛祖的福她可以与梅花嬉戏玩耍了，于是高兴地跳起了蝴蝶舞。

在净琉璃《寿之门松》中有这样一句台词："春育花诱人，菜种之味蝶不知，菜种之蝶花不知，彼此互不知……"

这句里的"菜种之味蝶不知，菜种之蝶花不知"意思是，蝴蝶飞到鲜花上吸取花蜜但却不知其叶之味，菜种之蝶（青虫）食叶却不知其花之味。这句话用来形容虽然看似关系密不可分，却并不知道对方的真实模样。

其实，这里说的"蝶"是纹白蝶。纹白蝶以十字花科的植物为食，以蛹越冬，樱花开花时节开始破茧而出。由于纹白蝶非常喜欢油菜花或卷心菜，美国人也会叫它们"Cabbage White"或"Cabbage Butterfly"。卷心菜里的绿色小虫往往是纹白蝶的幼虫。

话说，过去只要买卷心菜，几乎都能看到里面有绿色的小虫，但最近却不怎么能看到了。据说这不仅仅是因为杀虫剂的使用，人们还会向土中撒药来培育不长虫的卷心菜。这些农药不可能对人体有益。种植蔬菜的农户会单独种植自家吃的蔬菜，这才是以前吃的那种纯天然、会看到有虫子在里面的蔬菜。仔细想来，不仅仅只有纹白蝶遭了苦难，我们人类也面临着非常可怕的局面。

我小时候非常热衷于捉蝴蝶，并在纹白蝶身上有所发现。当把十只捉来的蝴蝶制作成标本时便会发现，其中每一只身上的纹样都不尽相同。有的白翅膀上有一条黑色纹路，有的则有两条；有的前翅膀上没有纹路，后翅膀上却有；还有的没有花纹甚至花纹出现在底面；等等。这其中有些是与纹白蝶十分相似的黑点纹白蝶，乍一看都是白底的蝴蝶，但却各有特色，妙趣横生。

大紫蛱蝶与冻蝶

日本的国蝶是大紫蛱蝶，但这并不是说大紫蛱蝶自古便是日本蝴蝶之代表。它其实是在 1957 年被指定为国蝶的。大紫蛱蝶并非日本的固有品种，它分布在朝鲜半岛和中国的部分地区，是日本产的"立羽蝶"（蛱蝶）科近亲中体形最大的，在世界上也是屈指可数的大型蛱蝶。

每年，大紫蛱蝶都会在夏天展翅飞翔。雄蝶深紫色的鳞翅美艳绝伦；雌蝶比雄蝶大一圈，翅膀呈黑色，而非雄蝶那样惊艳的紫色。

少年时代的我生活在埼玉县的大宫市（现埼玉市大宫区），1945 年—1964 年那会儿，郊外的杂草树林、河川池塘到处都能看到大紫蛱蝶的美丽身影。

夏天的小树林可以说是喜爱昆虫的男孩们的天堂。特别是麻栎树林。这是因为麻栎分泌出的树液会吸引很多独角仙和锹甲，树上还有黄灰蝶、栅黄灰蝶、长尾蓝灰蝶等不同种类的灰蝶翩翩起舞。灰蝶科中，到底是谁先开始把那些飞舞在麻栎、枹栎、粗齿蒙古栎或日本桤木等树木枝头的黄灰蝶及其相近品种叫作"仄费洛斯"（Zephyrus，古希腊神话中的西风之神）的呢？曾经我也痴迷于捕捉这些种类的蝴蝶。最终，我找到了我的挚爱——翠灰蝶，为了得到一只完好无损的翠灰蝶，我甚至开始尽心尽力地进行养殖。冬天，我会在桤木的树干上找到那小小的、好似宝石一般的翠灰蝶卵，然后连树皮整个削下来带回家。春天，当桤木开始发芽，我就将它们放入饲育箱。渐渐地，翠灰蝶卵长成幼虫，开始吐丝并以叶子为巢穴。然后便会在树下的桤木落叶中变成蛹。如果养在饲育箱里，它们就会在堆起来的叶子中变成那些小小的、圆乎乎的蝶蛹。

雄翠灰蝶那宛若绿色天鹅绒般的翅膀颜色可谓无与伦比。雌蝶的翅膀虽然是焦茶色，但却跟人类的血型一样分 A 型、B 型、AB 型和 O 型。A

型的雌蝶在前翅上有橙色的纹样，B 型的是蓝色，AB 型的则是橙色与蓝色纹样都有，而 O 型的没有任何纹样。AB 型雌蝶的艳丽程度可以说丝毫不输雄蝶。

我们再说回杂树林里的昆虫。麻栎的树液除了会吸引各种甲虫外，还会引来大紫蛱蝶和朱蛱蝶。如果同时出现了朱蛱蝶、独角仙和锹甲的话，那么这根分泌出树液的麻栎树树干就会成为诸种昆虫的战场。捕虫少年们朝着目标大紫蛱蝶用捕虫网动作麻利地一扑，若能捕获一只首尾完好的大紫蛱蝶，那种兴奋真是溢于言表。

大紫蛱蝶以朴树为食，而以朴树为食的蝴蝶种类并不在少数。比如刚才提到的朱蛱蝶，以及胡麻斑蝶和朴喙蝶等。外观近似山毛榉的朴树曾被用作街道上"一里冢"的标识树而大面积种植，但近些年不少朴树都已枯死或被砍伐，已越来越少见了。

冬天，大紫蛱蝶的幼虫与胡麻斑蝶的幼虫一起在枯叶中越冬。我以前经常去捉这些在寒风中的朴树枯叶里紧紧相依、等待春天到来的枯叶色的幼虫。背后有四列角的是大紫蛱蝶，而胡麻斑蝶则有三列，这两种幼虫外表看起来十分相似。

近两年冬天，我在散步的时候看到了朴树，于是便在树根处试着寻找蝴蝶的幼虫，但没有找到。现在，即使有落叶，基本上也会很快被清扫干净，所以很遗憾，适合幼虫越冬的"家"已经没有了。

这几年，不论是大紫蛱蝶还是胡麻斑蝶又或者是朱蛱蝶，在城市近郊几乎完全看不到了。即便公园里还种着几棵朴树，但落叶总是被清扫得干干净净，所以蝴蝶们的幼虫也无法在此越冬。

另外想补充一点，蝴蝶中也有一些是以成虫形态越冬的。朱蛱蝶就是其中一种。冬天，它们会在老树的树洞等地方静静地冬眠，春天苏醒后便交尾产卵、结束一生。而即便是在寒冷的冬天，某个阳光和煦的日子也会有蝴蝶翩翩飞舞，让人一瞬间错以为春天到来了。这种蝴蝶被称作"冬蝶"或"冻蝶"，但这几年几乎也看不见它们的身影了。

　　下面和大家分享两首有关冻蝶的俳句：

　　凍蝶の日ざせばほろほろ飛ぶ形

　　（寒冬嫣冻蝶，煦日阳光高空照，翩翩起舞姿。）

——白叶女

　　ささめゆき凍蝶翅を閉ぢなほす

　　（细雪轻盈落，严冬冻蝶刚展翅，却又催翅合。）

——树实雄

三　养蚕与养蜂的历史

支撑日本经济的蚕与生丝

自古以来，昆虫给予了日本人许许多多的恩惠。如果说到左右了国家经济的昆虫的话，那不必多说，一定是"蚕"了。实际上，蚕甚至支撑了日本的近代化发展。

1858 年 7 月，《日美修好通商条约》签订，幕府也为一直以来的锁国政策画上了休止符，正式打开国门。同年，日本还与荷兰、俄罗斯、英国以及法国缔结了《修好通商条约》，第二年便开放了长崎、神奈川（横滨）、箱馆（函馆）的各个港口。

那时，欧美各国最期待从日本进口的便是蚕种及生丝。这是因为当时欧洲的两大蚕丝生产国——法国和意大利的蚕丝业正遭受着毁灭性打击。1840 年在法国普罗旺斯地区出现的蚕病在 1847 年传到了意大利的伦巴第大区，1852 年蔓延至法、意两国全国，这也导致欧洲的蚕丝业面临着极其严峻的危机。因此，欧洲业界为了复活养蚕业，急需从中东、近东、中国或日本等地引入未患蚕病的健康蚕。据说，通过引入、饲养来自各国的蚕种，欧洲人发现日本的蚕品质最为优秀。

幕府曾一度禁止蚕种的出口，在欧美各国的强烈要求下最终于文久三年（1863年）解禁，庆应元年（1865年）正式开始允许蚕种出口。德川幕府的最后一段时期，自打开国门后位列出口商品第一的便是生丝与蚕种。即便是在紧随其后的明治时代，它们依旧高居出口商品榜首，蚕种（蚕卵纸）、蚕茧和生丝等蚕丝类的出口额在明治初年（1868年）达到了总出口额的57%。自那以后至昭和初期，与蚕丝相关的出口常年保持在出口商品榜首。其占比在多的时候能达到出口总额的50%，即便是占比较少的昭和初期也能维持在30%以上。

明治二十二年（1889年）财务大臣松方正义在农商务省蚕业讲习所演讲时表示："日本的军舰若都以生丝来换购，那么需要购买军舰时，必须生产出更多的生丝。"

生丝也就是我们所说的绢，由桑蚕茧缫丝后获得。而蚕其实就是蚕蛾的幼虫。

发明了养蚕取丝再制作成纺织品这项工艺的是中国人。这项发明具有悠久的历史，据推测在四千至五千年前，新石器时代时便已经有了养蚕技术。此外，在出土的殷商时期甲骨文上便找到了"桑""蚕""丝""帛"等文字。汉代（公元前202年—公元220年*）是古代绢织物的成熟期。目前经考证得知，绢织物作为商品通过丝绸之路被带到欧洲可追溯到汉代以前。

古罗马称中国为"赛里斯"（Seres），意思是丝绸之国。那时，一块长达数百米的、用美丽且富有光泽的蚕丝织成的绢布对于西方社会来说是那么神秘而有吸引力。为了获得珍宝般的绢布，从遥远的公元前便开辟出了东西方商品交易的道路——"丝绸之路"。

---

* 该年代划分为作者的个人看法，和我国的年代划分不同。

讲述养蚕起源的金色姬与蚕神

绢究竟在何时传入日本，这点至今没有确切的说法。由于位于北九州的弥生时代前期中叶遗迹中出土的瓮棺内发现了绢布，所以一部分日本人应该是在弥生时代就已经开始使用绢布了。

据《魏志·倭人传》中记载，"妇人被发屈紒，作衣如单被，穿其中央，贯头衣之。种禾稻、纻麻，蚕桑、缉绩，出细纻、缣绵"。由此可知，二三世纪的邪马台国就已经开始养蚕了。

在《日本书纪》关于雄略天皇的一章中，记载了下面这样一则故事：

> 三月辛巳朔丁亥，天皇欲使后妃亲桑以劝蚕事，爰命螺赢聚国内蚕。于是螺赢，误聚婴儿奉献天皇，天皇大笑，赐婴儿于螺赢曰："汝宜自养。"螺赢即养婴儿于宫墙下，仍赐姓为少子部连。

此外，在《万叶集》中也能找到几首养蚕歌：

> たらちねの母が飼ふ蚕の繭隠り
> いぶせくもあるか、妹に逢はずして
> （垂乳母育蚕，宛若藏身于其中；郁郁而寡欢，只因佳人不得见。）

——卷十二

> 筑波嶺の新桑繭の衣はあれど
> 君が御衣し、あやに着欲しも
> （筑波山上新桑蚕，丝绢织作锦华衣；不及汝衣更欲着，情深意

切盼汝知。）

在古代日本，绢被上流社会独占。为了进贡绢，农民被迫从事蚕的养殖，而最终能够穿上华美轻薄的绢布的却只有贵族。

有关养蚕起源的传说之一是在《御伽草子》等文献中记载的"金色姬"。

乘坐着用桑木制成的空舟漂到日本的金色姬，在继母的陷害下四次面临危机而四度长眠。从金色姬的尸体上长出来的便是蚕。蚕经过四次反复的长眠后，从五龄蚕到完全发育成熟，最终吐丝作茧。茨城县筑波町（现筑波市）的蚕影神社就因供奉着被视为养蚕祖神的稚产灵神和金色姬，自古以来颇受养蚕户的信奉。

而日本东北地区的"御蚕样"（养蚕神）之由来也与养蚕活动的起源紧密相关。"御蚕样"是由桑木制成的一对人偶，乃屋内神。在柳田国男的《远野物语》中，有下面这样一则故事。

某女与饲养的马私通，其父大怒，将马吊于桑木杀之。该女搂靠着马头哭泣，见此情景其父更是震怒，遂将马头砍下。随后，马头竟立刻载着该女飞升上天。不久，天上降下白虫与黑虫大肆啃食桑叶。而这些虫子便是当初那匹马与那名女子的化身。最终，马与女子成了一对神仙，即"御蚕样"。虽然有关"御蚕样"还有其他诸多传说，但大部分都基于这则马与女子相恋结婚的养蚕起源故事。即便到了现在，人们依然在蚕种的包装纸或蚕种纸上印上马的图案，这也是对"御蚕样"传说的传承。

如上所述，蚕自古代起便是一种与日本人关系密切的昆虫，蚕的养殖不但支撑了近代日本的经济，还给日本的农村生活带来了巨大的影响。养蚕业既让很多人成为家缠万贯的富豪，同时也开启了女工的悲惨历史。不论养蚕活动为历史书写下怎样的篇章，它正在成为过去式。化学纤维的发明与发展，使得养蚕业从二十世纪中期前后开始逐渐走向衰败，现在在日本几乎找不到养蚕的农户了。

蚕，是一种从数千年前开始便被人类养殖的昆虫。自然繁殖已然不可能，而它的成虫蚕蛾也几乎无法在天空中飞翔。今后蚕将面临怎样的命运呢？

蜜蜂与养蜂的历史

除了蚕，人类自太古时期便开始饲育的昆虫还有蜜蜂。在西班牙的阿尔塔米拉洞窟中发现了女性从树洞中采集、收取蜂蜜的壁画，而这壁画距今竟有约一万七千年。但这仅能说明从距今约一万七千年前开始，人类就在采集自然的蜂蜜，并不能直接与养蜂的历史联系在一起。

其实在公元前三千年左右，古埃及人便已开始养蜂了。那时的壁画上面已能看到养蜂的图案，王室墓穴中也出土了装蜂蜜用的壶。

蜜蜂分为女王蜂（蜂王的别名）、工蜂与雄蜂，它们各自承担着自己在蜂群中的职责。蜜蜂是一种过着群居生活且分工明确的具有社会性的昆虫。最初发现蜜蜂的社会性并做出了科学性阐释的是古希腊哲学家亚里士多德。

实际上，我们现在所说的"蜜月"（Honeymoon）起源于古代日耳曼民族的风俗习惯。据说当时的习俗是，新婚夫妇在刚结婚的一个月内要饮用蜂蜜发酵后酿造的蜜酒。蜜酒因营养丰富，被视作能够延长人类寿命的秘药。但因其无比贵重，所以并非日常饮品，只有为孕育新生命做准备的新婚夫妇才被允许在结婚的头一个月饮用。

蜜蜂为人类带来的不仅仅是蜂蜜，蜂王浆与蜜蜡也是蜜蜂的馈赠。

日本有关蜜蜂的最初记载是《日本书纪》"皇极天皇二年"（643年）一章中的"是岁，百济太子余丰，以蜜蜂房四枚，放养于三轮山，而终不蕃息"这一段。意思是将来自百济的蜜蜂放到大和国的三轮山尝试养蜂，但蜜蜂却并不繁殖。专家认为当时这种养蜂行为的目的其实并不是获取蜂蜜，更多的是获得铸造佛像用的蜜蜡。由此可知，蜜蜡可以用来制作蜡烛。

除《日本书纪》"皇极天皇二年"这一章外，直至江户时代，再也无法从日本史的文献中找到有关养蜂的记载了。平安时代编纂的《延喜式》（927年）中有"蜜，甲斐国一升，相模国一升，信浓国二升，能登国一升五合，越中国一升五合，备中国一升，备后国二升。摄津国蜂房二两，伊势国蜂房一斤十二两"这样的记述，但这仅是对进贡的蜂蜜与采集蜜蜡用的蜂房的记录，这些进贡品究竟是天然的还是人工养蜂获得的，仍然无法确定。由于每个令制国进贡的量很少，可判断这些或许是天然的蜂蜜与蜂房。

《今昔物语集》中记载了一则蜜蜂在铃香山（铃鹿山）刺杀盗贼的故事。

某天，一位商人来到铃鹿山，却遭遇盗贼团伙的袭击，被抢去了价值相当于一百匹马的财物。但这位商人却十分平静地仰望着天空。不久，飞来一只巨大的蜜蜂，紧随其后一大群蜜蜂出现。这群蜜蜂飞到了盗贼安家的山谷，并将盗贼一个不留全部刺杀。这位商人不仅拿回了自己的财物，还连同盗贼的积蓄一并收入囊中，因而变得更加有钱。据说这位商人会在家中酿酒喂给蜜蜂饮用，十分爱护蜜蜂，所以这次刺杀盗贼其实是蜜蜂的报恩。

此外，镰仓时代的《十训抄》中还出现了一则"蜂饲大臣"的故事。这位大臣极好种花，院子里有一个很大的花坛。他还在花坛中养了蜜蜂。而据说这些被大臣驯养的蜜蜂会按其命令刺人。

这些古书中记载的故事虽能看出养蜂的痕迹，但蜂蜜的"蜜"之内涵从未出现一次，几乎都是关于蜜蜂用刺刺人的故事。

首次明确记载了有关以采蜜为目的的养蜂行为的文献是宝永六年（1709年）贝原益轩撰写的《大和本草》。该书记述了养蜂的用处，并推荐农家饲育蜜蜂，也正是从这时起养蜂开始盛行。

最终，纪州的熊野发展成蜂蜜的一大生产地。由于这一地区的蜂蜜品质极佳，其他地区甚至也会打着"熊野蜂蜜"的旗号进行售卖。幕府末期的安政年间（1854年—1860年），养蜂户开始在花开时节用扁担挑起蜂巢箱去往各地叫卖。

这一时期养殖的蜜蜂基本都是日本蜂，明治时期西洋蜂开始被引入日本，于是西洋蜂养殖成了主流。现在日本养殖的蜜蜂基本上都是西洋蜂。因为比起敏感、较难饲育的日本蜂，西洋蜂更容易管理，产蜜量也更大。

日本人与昆虫还有许许多多关联。比如，自古以来日本人就会吃虫子。有些地方至今还会食用蚂蚱、蜜蜂幼虫以及飞蚕等昆虫。战争年代，由于食物匮乏，人们还常以蚕蛹为食。

另外，日本人又长期与害虫进行着斗争。对于日本这个主要种植稻谷的农耕民族来说，如何才能减少虫害、提高农作物产量，曾经是攸关生死的问题。历史上曾有多次因水稻白背飞虱及水稻粘虫的大量出现导致农作物严重歉收的例子。至今，在日本各地仍保留有"驱虫"或"送虫"的祭祀活动，这些对于农民而言是祈求没有虫害、粮食丰收的重要祭祀活动。

关于昆虫的谚语

日语中有许多关于昆虫的谚语或比喻，这也可谓日本人的生活与昆虫息息相关的证据。

与蜜蜂一样，蚂蚁也是具有社会性的昆虫，它们井然有序地群居在一起。

在日本，蚂蚁随处可见，它们会在土中建造蚁巢或蚁冢。相信大家都目睹过小小的蚂蚁排成一列，忙忙碌碌地往巢穴搬运食物的样子。日语中的"蟻の熊野参り""蟻の伊勢参り""蟻の百度参り"这些词都是用来形容很多人摩肩接踵、来来往往的样子。但蚂蚁队伍如果去到国外，似乎意思就大不一样了。比如，"蟻の入唐"这个词就比喻的是非常耗费时间。也有"蟻が塔を組む"或者"蟻集まって樹を揺るがす"这样的说法，它们表达的是：即便是不起眼的工作，只要孜孜不倦地坚持，就会成为伟大的事业；即便是微弱的力量，只要聚集起来，也能发挥极大的作用。这里的蚁塔就是指蚁冢。日语中的"蟻の穴より堤の崩れ"一句其实出自《韩非子》的"千丈之堤，以蝼蚁之穴溃"，比喻一个不起眼的疏忽也会致命。

日常生活中，蚊子、跳蚤和苍蝇可谓令人困扰不已。

"蚊が餅搗く"这个词描写的就是夏日傍晚成群的蚊子上下飞舞的样子，据说这是下雨的前兆。"蚊の鳴くよう"则形容用无力微弱的声音说话。"蚊の食う程にも思わぬ"比喻不痛不痒之事。"蚊を駆わず"则来自《晋书》中孝子吴猛"恣蚊饱血"的故事。据说吴猛因家贫买不起蚊帐，为了不让蚊子去叮咬父母，所以即便蚊子飞来叮咬自己也不会将其赶走。

此外，"蚤の小便、蚊の涙"比喻的是量极其微少。"蚤の夫婦"则用来形容体形上妻子比丈夫高大的夫妻。"蚤の金玉""蚤の卵"形容不值一提的小事。"蠅が手を擦るよう"形容搓着手恳求别人的样子。"蠅若衆に蚊坊主"比喻毛头小子和奴才吵闹烦人的样子。而"五月蠅"这个词读作

"うるさい"[1]，其实指的是五月雨，也就是梅雨季节时，苍蝇突然大量增多，令人厌烦。

有关家附近和农田里的虫子的谚语亦不少。

"蜘蛛の家に馬を繋ぐ"指完全靠不住。"蜘蛛の子を散らす"则用来形容人们纷纷落逃的样子。

"螻蛄の啼けり"与"蟷螂の斧"是一个意思，都是比喻不知道自己力量弱小而向强大的敌人发起挑战。"螻蛄才"比喻虽然多才多艺，但却都是派不上用场的才能。螻蛄这种小虫子虽然可以飞，可以向上爬，也能在水中游，还可以挖土或者跑跳，但这么多种能力，哪个都派不上大用场。

"尺取虫の屈むは、その伸びんがためなり"这类说法源自"尺蠖之屈，以求信也"（《易经》），其言外之意极为深邃。

人们很熟悉的"夏の虫飛んで火に入る"这个说法之意与汉语的"飞蛾扑火"意思相同。

"蜻蛉の尻を冷やすよう"本是描写蜻蜓在水面产卵的样子，后用来形容慌慌张张不镇定的样子。即便粗糙简陋，依然靠自己的力量盖房子在日语中用了"蓑虫の家造り"这样一个说法来形容。"百足のあだ転び"意思是连看起来有很多脚、根本不会摔倒的蜈蚣都摔倒了，比喻只要不小心就会失败。"百足に草鞋を履かすよう"则用来比喻极其麻烦费神的事情。

除了上述这些，其实日语中还有很多跟昆虫相关的谚语。如果有一天昆虫消失不见了，这些有关昆虫的谚语或比喻是否会变得晦涩难解呢？

---

[1] 与表示烦人、令人讨厌之意的词语"煩い"同音。

四　昆虫以外的虫子

日本人心中的"虫"

"虫"究竟是什么呢？狭义来讲就是指昆虫，我在本书里主要写的也是昆虫的事情。但是在中国和日本，"虫"的范围很广。本草学将除人类、兽类、鸟类和鱼贝类以外的小动物统称为"虫"。此外，在古时候的中国，人们还将老虎称为"大虫"，可见"虫"曾经是动物的统称。随后"虫"的范围渐渐有所限定，带虫字旁的动物往往属于昆虫。在日本，除了昆虫以外，在地面上爬的和钻在土里的其他动物也都被叫作"虫"。

蛇，自然也是一种"虫"，它甚至还有"长虫"这个别称。日本的蝮蛇是栖息在日本本州的蛇中唯一有剧毒的，因此被视为蛇中之王。此外，青蛙、蜥蜴也是"虫"，蚯蚓、水蛭和蛞蝓也是"虫"。虽然贝类在本草学中并未被归为"虫"一类，但从蛤、蚬、螺等贝类的汉字都是虫字旁可以推断，或许它们原本都曾是"虫"的一员。虾与蟹同理。

"虫"中甚至还包括蛔虫等寄生虫，这些肉眼看不见的生物也算"虫"的一种。通过虫牙和虫蛀这类词，我们可以看出人们其实是将这些侵入人体的、看不到真面目的细菌当成了虫子。

除了上述这些以外，日本人还将"虫"视作内心的一部分。住在人的

体内，支配着人类的感情和身体状况的那个东西，日本人称之为"虫"。日语中有很多相关的说法。比如，如果"虫の居どころが悪い"[1]，人就会发脾气；如果"虫が治まる"[2]，人的心情就会变好。"虫を殺す"这个说法则用来比喻一声不响地忍耐。如果要形容两个人初次见面就很合拍，日语会说成"虫が合う"[3]。"虫がいい"[4]既可以用来形容心情很好或者老好人性格，也可用来形容很任性、厚脸皮的人。而日语中的"虫の知らせ"则指忐忑不安，或对某事的发生有预感。

有意思的是男人出轨也是"虫"造成的。一旦"浮気の虫"（外遇之虫）爬进脑子，那就毫无办法了。由于男女私通是被禁止的，所以男人很难对已为人妇的女子下手，只能对未婚女子或年轻的寡妇下手。这些女子的父母为了防止有"悪い虫"（坏虫子）缠着自己的女儿，拼了命也要抵制这些用心不良的男人，但往往还是会出现"虫がつく"（指未婚女子有了情人）的结局。然而这都是江户时代的事情了，现如今似乎就连已为人妇的女子也光明正大地搞起了外遇。可以说当今的社会中，"浮気の虫"（外遇之虫）和"悪い虫"（坏虫子）正在大肆繁殖。

接着说日语中有关虫子的说法，比如"虫気づく"，其实指的是感觉快要生产之意。日语在描述阵痛的时候就会使用这样的说法，这是因为日本人认为住在人体内的虫子会掌控人的生产。

---

[1] 直译：虫子待的地方不好。

[2] 直译：虫子平静下来。

[3] 直译：虫子很合适。

[4] 直译：虫子很好。

为何蜘蛛会被讨厌？

接下来，我们讲讲昆虫以外被视作虫子的小动物。

自古以来，日本人就经常接触蜘蛛，但并不是出于亲近和喜爱，更多的还是忌讳与嫌恶。它那长长的八只脚、浑身毛茸茸的样子看起来十分诡异。古时候的人们认为蜘蛛是妖怪变成的，将其看作恶魔的化身似乎也情有可原。

在《古事记》《日本书纪》以及《风土记》等书中都出现了"土蜘蛛"。这个所谓的"土蜘蛛"其实是对总不归顺大和王权的民族之蔑称。《古事记》中记载着神武天皇在平定倭国时，在忍坂的大室召集了"土云八十建"（意为土人中的八十个勇猛之士）。《日本书纪》中对这些人的描述是"其为人，身短而手足长"。对于这些生活在竖穴式住居中的原住民，想来天皇家族的祖先在确立王权过程中应该是下了一番苦功夫的。最终，大和王权成为大和朝廷，也诞生了天皇家族。但贬低被征服者并将此写入历史书中的这种做法，可以说是古今东西几乎每一个胜利者都使用过的伎俩。

但其实，历史上并没有一个部族被推定为土蜘蛛族，这个部族的特征也并不确定。或许所谓的"土蜘蛛"是在《日本书纪》的编纂过程中被创作出来的概念上的异族。

现存一个被指定为日本重要文化财产的绘卷物——"土蜘蛛草纸"（东京国立博物馆藏），据说是镰仓时代后期的作品，上面描绘了源赖光制伏土蜘蛛的故事。

某天，源赖光带领随从渡边纲去往洛外北山的莲台野。在那里他们看见了在空中飞行的骷髅，于是追着骷髅的行迹来到了神乐冈的一间旧屋子。由于天色已晚，他们便在旧屋中留宿，但各种各样的妖怪一直打扰着源赖光。黎明时分，一个妖艳的美女出现，她将白云像球一样扔向源赖光。源赖光拔剑砍向那团云，但剑却断掉了，剑刃则沾染上了白色的血。天亮后，源赖光与随从沿着白色的血迹找到了一个位于西山深处的洞窟。于是两人将洞窟内的怪物拽出来并制伏了它。这个怪物竟是一个巨大的土蜘蛛，从土蜘蛛的腹部又生出了一千九百九十九个人类的骷髅。

这个故事中出现的土蜘蛛显然就是妖怪的化身。之后蜘蛛也在诸多戏曲、狂言和物语中登场，但大多是以妖怪或恶魔的化身出现，被人们视作忌讳和厌恶之物。

源赖光之父源满仲的爱刀，同时也是源氏家族世代相传的名刀"膝丸"，也被人叫作"蜘蛛切丸"，其名正是源自源赖光的故事；"膝丸"一名则因该刀曾从犯人的头一直砍到膝盖部位而得。这把"蜘蛛切丸"在平治之乱（1159 年）时丢失，成了传说中的名刀。

日本有这样一句谚语，"夜のクモはたとえ親に似ていても殺せ"，与之相对的还有一句"朝のクモは鬼に似ていても殺すな"[1]。"早晨的蜘蛛"被认为是好事将至或者是晴天的象征，而夜晚的蜘蛛却被人认为不吉利而遭到嫌弃，理由应该与其习性有关。"鬼蜘蛛"（大腹圆蛛）等蜘蛛白天时躲在屋檐下或树叶间，因不喜阳光而藏身不出，但到了太阳落山时就慢慢悠悠地开始行动，在织好的蜘蛛网上等待猎物上门。这不就好似在黑暗中猖獗横行的恶鬼吗！人们将蜘蛛比作在夜深人静，本该安心睡下之时，妨碍人们睡眠，胡作非为的魑魅魍魉或是邪恶之物，这只能说是蜘蛛的悲惨命运吧。此外，人们往往认为蜘蛛都有毒，这对于它们来说也是一件不幸的事。

实际上，日本原生的蜘蛛中几乎没有带毒的，即便有也是微毒。近几

---

[1] 前一句直译为：晚上的蜘蛛即便像父母一样，也要杀之；后一句直译为：早晨的蜘蛛即便像鬼一样，也勿杀之。

　　　　　　　　　　　　　　　　　　花鸟风月日本史

年，外来的毒蜘蛛"红背蜘蛛"颇具关注，但其实它所带的也只是微毒。蜘蛛几乎不会对人类有害，不仅如此，蜘蛛还是能帮助人类捕食蚊子、苍蝇等害虫的益虫。最近几年，利用蜘蛛来驱除树木或蔬菜上的害虫的研究（应用蜘蛛学）也得到了发展。

虽然日本人对蜘蛛十分忌讳，但在欧洲人们却十分珍视蜘蛛。古罗马人相信蜘蛛能够告知人们环境和气候的变化。就连《日本书纪》中也有一首关于衣通姬通过蜘蛛的行动预知了允恭天皇来访的歌谣。蜘蛛能为人们带来神的启示并能显示出某些事情之预兆的观念，看来是全世界共通的。此外，基督教中也有关于蜘蛛的传说。传说在圣家族逃往埃及，藏身于洞窟中时，多亏蜘蛛在入口处织网才使他们躲过了追兵。以英国为首，蜘蛛在欧洲各地都被视为繁荣的象征而备受爱护。特别是红色的小蜘蛛，被称为"Money Spider"，人们视之为发财的吉兆。

虽然还没到令人作呕的程度，但蜘蛛确实是一种神奇的昆虫。吐丝（虽然说"吐"丝，但其实丝是从丝疣里出来的）之后，小蜘蛛会爬行在丝上，顺着上升气流，乘风飘向空中。大腹圆蛛和黄金蜘蛛等蛛类到底为什么能织出那么完美的圆形网呢？蜘蛛像一个优秀的猎人般完全隐藏好自己，静静地等待着猎物上门，这种捕捉本领也相当令人佩服。江户时代街边那些下三滥的轿夫或马夫被人们称为"云助"，其实正确的汉字写法应该是"蜘蛛助"。这一叫法也是源自蜘蛛张网等待猎物上钩的捕猎行为。据说，当时衙门的人一旦打算对"蜘蛛助"进行取缔或严加管理，他们就会迅速藏匿起来不见踪影。虽然关于"云助"的叫法，也有观点称是因为这些人像浮云般飘忽不定，但对于这个说法，我实在难以苟同。

不管怎么说，蜘蛛在人们心里的形象确实不太好。但古时候，人们并不只是一味地忌讳蜘蛛，反而会将其捕捉来当作玩耍的对象。让两只蜘蛛决斗、一较高下的"斗蜘蛛"便是很久以前从中国传来的一种玩法。阴历五月五，在鹿儿岛县和高知县，人们依然会举办让黄金蜘蛛决斗的"蜘蛛合战"。此外，江户时代还有捕蝇蜘蛛的比赛，看哪一只捉到的苍蝇更多。在井原西鹤的《好色一代男》中出现了描述当时江户流行的"蝇取蛛"的内容。这种"蝇取蛛"也称"座敷鹰"，据说能够很好地捕捉到飞蝇的"蝇取蛛"在当时会以很高的价格被拿来交易。柳亭种彦的《足薪翁记》还记载了优质"蝇取蛛"的拥有者会用饰有"莳绘"（漆工艺之一）的昂贵唐木箱来饲养自己的蜘蛛。

我甚是怀念曾经一到夏天，就用铜丝绕在长竹条尖上，一大早起床就在上面缠上蜘蛛网出去捕蝉的时光。现在，不光蝉很少见了，就连蜘蛛网都不怎么能看到了。对这种环境的变化，我们不应该感到高兴。

蛇与蜈蚣的竞争

前文中，我们稍微提到了蛇也是虫子的认知观念。而蜈蚣则是与蛇对抗的存在。正如人们曾相信有巨蛇一般，一直以来人们也相信存在体形巨大的蜈蚣。

根据《日光山缘起》等书的记载，很久以前日光的男体权现与赤城山山神针对山上的湖水——中禅寺湖的归属起了纷争。男体权现呈一条大蛇之状，而赤城山神则是一只大蜈蚣。这条大蛇与大蜈蚣经过反复的殊死搏斗，最后以大蜈蚣——赤城山神被射中眼睛告败而终。而男体权现与赤城山神决一死战之地便是日光的战场原。原本这则传说更偏向日光一方，并将作为敌人的赤城山神描述成面目丑陋无比的大蜈蚣妖怪，故事也以男体权现将其打败为结局，因而这则传说对于赤城山来说实在有失颜面。

蜈蚣，在《古事记》中就已登场，那时它的形象便已是恐怖丑恶。《古事记》中记述的是须佐之男将苇原色许男（大国主神）关于室内，用蜈蚣等物责罚他的故事。

但是，赤城神社的鸟居上却雕刻有蜈蚣的图案，可见人们并非总将蜈蚣视作奇怪、丑恶之物。在京都的鞍马山便有将蜈蚣视为毗沙门天的使者而将其供奉起来的民间迷信。战国时代，甲斐武田氏军团中便有一支信玄麾下、被称为"百足众"的军队。据说"百足众"将蜈蚣的图案绘于旗帜上作为标志。这样做或许是出于人们将蜈蚣视为强大勇猛的象征，同时也包含了这支军队行动迅速、神出鬼没之意吧。此外，蜈蚣还被认为是钱神，在赚钱发财方面寓意颇佳。这种说法源自蜈蚣"足"多，而在日语里"御足"（おあし）的读音与钱（お金）的口语说法一样，所以"足"多也就象征着"钱"多。

据说，蜈蚣与蛇的对立自平安时代就已经出现了。《今昔物语集》（据信创作于公元1110年前后）中便出现了下面这样一则故事：

加贺国的七名渔夫漂流到了一个岛屿。岛上出现一名年轻男子，以酒、菜款待了他们。然后，这名年轻男子告诉七名渔夫，明天会有敌人从别的岛屿攻过来，希望他们能帮助自己。第二天，从海上攻来的是一只长达十丈的大蜈蚣。而从这个岛的山上下来迎击的是一条看起来也有十丈长的大蛇。大蛇与大蜈蚣互相缠绕、激烈交战，眼看手多的蜈蚣占了上风时，众渔夫拿箭射向蜈蚣，并用刀砍之，终于击败了大蜈蚣。

创作于十四世纪后半叶的《太平记》记载了俵藤太"蜈蚣退治"的故事。

平安时代中期，有一个叫俵藤太秀乡的勇武之人。某一天，他在打算过濑田大桥时，一条长达二十丈的大蛇横于眼前挡住了去路。但他视若无物般泰然地踩着大蛇的后背走了过去。过桥后，一名男子追来，说道："我是刚才那条蛇。多年来，因为土地问题，我一直被仇敌所扰。你刚才敢直接踩着我过桥，真是勇猛无畏，我希望拥有这般豪胆的勇士能够帮我讨伐敌人。"俵藤太秀乡答应了大蛇，于是在大蛇的带领下他来到琵琶湖中的龙宫。果不其然，夜已过半时，有一只大蜈蚣从比良山上攻下来。俵藤太秀乡举起刚弓，虽然前两箭没有射中，但第三支沾了唾沫的箭正好射中大蜈蚣的眉间，于是大蜈蚣被制伏了。俵藤太秀乡得到了以赤铜钟为首的大量财宝，回到了都城，随后将赤铜钟捐给了三井寺。

室町时代的《御伽草子》中的"俵藤太物语"也记载了几乎完全一样的故事。这类故事的共通点是蜈蚣在故事中往往是邪恶一方，而人类往往站在蛇那一边助其讨伐蜈蚣。也确实，比起蛇，蜈蚣在感官上似乎让人更不舒服。

我曾经也有一次被蜈蚣吓坏了。那是我和家人一起去房总半岛的馆山游玩，住在了纲元的民宿中。半夜起来上厕所时，从天花板上掉下来一个东西，落在我脖子上，我用手一拂，它就掉在了我眼前。定睛一看，竟是一只超过十厘米长的大蜈蚣。那大概是只少棘蜈蚣，这种蜈蚣是日本原产的蜈蚣中体形最大的，最长可达十五厘米。现在想想当时看见的那只蜈蚣，仍然觉得惊悚可怕。而如果放到神话传说中，大蜈蚣一般都有十丈长，也就是约三十米，想想都令人寒毛直竖。

平安时代后期创作而成的短篇物语集《堤中纳言物语》有一则"爱虫公主"的小故事。据说，有一位公主十分喜爱人人嫌恶的毛虫或青虫，或许连蜈蚣之类的虫子她也喜欢吧。总之，这位公主喜欢的虫并非那些人们认为可爱的虫。故事中还有另外一位公主十分喜欢蝴蝶，这位公主想必经常跟蝴蝶、萤火虫、蝉之类的虫子玩耍吧。我当然非常想和这位爱蝶的公主交流一下，至于另一位嘛……

回到刚才的话题，除了蜈蚣以外，蛇还有其他天敌，那便是蛞蝓。虽然出自民间传说，但据称在战国时代就已经有了蛇的天敌是蛞蝓的说法。

　　　　　　　　　　　　　花鸟风月日本史

十六世纪九十年代成书的《义残后觉》中便出现了蛞蝓打蛇的故事。顺便一提，蛞蝓的天敌是青蛙，而青蛙的天敌却是蛇。创作于十八世纪初的怪谈集《金玉螺旋袱纱》（『金玉ねぢぶくさ』）中有如下一则怪谈。

在一间宅院的泉水中聚集了许多条蛇，这些蛇会捕捉栖息在池中的青蛙来吃。但不知从何时起，池边开始出现蛇的尸体。宅子主人深感不可思议，于是进行了观察，他看到一只有三条前腿的青蛙出现并不停地叫。青蛙的叫声吸引来了蛇，于是蛇向这只青蛙扑去。但蛇却突然痛苦挣扎而死，而这只青蛙却一边叫着一边离开了。宅子主人仔细看去，发现这只青蛙并非三条腿，而是其中一条前腿上夹着蛞蝓，在蛇扑过来时青蛙便将蛞蝓送进了蛇的口中。

第三章　花的日本史

一 樱花与梅花的国度——日本

作为国花的樱花是日本的固有品种吗？

樱花可谓日本当之无愧的国花，关于这一点自不必赘言。

和煦的春风，盛开的樱花，飘扬的花瓣，背着书包跨入小学校门的孩子——这应是大部分日本人共同的记忆。如今，日本没有一所学校的校园未见证过樱花盛开。近代以来，樱花作为国花被种植在每一所学校内，它代表着众多学童的希望之春，也象征着新学年的开始。直到现在，樱花依然在每一个春季开学之初绽放着希望。

虽然现在的樱花宛如和平之标志，但在第二次世界大战前它却是军国主义的象征。因为那时的人们认为，作为日本男儿，就应该为了国家像樱花那般美丽地绽放，随后完美地凋谢。自孩童时便被植入的这种观念，与以"宁可无畏地赴死也决不屈辱地苟活"为美德的军人精神相结合，将众多受到动员踏入战场的年轻人逼向了死亡。

日本在刚刚战败时，这种风潮迅速发生转变，公园和街边的许多樱花树甚至都被砍倒了，因为这时人们的思想又有了转变，樱花所代表的军国主义、忠君爱国，成了不可取的荒唐之物。可这对于樱花来说是何等无辜的罪名。樱花分明是遭到了人的追捧和利用，却落得了在国家体制刚一转变时就要接受无情的谩骂与亵渎的下场。

但是，樱花并不会就此一蹶不振。现如今，它为日本整个国度施彩着色，展现着自己的柔美。在它身上，那段与战争捆绑在一起的禁忌记忆早已荡然无存。

战前，日本人深信樱花是日本固有的品种，并认为樱花的原产地就是日本，世界各地的樱花都是从日本引进的。之所以会有这种说法，据说是因为在江户时代前期，贝原益轩的《花谱》（1698 年）及《大和本草》（1709 年）中有"日本之所谓樱者，中华无之"这样的记述。十八世纪前期，新井白石又在《东雅》中对贝原益轩的说法加以补充与强化，该书写道，朱舜水——十七世纪时归化日本的一位明朝儒者——曾回答称中国并无樱花。

再加上十八世纪后期，日本的国学思想抬头，受贝原益轩与新井白石说法的影响，越来越多人开始认为只有日本有樱花。最终这种思想上升至本居宣长的那句知名的和歌：

しきしまの大和心を人問はゞ

朝日に匂ふ山桜花

（问道敷岛大和心，山樱香阵熏朝霞。）

这种思想逐渐与幕府的尊王攘夷思想紧密联系在了一起，又直接被近代日本的民族主义所继承。

虽然日本自古便有樱花，但樱花绝非日本的固有品种。其实，樱花主要分布在北半球的温带，中国的四川省和云南省、印度以及喜马拉雅山腹等地区均为樱花的原产地。而经过反复改良，使樱花能够如此娇艳美丽的才是日本人。日本有约一百种野生的樱花，由这些樱花培育出的园艺品种则超过了三百种。

江户后期，由染井村（现东京都丰岛区驹込）的花匠最先开始贩卖的"染井吉野"正是这种人工培育樱花的代表。虽然并没有确切说法显示最初是如何培育出"染井吉野"这一品种的，但人们大多认为"染井吉野"是江户彼岸樱与大岛樱的嫁接品种，也有说法称"染井吉野"其实是两种樱花"自然交配"的产物。

与"樱"相关的英语也值得一提。一般英语中说的"cherry"其实是指结樱桃果实的樱桃树，或者就是樱桃，而作为观赏花的樱花在英语中则被称为"Japanese Cherry"或者"Flower Cherry"。乔治·华盛顿少年时期的那则著名趣事中砍倒的其实是农园的樱桃树。契诃夫的《樱桃园》指的也是结樱桃的果树园。

美国波托马克河沿岸种植的樱花树，源于明治四十二年（1909年）时，东京市市长尾崎行雄赠送的两千株染井吉野的树苗。但最初的这两千株树苗却因虫害而全部被烧毁处理掉了，1912年日本又赠予了三千一百株樱花树苗，这些树苗长大后便构成了我们现在所见的波托马克河沿岸的花海风光。

木花之开耶姬与衣通郎姬

樱花自古以来就是日本人非常熟悉与喜爱的花。在《日本书纪》和《古事记》神话中登场的"木花之开耶姬"（《古事记》中写作"木花之佐久夜比卖"），其中的"木花"指的其实就是樱花。虽然有说法称，原本日本人将樱花称作"Sakuya"，后来叫着叫着变成了"Sakura"，但这种说法无从考证。

木花之开耶姬是大山祇神的女儿，后成为琼琼杵尊之妻，并生下了海幸彦（火阑降命）和山幸彦（彦火火出见尊）。正如其名，木花之开耶姬生得美艳动人，琼琼杵尊见后心动不已，遂向大山祇神提亲，大山祇神于是将木花之开耶姬及她的姐姐磐长姬一起送给了琼琼杵尊。但琼琼杵尊只想要木花之开耶姬一人，于是将相貌丑陋的磐长姬退了回去。其实，大山祇神将两个女儿嫁给琼琼杵尊是有原因的。他希望能将木花之开耶姬般的美貌以及磐长姬般的长寿带给琼琼杵尊的子孙。但因为琼琼杵尊拒绝了磐长姬，所以其子孙——人类的生命才像樱花般短暂而脆弱。

《日本书纪》第十三卷中记述了允恭天皇和衣通郎姬（衣通姬）的恋爱故事，而这个故事中也出现了樱花。衣通郎姬是允恭天皇的皇后忍坂大中姬的妹妹，其美貌世间少有。据说衣通郎姬白嫩的肌肤所散发的光芒甚至能够穿透衣服。

允恭天皇纳衣通郎姬为妃，令其住在藤原，但由于忌惮皇后而无法前往衣通郎姬的住处。终于在皇后生产之后，允恭天皇才得以第一次前去衣通郎姬那儿。那一天，衣通郎姬咏诵了这样一首歌——"我夫子が来可き宵なり笹がねの、蜘蛛の行ひ是宵著しも"，意思是：预感今夜我的丈夫允恭天皇将要到来，细竹根上能清楚看到蜘蛛结的网。听完这首歌后，允恭天皇回应道，"ささらがた錦の紐を解き放けて、数多は寝ずに唯一夜のみ"，意思是：快点解开锦缎的腰带，我不要求有几晚，只求今夜你我能共度良宵。于是二人当晚共度一夜春宵。第二天早晨，允恭天皇望着水井旁的樱花吟诵道，"花細し桜の愛で同愛でば、早くは愛でず我が愛づる子ら"，意思是：精致美丽绽放着的樱花啊，如果这份爱（与对佳人之爱）相同的话，为何没能早点爱她呢，我的爱人衣通郎姬啊！在这首诗中，允恭天皇以樱花比喻衣通郎姬。

不论是木花之开耶姬还是衣通郎姬，在"记纪"中登场的这两位绝世美女都被比喻成了樱花，由此可见，古时候日本人就对樱花有着深厚的感情。而樱花作为观赏对象受到大众的喜爱则是后世之事了。

奈良时代，如果单说"花"，大部分时候指的是梅花。而樱花在平安时代以后才渐渐成为"花"的代名词。《万叶集》中咏梅的诗歌有一百一十八首，数量仅少于咏萩（胡枝子）的一百四十一首。但歌咏樱花的诗只有四十首，仅相当于梅花的三分之一。

俘获万叶人之心的梅花与菅原道真

梅花，可以说完完全全俘获了万叶人的心，但它并未出现在《日本书纪》和《古事记》中。梅花原产自中国，奈良时代传入日本，几乎瞬时就博得了日本人的青睐，究其原因，或许是梅花比樱花开放得更早，而且梅花会用它那淡淡的清香告诉人们春天即将到来吧。

> 色よりも香こそあはれと思ほゆれ
> 誰が袖触れしし宿の梅ぞも
> （国色天香比，天香胜一筹。庭梅香触袖，香袖至今留。）
>
> ——无名氏，《古今和歌集》

> 春の夜の闇はあやなし梅の花
> 色こそ見えね香やは隠るる
> （春夜亦何愚，妄图暗四隅。梅花虽不见，香气岂能无？）
>
> ——凡河内躬恒，《古今和歌集》[1]

---

[1] 以上两首和歌译文取自杨烈译本《古今和歌集》（上海：复旦大学出版社，1983年）。

梅花的绽放与黄莺的初啼成对，或许也为其获得极高人气做出了贡献。虽然即便没有梅花，黄莺依旧会啼叫，但梅花与黄莺的搭配被广泛吟咏于诗歌之中，甚至到了只要有黄莺的叫声就会令人联想到梅花的程度。而几乎整个日本都能听到黄莺的啼叫声。

最初将梅花与黄莺一起吟诵的是《怀风藻》（751年）中，葛野王的《春日玩莺梅》这首诗。该诗也是日本史上第一首描写梅花的诗歌。葛野王是大友皇子（弘文天皇）和十市皇女的长子，生于天智天皇八年（669年），于庆云二年年末（706年）＊去世。也就是说，《春日玩莺梅》这首诗创作于七世纪后期至八世纪初期，在那之前并没有记述梅花的文献。这首诗的原汉诗版本如下：

> 聊乘休假景，入苑望青阳。
>
> 素梅开素靥，娇莺弄娇声。
>
> 对此开怀抱，优足畅愁情。
>
> 不知老将至，但事酌春觞。

然而，这首诗中最重要的"素梅开素靥，娇莺弄娇声"一句却并非葛野王原创，有学者指出这一句实则源自南朝陈诗人江总的《梅花落》一诗中的"梅花隐处隐娇莺"一句。但在创作此诗时，葛野王的宅邸是否已种上了梅花，或者黄莺是否在那花枝上鸣叫，迄今为止尚无确切史料证实。

虽然《万叶集》中收录了许多咏梅诗，但天平二年（730年）正月十三日，在大宰帅大伴旅人宅邸举办的梅花诗宴上，参加宴席者每人赋诗一首而集结成的《梅花歌三十二首》也颇为有名。比如以下几首，均广为流传。

＊　庆云二年本为705年，但葛野王去世日期是庆云二年十二月二十日，为公历的706年1月9日。

春さればまづ咲く宿の梅の花

ひとり見つつや春日暮らさむ

（暖阳春日到，最先梅花开。屋前绽其姿，独待春日沉。）

梅の花散らまく惜しみわが苑の

竹の林に鶯鳴くも

（梅花飘零散落，痛惜岂无声。我苑竹林里，黄莺正乱鸣。）

鶯の声聞くなへに梅の花

吾家の苑に咲きて散る見ゆ

（忽闻黄莺啼，思绪自然随。犹见吾家苑，梅花缤纷落。）

也就是说，从这时起人们已经开始在院中种植梅花，并会举办赏梅宴等活动了。但梅花与樱花不同的是，它并非山里的花树，而是更适合种植在都市、曾由贵族们种植在庭园中的花树。

在第一章《树木的日本史》中我也为各位读者介绍过，御所的紫宸殿南阶正面东、西两侧种植的"左近樱"与"右近橘"中的樱花，其实最开始是梅花。天德三年（959 年）九月，被烧毁的皇宫重建时，梅花被换成了樱花。从这时起，樱花也渐渐取代梅花成为"花"之代表。前文提到，《万叶集》中有诗："宫中仕宦人，闲暇出宫门。头簪梅花蕊，同迎此地春。"但到了《新古今和歌集》中就变为："宫中仕宦人，闲暇出宫门。头簪樱花蕊，今日亦逍遥。"诗句的改变很好地印证了人们从推崇梅花到喜爱樱花的转变。但这并不意味着梅花就此被打入"冷宫"。虽然梅花不如樱花那般娇艳，但依然有着根深蒂固的地位，并且广泛渗透进了民间，至今依然流传着许多与梅花有关的传说。在此之中，尤以讲述菅原道真之悲剧的

"菅公飞梅"（飞梅传说）最为人熟知。

　　据说道真好梅，其位于京都西洞院附近的宅邸亦被称为"红梅殿"。因在与藤原时平的政治斗争中败下阵来，菅原道真被左迁至大宰府。延喜元年二月一日，菅原道真离开红梅殿，该日期换算成格里高利历是公元901年2月27日。当时，庭园里的梅花正开始散发香气，于是菅原道真咏诵了一首流传至今的名诗："东风吹，梅香满人间，纵然无主，勿忘春来到。"[1] 据说，在菅原道真被贬至大宰府后不久，红梅殿的一枝梅花便飞入空中，最后飞落至大宰府生根发芽。

　　此外，"莺宿梅"（见于《大镜》等）的故事也广为人知。这个故事发生在"菅公飞梅"后大约五十年，由于清凉殿的梅花枯萎，村上天皇想方设法寻找梅之名树，最后找到了西京附近的一个家宅，打算将那里的梅花移植到清凉殿。之后，运到宫中的梅花枝上绑着一张那家少女写下的长条诗笺——"勅なればいともかしこし鶯の、宿はと問はばいかに答へむ"。意思是："若这是天皇的勅命，那我也没有办法，但当寄宿在这棵梅树上的黄莺飞来，向我询问它的家去了哪里时，我该如何回答呢？"村上天皇看完后，理解了少女的心情，于是将梅树奉还。这名少女便是纪贯之的女儿。后来这名少女被召入宫中，人称"红梅内侍"，而梅花也开始被人们叫作"莺宿梅"。

花盗人与吉野樱

　　我们再说回樱花。

---

[1] 東風吹かば匂ひおこせよ梅の花、あるじなしとて春な忘れそ。出自《拾遗和歌集》。

狂言中有《花盗人》一出剧目。这里的花自然是指樱花。

　　一名僧人将樱花枝折下欲带走时，被这家的主人捉住并绑在了花树下，于是有了下面这段跟盗花僧人的对话。

　　僧人引用素性法师的和歌，"但见山樱盛，语人空自夸。愿能亲手折，携赠各还家"，来为自己辩解，称自己折樱花枝实属万不得已。而这家主人立刻以僧正遍昭的和歌回应："此番折花去，垢污沾于腕。前今后三世，献花心向佛。"借以指责盗花僧人。这名盗花僧人依旧不服输地以大伴黑主的歌还嘴道："道边樱花树，身卑不宜憩。折樱置薪上，负春行于山。"樱花主人听完后深感有趣，便承诺只要盗花僧人即兴和歌一首便原谅他。于是僧人和道："今春来盗花，被绳捆于树。此景为人见，或称乌帽子。"主人听后觉得甚是有趣，便将绳子解开，还以美酒招待了盗花僧人。

　　这种折下一枝樱花装点在室内的愿望，实属人之常情。

　　清少纳言在《枕草子》中写道："撷取盛开的长长樱枝，插入大大的花瓶里，反较在外时更为赏心悦目。"但其实，最为美丽动人的还是许多樱树一同绽放花朵时。日语中有一句俗语，"桜切る馬鹿梅切らぬ馬鹿"，直译过来就是"砍樱花树的是笨蛋，不砍梅花树的也是笨蛋"。这个俗语经常用来比喻尽做多余的事，却把真正该做的事情放在一边这一愚蠢行为。正如这句俗语所言，梅花的树枝越是修剪，越会长出新的嫩枝，开出更多的花，但樱花的树枝一旦剪断或者折断，就会枯腐。

　　既然说到了跟樱花有关的人物，那就必须要提一提西行这个人。

　　西行在出家后，大部分时间都待在以樱花闻名的吉野一地，带着自己对樱花无与伦比的热爱生活着。他曾咏诵"愿死春花下，如月望日时"；还曾写下了"此身成佛后，行人见吾墓。若欲相吊念，当捧樱来献"的诗句。这句诗里的"佛"其实就是指死后的自己。文治六年（建久元年，公元1190年）二月十六日，正值他曾吟咏的望月（二月十五日）之时，西行去世，享年 73 岁。这一日期若换算成格里高利历，即 1190 年 3 月 30 日。此时，吉野的山脉已经开始由樱花装点上粉嫩的色彩。

关于西行为何如此执着于樱花，我曾在拙作《推动历史的男人们》（『歴史を動かした男たち』，中公文库）的"西行"篇中陈述了愚见，有兴趣的读者不妨一看。

此外，吉野山之所以会成为著名的樱花之地，与役小角（役行者）的传说有关。据传闻，吉野山上的金峰山寺之开创者即役小角，而寺内藏王堂中的本尊立像正是役小角本人用山樱雕刻而成。平安时代以来，将樱花树作为神木捐赠树苗的风气已然形成，镰仓时代后这种风气更加盛行，随后吉野山就成为"一目千本"、漫山遍野都开满樱花的名山。

二 花的精神与赏花之宴

从《风姿花传》看花之心

能乐论集《风姿花传》一般也称《花传书》。这本书由能乐大师世阿弥在父亲观阿弥的遗训基础上撰写而成。对于该书书名的由来，世阿弥曾表示："虽说要继承这项技艺之风貌，然而，那些己之力所不能及之处，甚至难以言喻。唯望得其风姿，化为以心传心之花，遂命名《风姿花传》。"

在这本书中，世阿弥将能乐的生命与本质比作了"花"，以此为核心进行论述。书中所述不仅仅是能乐的深层意义，还包括各种艺术论、教育论和训世之道，所以直到今日，这本书仍以自己独特的魅力吸引着众多读者。

我认为在谈论"能"时借用"花"来进行论述，足见日本人对花的情感之深。《风姿花传》中描写的花自然不单指呈盛开姿态的鲜花，还包括更加深奥的风雅之极致，以及花的精神。只有自古以来便将生活以各种各样的形式与花紧密联系起来的日本人，才能够真正理解该书论述的观点与精髓。随四季流转而交替盛开的各式花朵既是普遍存在的，又是恒久不变的，它们成为滋养日本人感性的最重要因素之一。

《风姿花传》称，（对于能乐艺人而言）一旦超过了特定年龄便会失去的，乃"时机之花"，而直到三十四五岁方才盛开，即便到了四十四五岁依然不会失去的，才是"真之花"。

此外，书中说，"欲知花应先知种。花为心，种为技"。意思是，从七岁开始就要反复学习与练习，只有这样才能打好基础，这才是"花之种"。

书中还说道，"花、趣、珍，三者同心也"。这里的"趣"指的是感到有趣、被吸引的样子；"珍"则是对（表演）给人留下的清新印象的一种赞美之情。

世阿弥认为，一年四季均可盛开的花与杂乱无章地开放的花毫无珍、趣可言。那些随着更迭的四季开开落落的花才称得上珍贵而有趣味，才能称为真正的"花"。

现如今，人们会故意让鲜花反季开放，很多花店一年四季都摆着同样的鲜花。这其实已完全抹杀掉了鲜花的珍与趣。现代日本人只追求颜色与花形之美，根本不理解"花之心"，可以说他们作为日本人已经丧失掉了原有的文化感性，称其为国籍不明的"新人种"也不为过吧。而《风姿花传》通过"花"，传授给了我们各种在世为人之道。

"秘すれば花"（隐秘方成花）也出自《风姿花传》，这是一个非常含蓄、隐晦的说法，意思是决不能卖弄美貌，正如花决不能为了显示自己的美而张扬地开放。在应绽之时、应绽之地，不刻意地自然开放，这才是"花"之珍趣，这种美才会令人印象深刻。

花道的精神与其历史

被通称为《花传书》的，除了能乐的《风姿花传》外，也包括其他书籍。记述花道深奥意义的书籍大多是在近世创作的，比如《仙传抄》《立花大全》《抛入花传书》《池坊专应口传》等。

《风姿花传》借"花"讲述了习得能乐的深奥意义，这本《花传书》更多的是描写如何将花装饰得更加美丽动人、富有情趣。日本人将插花的行为提升到传统艺术之高度，所以需要不断地修炼来求道，最终诞生了"花道"。

能乐与花道虽然是完全不同的艺术形式，但却有共通的精神。《池坊专应口传》中有这样一段话："将花插入瓶的风俗，自古便有。但仅仅是赏美丽之花，却无从领略草木之风，只是插之赏之罢了。野山野水边自然而成之姿更加绰约。"其意是，仅仅为了好看而把花美美地装饰起来是不够的，还要在草木的衬托下，使之呈现出宛如处于自然山水中的浑然天成之姿。换言之，让花呈现出处于四季更迭中的最自然、最原始的样貌，才最为理想。

日式房间中的"立花"据说形成于室町时代中末期，伴随着佛教传入的，不仅是用花作为装饰的这种行为，还一并传入了"（佛前）供花"的习俗，据说这便是"立花"的原型。但由于"供花"是将花供奉给佛祖，是一种庄严的宗教行为，所以花本身的美并不是用来供人欣赏的。到了镰仓时代，人们才开始在室内进行插花，用以观赏。直至平安时代，已经出现了将花放在栏杆或窗边等室外的地方进行观赏的相关记录，比如，《枕草子》中的"高栏上搬来一只大的青瓷花瓶，插了许多枝长五尺许的盛开的樱花，花儿直开到高栏边来"这类记述。

镰仓时期，藤原定家在《明月记》中便记录了将各种各样的花插在花瓶里的"花合"行为。室町初期的《迎阳记》也显示，那时人们曾在舶来的珍贵器皿中插入鲜花进行"花合"。到了室町中期，便出现了"立花"专家。这些"立花"专家会前往将军宅邸或皇宫插花，他们创立了插花的样式与仪式。

安土桃山时代，"立花"渐渐发展成一种艺术，并且几乎可以说发展成熟了。到了江户初期，在喜好"立花"的后水尾天皇的庇护下，池坊专好（二代）大获成功。

"池坊"，原本是因六角堂而闻名的京都顶法寺中一间僧房的名字。室町中期，这间僧房出了一名颇擅长立花的寺僧。而这位寺僧便是著名的连歌师池坊专庆。随后，写下了《口传书》的池坊专应登场，《碧山日录》评论道，"池坊六角堂执行花上手也"，由此以立花为家业的池坊这一流派也确定了自己的地位。

除了"立花"，花道中还有另一派系。室町后期，不同于"立花"，主张不拘泥于仪式、形式颇为自由的"抛入花"登场。安土桃山时代，"抛入花"与茶道相结合，逐渐形成了自成一派的插花形式。在品茗会上自由随性地插花，其过程不受任何形式之约束的这种"茶花"，通过著名茶师千利休获得了极高的地位。到了元禄时代，住在城镇的商人和手艺人间流行起花道与茶道，不拘一格的"抛入花"，也即"茶花"，开始与茶道"解绑"，逐渐成了人们的日常装饰。江户中期以后，形成了如千家流、松月堂古流、古田流、远洲流等诸多花道流派。也就是说，伴随着插花行为的普及，花道也逐渐成形。顺便提一下，插花被广泛作为妇女修德的一项学习内容是在幕府末期。同样是在幕府末期，家元制度 * 的基础也形成了。

正如上文所述，日本人不单单是把花作为美丽的事物用于观赏和装饰，还追求隐藏在"花"深处的"心"，所以日本人才将插花行为升华成一种艺术，进而求道，最终创立了花道。

现在，仍有很多女性会去学习花道。虽然我很想说，花道作为日本的

---

* 日本传统的艺道流派中常见的一种立派和传承制度。其中，"家元"（いえもと）指流派的创始人、掌门人，具有高超的技艺，同时享有类似一家之长的最高权力，师徒间有明确的等级区分。

传统文化延续至今，已发展得极为兴盛繁荣，但更多的人与其说是学习花道，不如说只是了解了一点皮毛而已。各种花所代表的意义和"花心"，他们又能理解多少呢？

五节供与花

与日本人的日常生活息息相关的节日活动可以概括为"五节供"（也称五节句，即五个节日之意）。这"五节供"分别如下：

一月七日，人日节供；

三月三日，上巳节供；

五月五日，端午节供；

七月七日，七夕节供；

九月九日，重阳节供。*

这些节日原本源自中国，在江户时代由幕府定为一年一度的节日活动，随后广泛普及至民间。上面所说的这"五节供"与古时候宫廷举办的名为"五节会"的皇室活动并不相同。"五节供"在明治六年（1873年）曾一度被废止，但由于仍在民间持续流行，所以发展至今，"五节供"也成为日本人一年中最重要的几个节日。

至于为何这五个节日会与日本人的生活关系如此紧密，其中一个原因便与花相关。一月七日的"人日节供"也被称为"七种（草）节"，人们会在这一天吃七草粥。三月三日的"上巳节供"是桃花的节日，因为阴历的三月三日左右正是桃花绽放的时节。同时它也是日本的女儿节（雏祭），

---

* 以上节日均采用日本阴历日期，因受中国阴历影响，两种传统历法有许多共通之处。

这天人们会摆出日本人偶并装饰上桃花。五月五日的端午节供则是菖蒲节供，这一天的习俗是泡菖蒲澡，饮菖蒲酒，装饰花菖蒲；同天还会挂起鲤鱼旗，摆出武士人偶。与女儿节相对，由于菖蒲与"尚武"在日语中发音相近，所以这一天也被视为男儿节。"花菖蒲"属于菖蒲科的多年草本植物，江户时代，人们培养出了众多菖蒲科的园艺品种。而"菖蒲"其实是芋科植物。《万叶集》中出现的"菖蒲草"则是指野生的鸢尾。

这五个节日中似乎只有七月七日的七夕节供与花无关。在七夕这天，人们会为星星庆祝。虽说如此，但这一天其实与花也有着不解之缘。正如"抚子花竞绽，今日心相通。欲问如何借，彦星高空照"这首诗中所述，平安朝时期，每逢七月七日会举办"竞花"活动，人们互相竞比，看哪朵花开得更为灿烂美艳，这个活动也被称为"抚子合"。

到了室町时期，"竞花"已经固定为七夕的一项娱乐活动，并渐渐地与池坊的七夕立花以及民间的七夕插花联系在了一起。此外，有些地方有在七月七日举办"七日盆"的习俗，当天人们会在亲人的墓地上插上女郎花或桔梗花。还有的地方会在这一天采摘盆栽中的鲜花。

九月九日重阳节供是菊花的节日。直至今日，在九月九日前后，日本各地依然会隆重地举办菊花展、菊人形展以及菊供养等活动。长崎的"御供日"作为旧历重阳节之祭奠活动远近闻名，据说该活动源自在重阳节这一天与神灵一起吃下祭供食物的古老仪式。而日本的"御节料理"原本也是在节日时供给神灵随后人神共食的料理。

综上所述，日本人非常熟悉的这五个节日，其实也是花的节日。遗憾的是，按照现在的新历，节日与花的时令无法达成一致，这是因为旧历时间往往会与新历错开一个月左右。所以我们在考虑每年的传统节日时，在试图去理解古典诗歌及俳句时，在解读古典文学或历史资料时，都不要忘了将脑中的时间概念转换成旧历时间。

"醍醐花见"与"长屋花见"

前面我们提到的立花与插花,更多的是局限在室内的个人赏花行为。而大家一起前往户外赏花也是日本自古有之的风俗习惯。虽然也存在观梅会或观菊会,但基本上一提到"花见"(赏花),指的就是欣赏樱花了。

原本盛行于平安朝时期的"花见"是贵族的娱乐,宫中会举办观樱宴或外出赏樱的"樱狩"等活动。直至室町时代后期、进入战国时代时,"花见"不再仅仅是贵族的娱乐活动了,从武士到平民百姓的各阶层中,这项活动也逐渐盛行起来。

安土桃山时代,狩野长信在《花下游乐图屏风》中便描绘了人们在盛开的樱花树下撑起帷幔,演奏起雅乐,举办"花见宴"的欢愉景象。

战国时期的大名绝非终日只想着打仗,他们中的大多数人都热衷于熏陶自身的文化素养。他们热爱风月、吟诗诵歌、欣赏能乐、品味茶道并且经常举办赏花宴会。

这其中属丰臣秀吉的"醍醐花见"最为空前绝后,堪称史上最大规模的赏樱活动。

庆长三年(1598年)阴历三月十五日,位于京都的醍醐寺的群山一带种满了樱花树,丰臣秀吉命令各位大名和奉行依据自己的喜好在山中各处搭盖风格各异的茶屋,然后举办了大规模的赏花活动"醍醐花见"。丰臣秀吉的正妻宁宁带着侧室淀殿及其下约一千三百名侍女参加了这次赏花活动,她们还换装列队游行,换装次数竟多达三次。

这次"醍醐花见"的总奉行是前田玄以,关于举办赏花活动,有过下述这段对话。

丰臣秀吉问前田玄以京都的经济状况,前田玄以答曰:"大家经常赏花,可见经济应该是不错的。"但丰臣秀吉却否定道:"不对,正是因为经济不景气大家才会去赏花。如果生意兴隆，是不可能有闲工夫赏花的。"随后丰臣秀吉命令前田玄以道："那我们就在醍醐举办一场盛大的赏花活动，让诸位大名工作起来。这样一来大家都能工作，百姓也就能受惠。"也就是说，彼时的这场赏花活动其实是振兴经济的一项公共事业。

当然这不过是民间流传的一种说法。实际上，"醍醐花见"是由醍醐寺三宝院的僧人义演提议的，目的是安慰在朝鲜侵略战中陷入僵局的丰臣秀吉。

在这场盛大的赏花活动中，丰臣秀吉心情极佳，他前往各个茶屋，欣赏着在纷飞的落樱中身着华服美衣、喜上眉梢的妻妾们。这场极尽奢华的大型赏樱活动宛如在讴歌当世的春之美好，但也好似樱花在即将飘落前呈现出的最美的一瞬，虚无而又缥缈。在"醍醐花见"后不久，丰臣秀吉便一病不起，五个月后的阴历八月十八日，62 岁的丰臣秀吉因病去世。

江户时代起，武士和老百姓也开始加入赏花的队列。上野的山自很早开始就已是赏花的胜地了。三代将军德川家光将吉野山的樱花树移植到了宽永年间（1624 年—1644 年）建造的宽永寺。从那之后，上野的山便因花见宴而热闹不已。后来，四代将军德川家纲将墓地建在了宽永寺，所以曾一度禁止赏花期间演奏歌舞音曲。但江户人并没有屈服，幕府也无法全面限制老百姓的娱乐活动，所以后来人们在赏花之时依然热热闹闹、一片欢腾景象。过去，伴随着"暮六"（傍晚六时）的钟声，山门会关闭，来此赏花的人也会被宽永寺的守卫赶走。篝火火光映照下的夜樱美不胜收，正可谓"春宵一刻值千金"。实际情况却是"千金时分至，花山却逐客"。

现在，东京都内很多赏樱的著名景点都是由八代将军德川吉宗在享保年间（1716 年—1733 年）一手打造的。比如，王子的飞鸟山、品川的御殿山、隅田川堤（墨堤）以及小金井堤等。据说，因为赏樱这项娱乐活动有益身心，所以被视作享保改革的一环，由政府大力推广，这样一来也能分散江户市民对经济不景气的不满与抱怨。

　　江户人十分热衷于赏樱。那时的富裕阶层会在樱花树下铺上毛毡，饮酒歌舞、极尽享乐，有时还会举办"俳谐"会或"狂歌"会等活动，以此优雅地消遣一日时光。

　　而另一方面，没有钱的老百姓也在用自己的方式赏樱。落语《长屋的花见》就用诙谐幽默的语言讲述了老百姓赏樱的景象，我听过很多遍，依然觉得十分有趣。平民没有毛毡，就以席子代替，喝不起酒就喝茶，吃不起鸡蛋卷就吃腌萝卜，没有鱼糕就用大白萝卜代替。即便如此，寻常百姓依然以茶代酒，乐在其中，以自己的方式享受着花见之宴。樱花带给了所有人喜悦与快乐。

　　樱花之美，不分贵贱，雅俗共赏。

三 四季的花历

一月之花·水仙的故事

无论是谁，看到娇艳绽放的鲜花，都会乐以忘忧吧。爱花之心可谓人皆有之。但是，或许没有哪个民族能比日本人更爱花。他们并不单单欣赏田野或庭院里盛开的花朵，或者将美丽的花装饰起来，还将四季中各不相同的花与自己的生活紧密联系在了一起。他们不仅仅喜爱花的美丽，还希望更进一步触及花的精神，于是便创立了"花道"，试图让自己的深层心灵更接近花。

花，或许在日本人形成文化感性的过程中，对其中最本质的一部分施加了重要影响。

日本是一个一年四季都有不同种类的鲜花装点的国度。姹紫嫣红、美不胜收的春、秋两季自不必说，其他季节中也能看到形形色色、五彩斑斓的花。

接下来让我们根据松田修的《花历》（『花ごよみ』，由现代教养文库·社会思想社出版）来看看近代以前日本人最熟悉的几种花吧。

一月是茶梅（日本称"寒椿"）和皱皮木瓜开花的季节。白雪皑皑的院子里，一枝茶梅迎寒绽放，真是点睛之笔。一月，在南方比较暖和的地方，梅花早早盛开，结香花也在新叶发芽前开出了娇嫩的小黄花。福寿草、水仙及雪割草等也都是在一月开花。

越前海岸有片野生的水仙花海，真是绚烂至极，让人如痴如醉。一月开始，这些野生水仙便坚强地在寒风中绽放，直至三月左右时，整个越前海岸就成了一片白色的花海。据说，此地的水仙是因为受到暖流影响才能在严寒之中绽放。也有人说，越前海岸的这些水仙是中国大陆的水仙球根被海流冲过来后自然生长起来的。

水仙的原产地其实是地中海地区。希腊神话中纳西索斯（Narcissus）的故事闻名于世。无数少女对美少年纳西索斯趋之若鹜，他却似乎沉溺于自身的美貌而冰冷地一一拒绝她们。于是，复仇女神涅墨西斯故意使他爱上了倒映在水中的自己，最终这名美少年溺水而亡。池水边开出的水仙低垂着花头朝向水面，据说那就是纳西索斯望向水面映照出的自己时的姿态。而表示自恋、自我陶醉的"Narcissism"一词的词源也出自这则神话。

水仙经丝绸之路传入中国是唐代以前的事情了，并且早早传入了日本，在全国各地生根发芽。这其中也包括像越前海岸那片并非人工种植、随海流漂洋而来并自然长成的水仙。中世纪以来，水仙在日本就已经十分常见了。

室町时代的禅僧一休宗纯的诗集《狂云集》中，便有一首题为《美人阴有水仙花香》的诗。一休宗纯因反映其聪明机智的种种逸事而为人所熟知。另外，他也写下了许多高歌自己与女性的爱欲以及自身疯狂行径的诗。这首《美人阴有水仙花香》的全诗如下：

> 楚台应望更应攀，半夜玉床愁梦颜。
> 花绽一茎梅树下，凌波仙子绕腰间。

这首诗的题目可以说非常直白，诗的内容更是不加掩饰。诗中的"楚台"便是女子的身体。"应望更应攀"是指除了欣赏女性的身体，更要爬到上面去。"半夜玉床愁梦颜"一句描写的则是夜晚女子在床上令人神魂颠倒的模样。"花绽"即花朵绽放之意，这里将花比作了女性的身体。而"一茎梅树"是指像梅树干那样的一根茎，也就是指代男性的身体。最后一句"凌波仙子绕腰间"则表现了水仙花在腰间缠绕、撩拨挑逗的样子。

创作这首《美人阴有水仙花香》时，一休已经七十多岁了，当时他正与一名叫森侍者的盲女住在一起，她平时以挨家挨户地奏乐进行乞讨为生。而《狂云集》中还收录了多首赤裸裸地描写一休与这位森姓盲女之爱欲的诗。

春之花·太田道灌与山吹之里

接下来，进入二月，立春也就近了。尽管这时北风仍在吹，甚至雪还在下，但渐渐开始弥漫起春天的气息。一过二月中旬，日本关东地区的梅花就开放了，这时还能听到黄莺的初啼。款冬花发芽，河堤边等田间路旁开始冒出阿拉伯婆婆纳的蓝色小花，渐渐地，蓝色小花从零星点缀在绿草之中，到最后铺满了整块绿地。

阿拉伯婆婆纳在日语中被叫作"大犬的阴囊"（オオイヌノフグリ），这个名字着实不好听。也不知道当初到底是谁给这种在初春的道边生长的娇嫩可爱的小花起了这么一个名字，或许是因为花落之后那小小的果实看起来有一点点像狗的阴囊吧，但总觉得应该给这种花取一个更好听的名字才对。

二月的花树还有细柱柳（日语中叫"猫柳"）、山茱萸、腊梅和蜡瓣花，等等。珍珠绣线菊这时也会在暖和的地方开出小小的白色花朵。而山茱萸、腊梅和蜡瓣花的花瓣都是淡黄色的，它们的点缀让春意酝酿得更为浓郁。

到了三月，暖和的地方已漫山遍野都是花色花香。堇菜花、蒲公英、野芝麻以及连钱草等活力十足地一下子将花苞全部绽放。除了桃花外，瑞香花、日本辛夷、木兰、郁李、马醉木、连翘、金缕梅以及旌节花等都是这个时候开花。而黄灿灿的油菜花也从此时开始灿烂起来。

四月，是樱花的季节，樱花前线*扩展至整个本州。人们此时往往沉醉于赏花之中，很容易因早春的薄寒而染上感冒。在樱花之后，海棠花娇艳登场，然后就是苏木、棣棠花、杜鹃花、木瓜花和麻叶绣线菊等各类春花的斗色争妍。

说到棣堂花（日文为"山吹"），就要提一提太田道灌的著名逸闻——"山吹之里"。

某天，太田道灌放鹰捕鸟的归途中巧遇大雨，遂到附近某农家借蓑衣。而这家的女儿却给了他一枝棣棠花，太田道灌甚为不解。事后，他才了解到这家的女儿其实是借《后拾遗和歌集》中兼明亲王的和歌"七重八重棣棠开，花不结果悲人怀"，来表示自己家穷得连蓑衣都拿不出来。道灌明白其意后深感羞愧，愧汗连一个农家姑娘都具有古歌素养，自己竟因才疏学浅而错怪对方。自此道灌开始发愤图强，力学不倦，最终成为一位知识渊博的武将。

不过，其实八重棣棠本就是不结果的。

有观点认为这个"山吹之里"指现在东京都新宿区山吹町一带，但户冢町的面影桥西畔又立着一块"山吹之里"的石碑。此外，还有人称埼玉

---

* 桜前線，全称"桜の開花予想の等期日線"，指预测日本各地开花日期的等值线。每年日本气象厅或民间气象预测机构都会提前绘制并发布樱花前线，以便人们安排赏樱活动。

县越生町的山吹山才是其宗源。埼玉县的越生曾是道灌的父亲道真的隐居之地，越生的龙稳寺内还有道真、道灌父子的墓碑。

而这则"山吹之里"的故事最初出现在江户时代中期由汤浅常山所写的《常山纪谈》或西村远里所写的《雨中问答》中。"山吹之里"的故事因落语《道灌》而流传开来，而该题材最早的落语则是江户后期天保四年（1833年）由初代林家正藏所写的《落嘴笑富林》中的一篇。到了明治年间，河竹默阿弥创作出脍炙人口的歌舞伎剧目《歌德惠山吹》。对山吹之里到底在哪儿这个问题争论不休，也就没什么意义了。

四月，银线草、及己以及一轮草、鹅掌草、多被银莲花等白色的小花一簇簇、一群群密布在杂木林和山间野地里。粉色的猪牙花像报春使者般，于此时盛开。春兰、金兰、银兰、虾脊兰等兰科植物也加入了争相竞艳的队伍。萎蕤、鸣子百合为杂木林增姿添色。此外，荷包牡丹、樱草、水甘草等也是四月绽放的报春花。

我目前住在浦和市（现埼玉市），这里西郊地区的田岛原是著名的樱草与水甘草自生地，然而，曾经郁郁葱葱的樱草地现在全被开发成了高尔夫球场。曾作为樱草公园被保护起来的土地，现在也几乎另作他用了。水甘草好不容易才得以在田岛原附近的秋濑的杂木林成片生长，每年春天都悄悄地开出蓝色的小花。

百花之王牡丹与小野小町的芍药

四月到五月，是牡丹和芍药开花的季节。这两种花均原产自中国，但由于日本人很早便开始栽种，所以日本人对它们也相当熟悉。"立如芍药，坐如牡丹"，自古便用来形容绝色佳人，可以说是对美人最高的赞赏之词。

　　　　　　　　　　　　　　　　花鸟风月日本史

牡丹可谓代表中国的一种名花，被誉为"百花之王"的它被视作中国的国花。中国人对牡丹的喜爱始于隋炀帝时期，唐玄宗时，长安彻底兴起了牡丹热。白居易也创作了许多与牡丹有关的诗。这波牡丹热一直持续到宋代，当时的洛阳城四处遍布牡丹花。

　　一般认为，牡丹花是在奈良时代传入日本的，但真正普及开来是在平安时代。那时，宫廷、贵族的家宅以及寺院等地都喜欢种植牡丹。从那以后直至现代，日本的牡丹热一直低调地延续着，从未衰退。自平安时代以来，牡丹花成为花鸟画中的经典元素，牡丹图案被广泛用于高级日用品的装饰或被雕刻在艺术品上。

　　在中国唐代，牡丹花被视为富贵的象征，人们将牡丹与唐草这两种图案结合，创造出了牡丹唐草纹，而这种纹样自然也传入了日本。藏于正仓院的皇室物品中也能看到绘有牡丹唐草纹的古物。除牡丹唐草纹外，日本人还将牡丹与其他的图案进行了结合。比如，牡丹与蝴蝶的组合图案便被印在了花牌的图案上并一直沿用至今。而牡丹与狮子的组合据说始于镰仓时代。渐渐地，这种"唐狮子牡丹"图案被用作刺青，近代以来一些侠客或赌徒便会在背后文此图案。

　　自很早以前开始，牡丹便被用于家徽设计中，最终成为继菊与葵之后颇具威势的家徽图案，得到了广泛使用。伊达家族的家徽"伊达牡丹"以及锅岛家族的家徽"锅岛牡丹"都为人所熟知。此外，近卫家、九条家、鹰司家等贵族门阀的家徽也采用了牡丹图案。

　　除了用作器物纹饰、家徽等图案外，牡丹还常常被用于比喻。如"牡丹雪""牡丹饼""牡丹枪""牡丹刷毛"以及"牡丹海老"等[1]。此外，日

---

[1]　"牡丹雪"意为鹅毛大雪，将大片的雪花比作牡丹的花瓣；"牡丹饼"是一种日式和果子，因形似盛开的牡丹而得名；"牡丹枪"即前端裹上布或毛的练习用长矛；"牡丹刷毛"是一种粉刷，刷头毛量丰富似绽放的花；"牡丹海老"即牡丹虾，因色泽鲜红而得名。

语中猪肉的隐语也是"牡丹"。顺便一提，马肉的隐语是"樱"，而鹿肉的隐语是"红叶"。近代以来，日本人十分喜欢食用这些动物的肉。

芍药与牡丹一样是在平安时期传入日本的。作为牡丹的姊妹花，在中国，与"百花之王"牡丹相对，芍药被称为"花中宰相"。正如其名，芍药实际上是一种草药，但它与牡丹一样被广泛栽培，用以观赏。

小野小町是平安时代前期的女诗人，是一个拥有诸多传说的、谜一般的女性。据说她还是个美貌倾城的绝世佳人。日本各地都有关于她的传说，其中以秋田县雄胜町小野（现汤泽市）的小町传说最为著名。这里有一片据说是小野小町种植的芍药，直至今天，时节一到，依旧会绽放花朵。菅江真澄曾于天明五年（1785年）到访此地，并在《菅江真澄游览记》中以《小野之乡》为题写了一篇见闻录。据这篇见闻录的描述，小野小町种植的芍药共有九十九株，等到芍药花开，乡里的人便开始插秧，由于折断芍药的枝叶便会下雨，所以人们也管小野小町叫"雨乞（祈雨）小町"。此外，该地竖立的古碑上还刻着"小野小町　大同四年己丑生，昌泰三年庚申年九十二卒行"的文字。

这个传说其实留有几处暗示。首先，芍药的花期与农耕插秧的时期重合，而且还附加了插秧后祈雨的传说。其次，或许正如"立如芍药"这句话所比喻的，自古芍药便是美人的代名词，所以此地的芍药才会与小野小町联系在一起。而"九十九"这个数字，或许是从小野小町与深草少将的"百夜通"传说中联想出来的吧。据这则传说，小野小町对深草少将表示："若你能连续一百个夜晚来相会，我便会接受你的爱。"但深草少将却在第九十九个夜晚气绝身亡。

这片传说中的芍药其实就生长在现在的奥羽本线横堀站以北1.5公里的地方。在一个叫作小町堂的小佛堂边立着一块刻有"小野小町冢"的墓碑，而这块墓碑周围便种有芍药。虽然还能看到疑似当年菅江真澄所见的那块石碑，但由于碑文风化，如今已无法辨析上面的文字了。

初夏之花·梅雨之花

五月是欣赏嫩叶与绿叶的季节。杜鹃花快要凋谢之时，紫藤带着它淡紫色的花苞悄然而至。紫藤的原产地是日本，《万叶集》中咏诵紫藤的诗歌共二十七首，这种在晚春和初夏盛开的花朵，自古便承载着日本人的厚爱。随着藤原氏的势力不断强大，紫藤也逐渐被人们视为象征着荣华富贵的花，并被设计成各种各样的图案，用于装饰美术工艺品或服装等，同时也见于众多花鸟画中。此外，藤原氏和其家族分支将紫藤图案用在了家徽上，于是我们得以看到如此多种藤纹。

山楂花以及金雀儿作为点缀庭院的五月花颇为常见。可能很多日本人认为这两种花在日本古已有之，但其实二者皆于江户时代才传入日本。原产地来自中国的山楂树一般约为 1.5 米高，而西洋产的则能达到约 5 米高。英文所称的"May Flower"其实指的就是山楂花，可见山楂花在欧美同样被人们视作五月花的代表。金雀儿则是由荷兰的船只带到日本的，据说其名也来自荷兰语。

桐树花也是人们熟知的五月花。虽然花朵均为紫色，但与紫藤不同的是，桐树花由花抽薹。此外，家徽图案中的"五三桐"和"五七桐"赫赫有名。而茶色的桐树果实也经常作为插花素材。作为木材，桐树具有重量轻、不易招虫、耐火性强的特点，所以桐树木材制品广泛出现于日本人的生活当中，如木柜或木屐等日用品，多由桐木制作而成。

铃兰、鸢尾、溪荪和石竹等娇艳的草花将五月的田野与庭园装扮得更为缤纷多彩。

形似瞿麦的石竹原产自中国，平安时代传入日本后便成为宫廷庭园中常见的一种花。《源氏物语》中的"唐瞿麦"指的就是石竹花。有着浓紫色花瓣的溪荪，其花朵中心的黄色部分仔细看来其实呈网眼状。在奥日光战场原曾经有成片绚烂夺目的溪荪，但随着近年气候干燥化的加重，当年那紫色的"溪荪海洋"几乎看不见了。

我家院子里种着鸢尾和铃兰，一到初夏它们便会为院子增添几分独有的生机与雅致。这株鸢尾其实是我以前从奥武藏的山上采摘回来的，直到现在它依然生命力旺盛地生长着，势头甚至压过了铃兰。

六月是梅雨淅淅沥沥的季节，而紫阳花（绣球）倒是与这绵绵丝雨甚是相配。原本北镰仓的明月院为最出名的紫阳花寺，但近几年日本各地的紫阳花寺越来越多。紫阳花蓝色或红紫色的一朵朵小花簇成一颗球状的花团，正如绣球般别致精巧，靠近仔细观赏那一朵朵小花也别有趣味。而山野间野生的白色或淡蓝色"额紫阳花"则更加耐人寻味。

日本是紫阳花的原产国。江户时代后期，住在长崎的一位荷兰商馆医生西博尔德被紫阳花的魅力深深折服。他有一个日本妻子，叫楠本泷，他对妻子的爱称是"Otakusan"（お滝さん），在他回到欧洲，将紫阳花介绍给欧洲人时，便称这种花为"Otakusan"。

石榴也差不多在这个季节开花。石榴的果实很特别，它的红橙色花朵也颇为鲜艳美丽。杜鹃花悄悄开出了秀丽的白色花朵，绣线菊则绽放出了淡红色的小花。浜茄子是一种开在日本北方地区海岸附近的野玫瑰，也叫浜梨。小时候，到了六月，看到白色或淡红色的忍冬花就禁不住诱惑吸上一口，这些记忆至今依旧鲜明。

此外，六月的草花还有花菖蒲、玉簪、蜀葵、燕子花、红花等。雨过天晴时，路边开放的鸭拓草像楚楚可怜的小女孩般柔弱又动人。开在高原水边的水芭蕉、野慈姑和萍蓬草也是初夏时节应景的花儿。

盛夏之花与黑百合传说

　　七月中旬到下旬渐渐出梅，也意味着真正的夏天悄然而至。树木茂盛葱郁，野草覆盖山野。这个时节最具代表性的花树有栀子、合欢和夹竹桃，而具有代表性的草花则要数百合了。

　　栀子花以其纯白的花瓣与怡人的清香在大众心中占有一席之地。日本人对栀子花的热爱古已有之，在奈良时代编纂的《肥前国风土记》中便已出现了栀子花的名字。但之所以日本人自古便熟知栀子花，其实是因为它的果实。即便其果实成熟，它亦不开花，"栀子"之名由此而来。

　　一直以来，栀子花的果实作为染料和中药沿用至今。

　　　みみなしの山のくちなし得てしがな
　　　思ひの色のしたぞめにせむ

　　　（无耳山得无口花，心事初来无人识。）

　　　　　　　　　　　　　　　　　　　　　　　　——无名氏

　　这是出现在《古今和歌集》卷十九中的一首和歌。大和三山之一的耳成山又名无口山 [1]，山上有许多野生的栀子花。这首和歌字面意思是：采得栀子果，为了将布匹染红，需先用这果实将布料染成黄色。栀子果无毒，不仅用于染布，亦可为食物上色。比如，在为栗子饭、栗金团、泽庵黄萝卜和慈姑上色时，日本人都会用到栀子果。而中药中的山栀子就是栀子果，具有消炎、止血、解热等功效，自古以来也被用作镇静药。

　　某个雨天的傍晚，在湿漉漉的深绿色中浮现出的淡淡的粉色身影便是

---

[1]　日语"无口"发音与"栀子"相同。

合欢花，它那亭亭玉立的姿态自成一格。合欢花在盛开状态下，丝状的雄蕊像散开的毛笔头一般，毛茸茸的十分可爱，就着傍晚时分的朦胧余晖看过去，宛若一盏盏小提灯散发着柔和的粉色光芒。小雨稀稀落落时，那抹寂寞的身影竟有些令人哀怜。

　　　象潟や雨に西施がねぶの花。

　　　（象潟绰约姿，雨里合欢花带愁，婀娜似西施。）

——松尾芭蕉

　　松尾芭蕉于元禄二年（1689 年）的三月二十七日踏上了"奥之细道"之旅。这一年的一月为闰月，因此三月二十七日换算成格里高利历是五月十六日。象潟（秋田县仁贺保市象潟）是松尾芭蕉在奥羽旅途中的最后一个目的地，六月十六日、十七日这两天他都停留在这里。按现在的公历来算，正好是七月结束，进入八月的时候。

　　松尾芭蕉曾在《奥之细道》中写道："松岛犹如新人笑，象潟宛如怨妇愁。聊寂又添悲，地势似烦魂。"

　　他将明艳动人的松岛视作"阳"，而将宛如愁怨般凄绝的象潟之美视作了"阴"，并将开在象潟的合欢花比作了中国春秋末期的美女西施。

　　围绕西施，流传有许多传说和谜团。她是越国的美女，据说是范蠡的恋人。越王勾践为了拉拢吴王夫差，便将她送给了吴王夫差。因夫差沉迷于西施的美色，最终吴被越灭国。随后西施回到越国，与范蠡乘舟从西湖逃走，从此下落不明。而越王勾践与忠臣范蠡的名字也在《太平记》儿岛高德的故事中，以"天莫空勾践，时非无范蠡"这首十字诗的形式出现。

　　合欢树上那一片片小叶子会在夜晚来临时相对而合，其名"合欢"也正因这一特点而来。而花瓣则相反，在傍晚叶子闭合时开放，早晨太阳升起时枯萎。但在阴沉多云或下雨的日子，合欢花昼夜都会开花。

百合，能在《古事记》和《日本书纪》中找到相关记载，是日本颇具代表性的一种草花。百合种类繁多，有山百合、卷丹百合、浙江百合，等等。此外，萱草和黄茅等也属百合纲。

道の辺の草深百合の花咲に
咲ましししからに妻といふべしや
（路边草丛，百合花放；只凭付之一笑，即可称妻房？）

这是收录在《万叶集》卷七中的一首古歌。作者应该正处于远离家乡的旅途之中吧，看到繁茂的夏草中一株绽放的百合花，他不禁思念起自己的妻子。与之类似，在《万叶集》卷八中，大伴上郎女吟诵道：

夏の野の繁みに咲ける姫百合の
知らえぬ恋は苦しきものそ
（夏日田野繁草中，姬百合开无人知。君不知吾恋慕心，心中痛苦无人诉。）

百合很容易让人联想到女性，尤其是美丽的女性或者女子的爱恋之情。很多日本女性也以百合、早百合、小百合、百合子等作为名字，但其实也有像百合若大臣这样用于男性名字的案例。

在幸若舞曲或说经、净琉璃、歌舞伎等传统表演形式中被广泛演绎的《百合若物》讲述了百合若大臣在得到了神佛的加护后战胜蒙古军，并向叛军复仇的故事。据传，百合若大臣还曾拉动了供奉在宇佐八幡内的铁制硬弓，其故事与八幡信仰也有着深远的关系。有传言称，百合若的名字来自三轮信仰的象征"山百合",而宇佐八幡的神职大神氏则是三轮氏的一个分支。

山百合有着白色的大花瓣和沁人的芳香,因其高雅的气质而被视作女神或观音的化身。除了最具代表性的白色,百合还有很多颜色,黄色或橙红色的百合较为常见。但在各色百合中,黑百合却是一个另类,与其相关的传说往往有着阴暗悲惨的基调。

八岳的黑百合是传说中的巨人大太法师和八岳女神磐长姬经过一番死斗后,从流淌在地上的血中生长出来的花。立山黑百合的传说则与战国名将佐佐内藏助成政的怨念有关。佐佐内藏助成政十分宠爱一名叫早百合的美丽侍女,在正室设计陷害下,成政怀疑早百合与侍童私通并杀死了二人。得不到成政信任的早百合在死前留下预言称,"立山开出黑色百合花时,便是佐佐家灭门之时"。最终立山开出了黑色的百合花,而佐佐家也遭遇灭门之灾。

《黑百合姬祭文》讲述了认安倍贞任为祖先的矢岛满安(五郎)与其女小百合的故事。为了消除父亲满安的怨恨,小百合在鸟海山闭关,她让山上的鹤间池中盛开的百合花全部变成黑色,由此达成了愿望,使家族再度兴旺起来。

晚夏之花与秋之七种

进入八月后,日历上便能看到"立秋"的字样了,但炎热却丝毫不减,甚至比七月更甚。而一过八月中旬,夜蝉等昆虫开始鸣叫,就一下子开始感受到秋意了。

百日红(紫薇),花如其名,在夏天最炎热时开花,而秋风吹来时依然绽放着粉色的花朵。也是在酷暑之中，凌霄花的橙色、木槿花的白色或桃紫色开始夺人眼目。院子里或田野间，向日葵高傲地仰起头向日而开，在向日葵的根部，凤仙花也将花苞全部打开，而山地的草原上，山鸢尾（日语写作"射干菖蒲"）构成了一片明媚的花海。

百日红的原产地是中国南部，据说很早以前就已传入日本，但具体时间尚未明确。百日红在日语里也可写作"猿滑り"（さるすべり），因其树皮滑溜溜的得名。在日语中"百日红"的正确读法其实是"ヒャクジツコウ"，但"サルスベリ"这个读法却更加广泛。

夏天盛开的花中最大的当属向日葵，它正是秘鲁的国花，原产地是南美或中南美。江户时代前期的宽文年间（1661年—1672年），向日葵传入日本，在日本也写作"日輪草"或"日車"等。

我曾在某个六月下旬前往罗马尼亚旅行，在乘坐大巴时看到了仿佛无穷无尽的向日葵花田，那番景象在日本见所未见。向日葵的种子除了可以榨油，同时也是小鸟最爱吃的食物。到了冬天，我会把向日葵的种子放在院子里的饵料台上，这时远东山雀、金翅雀、锡嘴雀等鸟雀就会纷纷飞来。

汉字"射干"，在日语中是桧扇的意思，山鸢尾（射干菖蒲）的叶子以剑状排开，很像桧扇打开的样子，因而得名。《万叶集》以来，与"黑""闇""夜""夕""月""暗き""今宵""夢""寝"等词语相关联的枕词*"ぬばたま"（射干玉）便是根据射干菖蒲的种子所创造的词语。人们以黑黑圆圆的射干菖蒲种子来表现黑暗与深夜。杜鹃正因在夜晚啼叫，所以也被称为"射干玉鸟"。此外，乌鸦也因全身黑漆漆的，而被人们称

---

* 枕词，即日本古代的歌文（尤其是和歌）中，冠于特定词语前，用于修饰或调整语句的词语。

作射干玉鸟。"ぬばたま"也可读作"うばたま",汉字有时会写成"鸟羽玉",但这样一来是不是就丧失了原有的感觉了呢?

九月,终于迎来了真正的秋天。秋天的各类代表性花朵在田野间肆意绽放。

《万叶集》卷八中山上忆良的《咏秋野花歌二首》颇为有名。

秋の野に咲きたる花を指折り
かき数ふれば七種の花
（秋野花开盛,红黄彩色夸;折来屈指数,七种共鲜花。）

萩の花尾花葛花撫子の花
女郎花また藤袴朝がほの花
（萩花、尾花、葛花、抚子花、女郎花,还有藤袴、朝颜花。）

这两首是山上忆良著名的关于秋天"七草"的咏歌。这"七草"均为日本秋天颇具代表性的野花。但实际上其中只有萩花并非草花,而是灌木。此处的朝颜花并非现在日语中的牵牛花,而应指桔梗。不论是哪一种花,歌中咏诵的这些秋天的花至今在乡野之间依然很常见。但人们仍能从它们身上感受到某种情怀或乡愁,这或许是因为大都市中已经很难再看到这些花了,也或许是因为那是日本人从祖先那里继承来的一份遥远记忆吧。

顺便一提,秋之"七草"是人们十分喜爱的观赏花类,但春之"七草"却并非花,而是指在阴历正月初七当天采摘并用来制作七草粥的嫩菜叶。这七种嫩菜指的是芹菜、荠菜、鼠曲草、繁缕、宝盖草、蔓菁和萝卜。鼠曲草在日语中有个别称——"母子草",宝盖草又名"田平子",蔓菁别名"蕪",而萝卜又名"大根"。

花鸟风月日本史

萩花是秋之"七草"中的首位，可谓秋天的代表花类。淡红色或淡紫色的萩花那清纯的模样深深印刻在万叶人的心中。《万叶集》中咏诵萩花的歌比四季中的任何一种草花都要多，共计一百四十一首。但在《万叶集》卷十中也有下面这样一首歌。

人皆は荻を秋といふよし吾は

尾花が末を秋とはいはむ

（人皆者，芽子乎秋云。纵吾等者，乎花之末乎，秋迹者将言。）[1]

尾花，也就是我们平时说的芒草，与萩花一样蕴含着浓浓的秋意。

在九月花中，我还特别喜欢彼岸花，尽管它并不属于秋天的"七草"，它还有一个广为人知的名字——曼珠沙华。秋分时节，彼岸花会将河堤或田野洼地染成鲜红色。在日本的寺庙、墓地等场所，也会看到彼岸花，再加上它的球根有毒性，所以也被起了死人花、幽灵花、舍子花、狐花等并不讨喜的别名。但不论怎样，彼岸花都是秋天的田园风景中不可或缺的一道亮丽风景线。

秋之"七草"中的女郎花也是该季节必不可少的一种花。虽然这个名字究竟缘何而来并不确定，但有一种说法称，由于人们根据颜色，把黄色的小花比作"粟饭"并起了别名"粟花"，所以女郎花（おみなえし）或许是由粟饭的别称"女饭"（おみなめし）谐音而来。《万叶集》中鲜少见到咏诵女郎花的和歌，但自《古今和歌集》以后，将这种花比作女性身姿的咏歌便多了起来。左大臣藤原时平也曾咏诵道："女郎花开，风吹秋野，

---

[1] 这首歌的大意是：世人都将萩花视作展现秋日风情的典型，此说法亦可，而我则将尾花视作秋天最风情万种的花。

花随风动，一心寄何人？"

此外，关于女郎花还有下面这样一则故事。

平城天皇时代，一个名叫小野赖风的男人与一名京城女子结下亲事，但随后便丢下她，一个人回到了故乡。信任赖风的这名女子来到了他居住的近江八幡，却得知他已有妻子。这位深受打击、悲痛厌世的女子脱下金黄色的衣服，放在八幡的河边，然后便投河自尽了。而她的衣服腐毁后，从地里长出了黄色的小花。这种小黄花便是女郎花。

歌谣《女郎花》也是根据这则传说所作。

九月的野花还有诸如金线草、地榆花（日语中也叫吾亦红、吾木香或我毛香）、秋麒麟草、乌头，等等。开在院子里的秋海棠、秋明菊和芙蓉等花，也是多姿多彩、各有特色。

十月十日前后正逢阴历重阳节。这时日本全国各地都会举办菊祭活动、菊人形展或菊花展。

菊花以及晚秋初冬之花

其实日本的国花除樱花外，还有菊花。

镰仓时代，后鸟羽上皇喜爱菊花图案，因此自那以后天皇家族便较多使用菊花图案。明治四年（1871 年），十六瓣的菊花图案被正式定为皇室图案，并禁止皇室以外的人使用。自此，菊花图案往往被视作国粹主义、军国主义的象征，在人们心中的形象并不是很好。但菊花自古便是日本人喜爱的一种花，它为秋天添姿增色，如今依然有很多菊花爱好者。

松尾芭蕉在最后的旅途中写下了"奈良秋菊溢香馨，古佛满堂寺庙深"（菊の香や奈良には古き仏達）这首俳句。正如俳句中所描述的，菊花与古都很是相称，它自古便为古都奈良装点色彩。但实际上，奈良时代的日本还没有菊花。《日本书纪》与《古事记》中自然没有菊花，《万叶集》中也没有一首咏诵菊花的和歌。

这或许是因为，到了平安时代菊花才从中国传到日本。自此，菊花俘获了平安贵族的心，除了诗歌咏诵外，菊花还出现在了包括《源氏物语》在内的诸多文学作品中，甚至在重阳节，宫中还会举办菊花宴。在中国，自晋陶渊明独爱菊以来，菊花便被赞颂为君子之花。这或许也是宫廷贵族青睐菊花的原因之一吧。菊花热潮在老百姓中掀起，要等到江户时代以后了。自此，不论是在江户还是在京坂，上至贵族武家，下至平民百姓，全都热衷于栽种菊花。而这波栽种菊花的热潮一直延续至今，经久不衰。

谈及十月花，还有一种不能不提，那便是金桂（日文为"金木犀"）。尽管还有银桂和丹桂，但后两种并不常见。虽然金桂看起来并不那么夺人眼目，但它浓郁的芬芳能立刻唤醒人们对秋天的实感。金桂自江户时代由中国传入日本，在中国被称作桂花。在拥有梦幻般美景的桂林，街边种满了桂花树，九月下旬至十月上旬，满街都飘着醉人的桂花香。

十月花中，仿佛缩小版白侘助的茶花也是我见犹怜。在草花中还有野菊、龙胆花和日本油点草（日文为"杜鹃草"）等。

野菊是裸苑和野甘菊等各类野生小菊花的总称，开在河边、路旁的野菊总能让人感受到秋之韵。裸苑（日语写作"嫁菜"）的嫩叶其实特别好吃，是颇具代表性的春季山野菜。与它近似的还有一种"婿菜"，但不太美味。杜鹃草因花瓣内侧的斑纹很像杜鹃鸟胸前的斑纹而得名。杜鹃草能顽强地生长于山中，但现在多被种植在院子里。我家院子里也种着杜鹃草，由于从夏天到秋天它都可以作为琉璃蛱蝶幼虫的饲料草，所以我往往任其生长而不将其锄掉。

关于龙胆，在源氏的众多家纹中，有一种是著名的"笹龙胆"，这种家纹将龙胆花的叶子与花设计成了图案，而非采用笹（竹子）叶与龙胆花的搭配。龙胆花的叶子一片片舒展开，确实形似竹叶。

十一月，风紧草木枯。这时山茶花开了。颜色有红、粉、白等，花瓣也分单瓣与多瓣，种类繁多。山茶花能够耐住寒风的吹袭而绽放，为逐渐萧瑟的初冬带来了一丝温暖与生机。日本有一首童谣——"山茶花山茶花开满的路，篝火篝火烧落叶"——正是描写了日本初冬时节的风景，闻之不禁让人涌起袅袅乡愁。

进入十二月，寒风瑟瑟，多是阴天。这时茶梅渐渐绽开自己的花苞，院子里的八角金盘（日语称为"八手"）也开出了小小的白花。

> 窓の外に白き八つ手の花咲きて
> こころ寂しき冬は来にけり
> （窗外白八手，心寂冬已来。）

——岛木赤彦

橐吾（石蕗）是一种于晚秋至初冬开放的黄色小花。在温暖地区的海边能看到野生的橐吾。偶尔也会在院子的角落看到它悄悄地亮出一抹黄色。

> 静かなる月日の庭や石蕗の花
> （静谧月日庭，石蕗开黄花。）

——高浜虚子

第四章 鸟的日本史

一 "记纪"神话与鸟儿

岁月与时间的见证者——野鸟

我们在日常生活中会接触到各种各样的野鸟，但对于对鸟没什么兴趣的人来说，或许能注意到的鸟也就只有乌鸦、麻雀、鸽子和燕子这些了吧。大多数人现在都已弄不清楚什么样的鸟会在什么季节出现，而什么鸟会发出怎样的叫声了。

从绳纹时代开始至今的几千年时间内，日本人一直接受着大自然的馈赠，与自然为友，与自然共生。很久以前，几乎每一个日本人都十分了解鸟的啼叫声以及习性等。到了早春，人们会期待黄莺的初次啼叫；看到燕子飞来时就知道真正的春天要来了；杜鹃鸟会提醒人们初夏的来临，傍晚还会侧耳聆听猫头鹰的叫声；秋天，大雁南飞的景色令日本人陶醉；伯劳鸟（日文称"百舌鸟"）清脆悦耳的叫声仿佛在通知人们，稻田间就要结下金灿灿的麦穗了；冬天，在池塘嬉戏玩耍的野鸭颇具野趣。这些并非多么遥远的记忆，直到近几年仍有许多日本人保有这样的体验与感受。

虽然日本国内记录下的野鸟多达五百几十种，但定居在日本的留鸟，和随着季节在山中和村落、温暖地区和寒冷地区之间短距离迁徙的漂鸟，以及定期迁徙过来的候鸟总计约为三百五十种。我们平时经常看到的野鸟其实多为漂鸟和候鸟。在雁类、鸭类中，除了斑嘴鸭以外都属于候鸟，只在冬天才会飞来日本。并且，除了丹顶鹤以外的鹤类及天鹅都是冬候鸟。经常能在枯地里看到的斑鸫、会飞到院子里的北红尾鸲都是冬季颇具代表性的小鸟。

到了冬季，黄莺会在人类家宅中草木繁茂处过冬，到了春天就会飞回山林里去，属于漂鸟。与之类似的还有赤胸鸫、蒿雀等。此外，燕子与杜鹃类（杜鹃、郭公鸟、棕腹杜鹃、中杜鹃）以及整个夏天在高原的森林或川谷间发出婉转动听的啼鸣声的山中小鸟，几乎都是夏候鸟，它们春来秋去，天气渐冷时便会飞回温暖的南方。鹬科和鸻科中的大部分都是候鸟，只在它们春秋迁徙时才能看到。秋天的时候，雌鸭和雄鸭身上的羽毛颜色看起来差不多，难辨雌雄，但到了冬天，雄鸭便会换上一身艳丽的羽毛，哪只是雄鸭哪只是雌鸭也就一目了然了。

早晨，几乎在夜色消逝的同一时间，小鸟们开始了叽叽喳喳的啼鸣。傍晚时分，以乌鸦为首的鸟儿纷纷成群地飞回巢穴，那略有些嘈杂的景象仿佛是在宣告着一天的结束。暮色渐浓时，经常听到的是猫头鹰的叫声。夜鹰也在黄昏时分鸣叫不息。夜深人静时，便是鹰鸮和红角鸮的独奏会了，而棕腹杜鹃等杜鹃鸟则在破晓前开始清脆高歌。

也就是说，通过看到的鸟以及听到的鸟叫声，我们就能判断季节或一天中所处的时间。野鸟对于日本人来说，曾是日历和时钟般的存在。正因如此，我们在对古典作品进行阅读解析时，一旦诗歌或文学作品中出现了鸟，就能联想到季节或时间。此外，与鸟有关的比喻也不胜枚举。

但这些日本人曾经理所当然般掌握的知识，如今却几乎被遗忘。就连和歌中经常咏诵的杜鹃，若不了解它的习性、叫声以及传说等知识的话，哪怕是日本人也无法真正理解诗歌的深层含义吧。

花鸟风月日本史

国生神话与鹡鸰

《古事记》与《日本书纪》记载了许多与鸟有关的故事。由此可知，从遥远的神话时代开始，日本人便与各种鸟类关系密切。

在"记纪"神话中，天地混沌初开后，伊邪那岐和伊邪那美二神的结合造就了大八洲国、山川草木，以及地上的统治者——各路众神（人类）。这便是国生神话。伊邪那岐和伊邪那美因没能正确交合，第一胎生下了"水蛭子"（指骨骼发育不全的胎儿），其后才顺利产下国土。关于伊邪那岐和伊邪那美二神结合的事情，在《日本书纪》中还有另外一则传说，也就是鹡鸰教导男女二神交媾的方法："遂欲交合，不知其术，时有鹡鸰，飞来摇其首尾。二神见而学之，即得交道。"

"鹡鸰"在日语中也写作"俄尻振"，也就是快速摇动尾巴的意思，这是鹡鸰在古时的名字。除了"俄尻振"外，在日本鹡鸰还有庭叩、石叩、教鸟、嫁教鸟、恋教鸟等名。鹡鸰落在石头上时，会不停地上下摆动尾巴，那副模样很容易让人联想到男女交媾时的场景，于是伊邪那岐和伊邪那美二神最终通过学习鹡鸰，才得以正确地交合。之所以会把鹡鸰叫作教鸟，则来自《日本书纪》的记载。而嫁教鸟的"嫁"（とつぎ）在日语里原本指男女性器相交，即性交之意。

在《猿蓑》中，松尾芭蕉的门人凡兆写过一句俳句——"席不瑕暖人世间，鹡鸰点尾亦无暇"，如果能够理解"鹡鸰点尾"在这里指男女交媾或恋爱之意的话，这整句的意思也就不言而喻了。此外，大田蜀山人也曾在狂歌咏诵道："连威风凛凛的神亦不知的道路，不知何时竟被教鸟指引。"鹡鸰正是指引人类走向繁荣的鸟，也是构成了日本国起源的鸟。

我们平时常见的鹡鸰主要是黄鹡鸰、白鹡鸰和背黑鹡鸰这三种。这其中只有背黑鹡鸰是日本固有的品种，然而三者的习性特点却几乎完全一样。

那么问题来了，教会太古神灵阴阳相合之术的到底是哪一种呢？

天若日子的悲剧与白鸟传说

在人类的诞生过程中做出巨大贡献的鸟类，在人类死亡之际亦承担起了重要的职责。在"记纪"神话"苇原中国平定"篇中记载的天若日子的悲剧里便出现了许多的鸟。关于这则传说，《古事记》与《日本书纪》的记述相差无几。

为了平定由大国主神（《日本书纪》中作"大己贵神"）支配、住着众神的苇原中国，天若日子从高天原被派到地上（人间）。但他忘记了自己的使命，而娶大国主神的女儿下照比卖（下照姬）为妻并在苇原中国定居了下来。就这样八年过去了，焦急的天上神派了一只名叫鸣女（在《日本书纪》中为"无名"）的山鸡（日语中为"雉"）作为使者，来到住在人间的天若日子身边。来到人间的雉神鸣女站在天若日子家门前的桂树上，开始啼叫，质问他为何不服从天上神的命令。这时，能够通过鸟的叫声占卜吉凶的天佐具卖（天探女）表示，"此叫声不祥，应射杀之"（这一段记载在《日本书纪》中为天佐具卖仅报告称"奇鸟停在桂树梢"），于是，天若日子便用天神赐予的弓箭将鸣女射杀了。

天若日子射出去的箭穿过树上的鸣女的身体后，一直射到了天上。天上神看到沾满血的箭，大为震惊，表示"如果天若日子有逆反之心，便以这支箭罚之"，于是把这支箭扔回了人间。最终，天若日子被这支箭射穿了身体，一命呜呼。

这个传说与《旧约》中宁录的故事架构大致相同。不信神的宁录向天空射箭，最终却被神扔回来的箭射穿胸口而亡。*据说宁录的这则故事不但传到了印度，还传播到古代中国以及东南亚等国，并被带到了日本。

而天若日子之悲剧中的高潮是下面这一部分。

在天若日子死后，他的妻子下照比卖悲痛的哭声随着风一直传到了天上。听到这凄惨的声音后，天若日子的父亲和他的妻子们便来到苇原中国与下照比卖一起哭丧。在《古事记》中是这样记载的："乃作丧屋，以河雁为岐佐理持，鹭鸟为扫持，翠鸟为御食人，雀鸟为捣米女，雉鸟为哭女等，连续举行八日八夜的法事。"意思是说，让大雁为逝者搬运供奉的食物，让白鹭拿扫帚清扫丧屋，让翠鸟负责为逝者制作供奉的食物，让麻雀负责用臼捣谷物，让山鸡负责当哭丧女。这则神话传说中为众鸟安排了不同的职责，举行了八天八夜的葬礼来悼念逝者。

人死后，灵魂会化作鸟儿上天，或者会被鸟带到彼岸——这可以说是古代民族间共通的一种思想。日本的列祖也将死后的灵魂寄托在了鸟身上。

因此，在天若日子的悲剧中登场的鸟儿才格外应景。大雁成群列阵飞行的样子很适合被喻为为死者搬运贡品食物的队列。白鹭在水边静静踱步的样子纯洁而肃静，正符合打扫丧屋之人的形象。翠鸟反复潜入水中捕鱼的习性，当然很适合化身为给逝者制作鱼类料理的御食人。在神话传说中安排麻雀用臼捣谷物，一听便觉得生动形象。而山鸡（雉）之所以会被安排负责哭丧之事，或许是因为其叫声响彻山野吧。顺便一提，"山雉子"在日语中是青蛙的别名，同样得名于其叫声。

这里在记载鸟时并未将鸟拟人化，恰恰相反，将人比作了鸟。因为人

---

* 《圣经》原文并未记载宁录射箭的事迹，只提及他"是世上英雄之首"，并主持建造了多座大城。实际上，宁录射箭的传说是在后世几大宗教形成过程中逐渐流传开来的，其形象也逐渐被定位为反叛上帝者。

们非常熟悉鸟的习性、叫声、姿态等，所以这些比喻极其形象。此外，日本古代坟墓中出土的人形土俑，头上便带着鸟冠状物品。或许这些土俑正是在葬礼仪式上扮成鸟以各司其职吧。

将人的死亡与鸟联系在一起的想法或许与"死者与鸟合为一体一道在天空中翱翔"的鸟葬思想有一定的相通之处。平安时代，都城的墓地在鸟部野（现鸟边野，位于京都市东山区），这不仅仅是因为这里有很多鸟或者正好位于鸟取部、鸟饲部*，而且通过这些地名，人们很容易将死者与鸟联系在一起。

据说，海神的女儿丰玉比卖在生产时，便使用鸬鹚的羽毛来搭盖产屋的房顶。但在屋顶尚未盖好时便生产了，自己变成了丑陋的鳄鱼，而生产的丑态又被丈夫火远理命（山幸彦）看到，羞愧难当的丰玉比卖于是回到了海里。她生下的那个孩子便是鹈草葺不合命。

面对即将分别的妻子，丈夫火远理命说道："岸边之鸟者，于鸭栖之岛，与我共寝之，妹者必无忘，直至世之尽。"意思是：我的妻子啊，我愿在鸭子飞过大海后到达的岛上与你共眠，只要我还活着，不论是何世我都不会忘记你。鸭子是一种候鸟，秋天从大陆飞越大海来到日本，并找到另一只鸭子结成夫妻，第二年春天再飞回远在大海那边的大陆。

在"记纪"记载的英雄里，有一个死后化身为鸟飞向天空的人物——日本武尊（倭建命）。

日本武尊乃景行天皇的皇子，是盖世无双的武将，他曾远征九州讨伐熊袭，还曾远征东国平定虾夷。十六岁起日本武尊便已开始了自己的军旅生活，到他平定东国归国时已经三十岁了，却在即将抵达故乡前，于伊势

---

* 参见后文中白鸟与垂仁天皇皇子誉津别命的传说。据《日本书纪》，垂仁天皇为汤河板举赐姓"鸟取造"时，也一并设立了鸟取部、鸟养部（鸟饲部）。

国的能褒野（现三重县龟山市）去世。武尊的妻子和孩子从大和国赶来，满怀悲伤地为其建造了陵墓。而他本人却化为一只白鸟，向着天空振翅而去。

《古事记》中，武尊的后妃即便是被小竹叶刮伤脚部，也要哭着去追他幻化而成的那只白鸟。此外，《古事记》还载道，当化为白鸟的武尊飞到河内国时，在志几（现大阪府柏原市一带）停了下来，在那里建造了自己的陵墓，并以己魂坐镇于此，此陵被称作白鸟御陵。

《日本书纪》记载，从能褒野的陵墓中变为白鸟飞走的日本武尊来到了大和国的琴弹原（现奈良县御所市），在这里建造完陵墓后，白鸟又飞向了河内，来到了古市邑（现大阪府羽曳野市），也在这里建造了陵墓。这三处陵墓被人们称为白鸟陵。

日本武尊的第二个皇子仲哀天皇即位后，为给父亲镇魂，便下诏在陵墓旁边的护陵河中饲养白鸟。所以如今我在皇居的护城河看到放养的白鸟时，总会有一种不可思议的感觉。

白鸟的古名为"鹄"。在"记纪"中虽然日本武尊的神话传说最为精彩，但其实也有其他与白鸟有关的记载。《日本书纪》关于垂仁天皇的一章中便有一则皇子"誉津别王，是生年既卅，常不言，见鹄得言"的故事。天皇大喜，命人捕获此鸟献上，此时一个名叫汤河板举的人为捉此鸟而到访各国，最终在出云国（或作但马国）捉住了此鸟并献给天皇。誉津别命与此鸟整日玩耍，终于能够说话了。于是汤河板举获赏而被赐予"鸟取造"一姓。但在《古事记》中，最终捕获这只白鸟的是一个叫作山边大鹕的人，而捕获的地点位于高志国（越国）。

不论传说的多个版本有何出入，可以看出白鸟自太古时期便飞到了日本列岛，并与古代天皇家族有着密切的关系。日本全国有数不胜数的与白鸟相关的地名，如以"シラトリ"（白鸟）、"しろとり"（白鸟）、"クグイ"

（鹄）、"フクイ"（福井）、"コウ"（鸿）等构成地名。而白鸟神社在日本
也有好几处。

　　一般来说，飞到日本的白鸟主要是大天鹅和小天鹅这两种，由于外形
相近，人们往往难以区分，仅把它们都看成天鹅。似乎古时候的人们也是
分不清大天鹅与小天鹅的。

救了神武东征的乌鸦与鹞

　　我们接下来再看看更久以前的传说。在被认为是人皇初代天皇的神武
天皇，其东征传说中也有两种鸟登场。

　　神武天皇本打算从浪速一直向东征服大和，然而在生驹山败给了长髓
彦军。神武本是太阳神天照大神的子孙，醒悟到太阳神的子孙向太阳挑战
实乃一件错误之事后，神武军便绕道至南熊野。但却在熊野山被艰险山路
阻断，一行人进退两难。这时，由天上神派来的八咫乌从天而降，拯救了
神武并一路带路将他的军队指引到了大和。

　　"尺"这个单位相当于中国周朝时期的一寸，"八咫乌"在《日本书纪》
中写作"头八咫乌"，即一只头部长达八尺的巨鸦。据说这只八咫乌有三
只脚，而这一形象也是基于中国古代传说中"太阳里住着三足乌"而来。

　　"记纪"中出现的这只八咫乌其实是加茂县主的祖先——加茂建角身
的化身。加茂氏（也作贺茂氏、鸭氏）乃古代的一个氏族，有几个世系，
但据说山城国葛野的鸭氏才是八咫乌的子孙。此分支的鸭氏供职于主水司
的主水部（水部）。主水部是掌管朝廷饮用水的伴部 *，鸭氏便是负责向大

---

* 日本律令制体系下，特定部门中的一种下等官职，多掌管杂务。

和朝廷进贡干净的水的人员。鸭是日本颇具代表性的水鸟，所以负责掌管水的人为鸭氏也是极其合适的。但到底为什么会从原本的乌鸦变成鸭子呢？

熊野自古便与乌鸦结缘。人们大多认为八咫乌的故事来自这片土地。曾经存在信仰乌鸦（太阳）的一族，他们促成了大和王权的建立。熊野大社发行的"牛玉宝印"上的文字便是根据古时候的乌鸦图案演化而成。牛玉宝印原本是降魔除灾的护符，镰仓时代后成了写誓愿书的用纸。据说，如果在誓愿书中写下谎言或者不遵守誓言，那么熊野就会有三只乌鸦死去，还会发生不祥之事。此外曾有传言，如果将牛玉宝印上画有乌鸦的部分裁下来喝掉，所得之病便会痊愈。

"乌劝请"如今颇为少见，但曾经日本各地都会在正月时举行这项活动，人们会吸引乌鸦，给它们喂食年糕或米团子等食物，通过观察其吃食方式来占卜吉凶或收成的丰收与否。在日本，不只是熊野大社，名古屋的热田神宫以及安艺的严岛神社等许多神社都将乌鸦视作神的使者。

回到神武东征。最终，神武东征队伍迎来了与长髓彦军的最后决战，等待他们的将是一番苦战。此时，一只散发出金色光辉的鸢落在了神武的弓上，长髓彦军被这道光所迷惑，最终大败，神武军取得了最后的胜利。明治二十三年（1890年）制定的、昭和时期在战前为陆军、海军军人颁发的"金鸢勋章"便是基于这则传说而来。

在"记纪"中记载的历代天皇里，与鸟最有缘的当属仁德天皇，其别名为大鹪鹩尊（大雀命）。"大鹪鹩"其实就是指鹪鹩这种小鸟。关于仁德天皇此别名的由来，《日本书纪》中作出了如下记载：

应神天皇与其大臣武内宿祢家中于同一天诞下了男婴。那日，天皇家的产屋中飞来了角鸮（日文称"木菟"），而宿祢家的产屋则飞来了一只鹪鹩。第二天说起此事的天皇与大臣都觉得此乃祥事，遂大喜，并交换鸟名作为男婴的名字。于是，天皇的儿子便叫大鹪鹩尊（后来的仁德帝），而大臣的孩子则取名木菟宿祢。

鹪鹩是日本最小的鸟之一，颜色似味噌般的焦茶色，看起来十分不起眼。但它却是一种叫声悦耳动听的鸟，其啼鸣嘹亮高亢，听得人如痴如醉。从早春到初夏，山谷中鹪鹩的叫声丝毫不输瀑布的流水声，给人以极深刻的印象。

大鹪鹩尊同父异母的弟弟隼别皇子（《古事记》中作"速总别皇子"）的名字也来自鸟。二人还争抢过雌鸟皇女（但究竟为何鸟不得而知）。最终，大鹪鹩尊继承皇位与皇女结为了夫妻，并讨伐了试图篡夺皇位的隼别皇子。

除了鹪鹩外，仁德帝还与其他鸟有些渊源。皇族鹰猎并专门设立了鹰饲部便是自仁德朝开始的。《日本书纪》中有记载称，仁德天皇为了治水而修筑的位于河内的茨田堤有大雁繁殖。而天皇自己选定的陵墓地点，便是第一次去鹰猎的百舌鸟野（现大阪府堺市大仙町）。这一带因附近的百舌鸟古坟群而为人所知，其中最大的、被称为百舌鸟耳原中陵的古墓便是仁德天皇的皇陵。但考古学家并不把这个皇陵叫作仁德天皇陵，而是称其为大仙陵古坟或鹪鹩古坟。

二　莺与杜鹃鸟的传说

黄莺报春

　　现在我住在埼玉县浦和市（现埼玉市）郊外，家里有一个十坪 * 左右的小院。院子虽小，却经常有各种各样的小鸟飞进来。在院子里我为鸟儿布置了一个喝水的地方和一个饵料台，到了冬天，我会将面包屑、葵花子或者苹果、橘子等食物放到饵料台上，给飞来的鸟儿吃。

　　一年四季都会来我家院子里玩水的鸟有麻雀、山斑鸠、栗耳短脚鹎和小山雀。到了冬天还会有北红尾鸲、斑鸫、锡嘴雀、绣眼鸟、黄莺、灰喜鹊和灰椋鸟等交替飞来。其中北红尾鸲和斑鸫属于候鸟。夏季它们会在乌苏里江、库页岛、西伯利亚或者堪察加半岛等地繁殖，到了冬天才飞来日本过冬。锡嘴雀和黄莺属于漂鸟，只在冬季飞到暖和地区的人家院子里或杂木林中，等待寒冷的冬天过去，夏天到了再飞回山里。剩下的鸟就都是留鸟了，它们一年四季都会在我家附近繁衍生息。

　　几千年来鸟类们的生态与习性或许都不曾改变，发生改变的是自然环境。苇原中国、苇原瑞穗国已经消失了。但是在取而代之的高楼大厦中，鸟儿却寻找到一小片人工雕琢出的"自然"，在那里艰难地维持着自己的

---

* 　根据日本尺贯法计量系统，1 坪合 3.3057 平方米。

生存与习性，年复一年。一想到这些鸟儿小小的身躯中也蕴藏着悠久的历史，不由得感慨万分。

我们接下来讲一讲历史中有关鸟的故事。

《万叶集》中有诸多鸟类登场，涉及的诗歌数量上，排名前三的当属时鸟（小杜鹃）的一百五十首、大雁的六十七首与黄莺的五十一首了。这三种鸟代表了春、夏、秋三个季节，《万叶集》以后也常为诗歌所吟咏或出现在文学作品中。可以说杜鹃鸟、大雁与黄莺是日本最具代表性的"文化鸟"了。

大概没有人不知道黄莺的叫声。在日语中，黄莺叫声的拟声词为"ホーホケキョ"（ho-hokekyo），写作汉字就是"法、法华经"。因此，黄莺在日本也被称作"经读鸟"。此外，黄莺还有诸如歌咏鸟、花见鸟、春告鸟等别称。

日本人会通过吹拂而来的风、草木的气息以及梅花的盛开来感受春的到来，但只有听到黄莺的叫声后，才真正觉得春天来临了。

　　春来ぬと人は言へども鶯の
　　鳴かぬ限りはあらじとぞ思ふ
　　（都道春天来，春天真到否？黄莺既未鸣，春意复何有。）
　　　　　　　　　　　　　　　　　　——壬生忠岑，《古今和歌集》

　　春は名のみの風の寒さや、谷の鶯、歌は思へど、時にあらずと声も立てず
　　（春空名，风仍寒，山谷莺，已思鸣，时不对，声不亢。）
　　　　　　　　　　　　　　　　　　——吉丸一昌，《早春赋》

春立てば花とや見らむ白雪の

かかれる枝に鶯の鳴く

（立春佳日后，白雪也如花。莫怪黄莺雀，飞来枝上夸。）[1]

——素性法师，《古今和歌集》

由此可见，人们盼望着黄莺的初音，即便春天降下淡雪也依然热爱着黄莺的啼叫。

此外，与黄莺有关的民间传说也有很多，"莺内里"的故事就是其中之一。

救下了一只黄莺的男子在一位美丽女子的邀请下，来到原野上的一间房子内接受款待。房子内有分别用四季鲜花装饰的十二间屋。这名男子在此过着如梦般的生活。突然有一天，女子告诉他，绝对不要看第十三间屋，然后便出门离开了。但是，他却没有遵守约定，悄悄地偷看了第十三间屋。他看到里面有一只黄莺在唱诵着《法华经》。当男子突然回过神来时，却发现自己已经一个人站在一片荒芜的原野上了。

因为不遵守约定而失去了美女和家宅的传说，以类似的版本在世界各地流传。日本民间传说中的"仙鹤报恩"也属于这类故事。这类以男性因为没有遵守与女性立下的誓言而变得不幸，或者因为偷窥了本不该看的女性的秘密而失去幸福为主题的故事可以说是全世界共通的，日本的古人将这一思想寄托在了黄莺与仙鹤身上。

莺其实属于其貌不扬的一类小鸟，羽色往往为淡茶偏灰，冬季来临时它们会在灌木丛或低矮繁茂的草木间，叽叽喳喳地一边鸣叫，一边不停地飞来飞去。日本的"莺饼"和"莺豆"让人联想到"莺色"应是那种明亮的青绿色或黄绿色，但其实不然，绣眼鸟才是明亮的黄绿色，而真正的"莺色"

---

[1]　该诗译文取自杨烈译本《古今和歌集》（上海：复旦大学出版社，1983 年）。

在日语中也叫作"莺茶"，是一种在绿色中混杂了茶色和黑色的混合色。

比拼黄莺啼叫音色优劣的"斗莺"是平安时代兴起的一种春二月的娱乐项目，不论是宫内还是民间都很流行，但在民间流行开来是在江户时代以后。江户时期的小贩想尽办法让黄莺发出更为清脆悦耳的叫声，然后再将叫声好听的黄莺以高价售卖。

日语中的"鶯鳴かせたこともある"是一个比喻，指的是盛开的梅花散发出的芳香也曾吸引黄莺飞到枝头啼鸣，用于悲叹曾经年轻貌美的女性如今却年老色衰。这句话的出处歌舞伎《质库魂人替》中的一句台词——"虽已成迟暮的梅干婆，但芳华时也是花容月色，还曾引得黄莺啼叫"。

当日本人想要表达"虽是自己的孩子但却不像自己"时，便会说"鶯の卵の中の時鳥"[1]，而这句话则出自《万叶集》卷九中的"莺之，生卵乃中尔，霍公鸟独所生而。己父尔，似而者不鸣，己母尔，似而者不鸣"。

由此可知，万叶人在那时就已经知道了杜鹃鸟会将卵生在黄莺的鸟巢中。

在这么多种类的鸟中，其实只有杜鹃类的四种鸟完全不会自己孵化鸟卵和抚养幼鸟，它们会选择把卵产在其他鸟类的巢中，让其他鸟替自己抚养幼鸟长大。郭公鸟往往把卵产在大苇莺的鸟巢里，棕腹杜鹃则产在小琉璃（蓝歌鸲）、大琉璃（白腹蓝鹟）或日本歌鸲的巢里，而中杜鹃则多将卵产在冕柳莺的巢里。

与莺有关的语句或比喻在日语中还有很多，这里就不一一列举了。最后给大家献上一个字谜。

以"莺"作题，解答为"野辺の送り"。解谜的提示是"梅に来て鳴く"（埋めに来て泣く）。[2]

---

[1]　直译为"黄莺卵中的杜鹃鸟"。

[2]　"野辺"在日语中亦有火葬场之意。

中国古代传说中的杜鹃鸟

如果说黄莺是报春鸟的话，那杜鹃鸟就是报夏鸟了。古时候，人们翘首期盼着杜鹃鸟的初啼，然后便开始插秧和挖山芋。有一首日本人耳熟能详的童谣是这么唱的：

> 卯の花のにおう垣根に
> ほととぎす早も来なきて
> しのび音もらす夏は来ぬ
> （在卯花散发香味的墙根
> 杜鹃鸟早早飞来
> 带来杜鹃初啼的夏天已至）
>
> ——选自歌曲《夏已至》（『夏は来ぬ』），佐佐木信纲作词

日语中"忍び音"（しのびね）这个词专用于形容杜鹃的初啼，而"初音"（はつね）则用来形容进入对应季节以后黄莺与杜鹃的初次啼鸣。由此可见这两种鸟在人们心目中的地位之高。每年春、夏来临之际，人们都翘首期盼它们的悠扬啼鸣。

在《万叶集》卷八中，大伴家持因立夏四月，日复一日未闻霍公鸟（ほととぎす）喧，而作恨歌二首（《大伴家持恨霍公鸟晚喧歌二首》），以表达焦急等待杜鹃初鸣的心情。

> わが屋前の花橘をほととぎす
> 来鳴かず地に散らしてむとか
> （杜鹃可憎，不乘时啼；花橘已见凋落，却来鸣不已。）

ほととぎす思はずありき木の暗の

かくなるまでに何か来鳴かむ

（霍公鸟，不念有寸，木晚乃，如此成左右尔，奈何不来喧。）

最终，他盼来了杜鹃的初啼，高兴至极的大伴家持便作了《欢霍公鸟歌一首》。

いづくには鳴きもしにけむほととぎす

吾家の里に今日のみぞ鳴く

（曾于何处啼，杜鹃今日鸣，到我家乡里。）

日语中"ほととぎす"对应的汉字词语非常多，比如"杜鹃""杜宇""杜魄""蜀魄""帝魂""望帝""蜀魂""蜀鸟""不如归"等。

这些词语全部源自古蜀王杜宇的传说。并且，杜鹃也作为"子规""时鸟"而广为人知。除上述以外，杜鹃还拥有"古恋鸟""恋鸟""沓手鸟""魂迎鸟""田长鸟""早苗鸟""呼子鸟""妹背鸟"等众多别名。

那么，我们就来追溯历史，看看为何杜鹃会变成杜宇的象征。

这里所说的古代蜀国并非《三国志》中刘备、诸葛亮所在的蜀国，而是在那之前两千多年的一个神话传说中的繁荣国度。现存的文献中几乎找不到关于古蜀国的记载，我们仅能根据《太平御览》等古书中引用的《蜀王本纪》的片段或《华阳国志》中"蜀志"的部分来寻找蛛丝马迹，去猜想这个幻想中国度的面貌。

接下来，我们就来看看《蜀王本纪》等书中关于古蜀国的传说。

蚕丛是蜀国首位称王之人，他推荐国民养蚕，使蜀国得到了发展。据说"蜀"这个字就是仿照甲骨文中的"蚕"字而创。初代蜀王蚕丛长着一双突起的奇怪眼睛，死后葬于石棺之中。在蚕丛死后，人们也开始使用石棺，并将石棺樽称为"纵目人冢"。

继蚕丛之后，当上蜀王的人是柏灌，再之后是鱼凫。鱼凫曾两次迁都，最后在山中狩猎时顿悟成为仙人。

在鱼凫成仙后又度过了漫长的岁月，百姓都追随王变成了仙人，蜀国便渐渐荒废了。突然有一天，一个名叫杜宇的男人从天而降，正巧这时从水井里冒出来一个名叫利的女子，二人结为夫妻，相亲相爱。渐渐地，蜀国这片土地重新兴盛起来，百姓也全都回来了，而杜宇则成了蜀国的王，号曰望帝。

蜀国三番五次发生洪水灾害，这也令成为望帝的杜宇苦恼不已。后来他听说一个叫鳖灵的人善于治水，便任其为宰相以解决洪水灾害。鳖灵在大洪水来袭时，带领蜀国人民开凿了玉垒山（巫山）的峡道，将洪水引流至泯江（长江），拯救了蜀国。于是，望帝将王位让给鳖灵，自己则隐居西山，而鳖灵便成为开明帝。那时正好是春天，杜鹃在田野中鸣叫。接下来的每一年，从春天至初夏，杜鹃鸟都会在农忙时节飞来啼鸣。于是，人们便认为这杜鹃鸟是曾经教百姓如何耕种的望帝灵魂的化身，现在又回来告诉百姓，到了播种和插秧的时节了。

此外，存有另一个说法。在鳖灵外出治水时，望帝与鳖灵的妻子通奸。因此事愧疚不已的望帝将王位让给鳖灵后自己隐居深山，死后其灵魂化作了杜鹃鸟。甚至还有说法称，在望帝退位隐居时，鳖灵趁机夺走了望帝心爱的妻子。对此悲伤万分的望帝便在死前将自己的悲痛之情寄托在了西山的杜鹃鸟身上。据说，自那以后，蜀国到处都能看到四处飞舞的杜鹃鸟，这些杜鹃鸟即便嘴中吐血也依旧昼夜不停地啼鸣。有意思的是，杜鹃鸟的口腔内部确实是红色的，也确实是一种夜啼达旦的鸟。

从多个版本的传说来看，杜宇与鳖灵是为了争夺一个女人而起了纷争，最终的结果是鳖灵获得了胜利。

这个传说还有下文。自鳖灵以后的第十二代蜀王统治之时，蜀国灭国。这位蜀王贪婪好色，中了秦的计谋而导致蜀被灭国。蜀王轻信谣言，为了让据说能生出黄金的巨大石牛通过，他命人打通了被险峻山谷包围着的通往蜀国的道路（金牛路），于是秦军轻而易举地进攻了蜀国。而保护蜀国的是五位大力士，被人们称为"五丁力士"。秦王用美人计迷惑蜀王，骗他派五丁力士去山里迎接送给蜀王的五位美女，但最终五丁力士死在了山里。于是，秦军便以破竹之势从金牛路进军，一举打败了蜀国。这时，望帝灵魂幻化的杜鹃看到故国的灭亡，悲痛万分，便在桃李花开的季节向月亮悲鸣道："不如归，不如归。"于是，蜀国人也听到了望帝因亡国而悲鸣。

《万叶集》中咏诵杜鹃的和歌多达一百五十首。在咏鸟歌中，与第二位的咏雁歌（六十七首）和第三位的咏莺歌（五十一首）相比，以压倒性的数量优势位居榜首。

从万叶时代开始，日本人便十分喜爱杜鹃鸟。奈良、平安时代的贵族们在初夏的傍晚会不休不眠地等待杜鹃的初啼。此外，日本人还将农事活动与杜鹃的叫声联系在了一起，当听到杜鹃开始啼鸣后，便会翻耕秧田和插秧。所以他们也将杜鹃称为早苗鸟或田长鸟。

人们普遍认为，很早以前杜宇传说便已由中国传入了日本。于是根据杜宇变成杜鹃后因思念妻子而啼鸣的传说，日本人也管杜鹃鸟叫作古恋鸟。而把杜鹃看作是往来于冥世与人世之鸟的这种思想应该也是基于杜宇传说而来的吧。

《万叶集》卷二中记载了额田王与弓削皇子的赠答歌。公元690年前后，天武天皇的六皇子弓削皇子和皇子的母亲持统天皇一起行至吉野。吉野曾是壬申之乱前，从天智天皇手下逃出来的大海人皇子（后天武天皇）的临

时据点，所以也是一个拥有很多回忆的地方。于是，弓削皇子便向额田王赠歌道："古に恋ふる鳥かも弓弦葉の、御井の上より鳴き渡り行く。"在这首赠歌中，弓削皇子咏诵的是"一只杜鹃飞至古井上，它又带着回忆鸣叫着飞走了"。这时壬申之乱已过去将近二十年，而额田王也差不多六十岁了。中大兄（天智）与大海人（天武）争夺额田王的支持已是三十年前的事，而天智与天武这时也都已不在人世了。于是，额田王回复弓削皇子而歌曰"古に恋ふらむ鳥は霍公鳥、けだしや鳴きしわが念へる如"，意思是"因霍公鸟是恋昔之鸟，或许它刚才也似我怀恋往昔一般，在鸣叫中回忆吧"。这里的霍公鸟指的就是杜鹃鸟。

我们再稍微回顾一下刚才的古蜀国传说。此前说到杜宇深爱的妻子从水井中诞生。而终于当上蜀王的杜宇却要与宰相鳖灵争夺妻子，他的灵魂最终变成了杜鹃。

我认为弓削皇子与额田王显然是知道杜宇与杜鹃鸟的传说的。如果带着这种想法来阅读这两首万叶和歌，则似乎又平添了一层深意。

往来于冥界的古恋鸟

《小仓百人一首》中后德大寺左大臣（藤原实定）的《杜鹃》这首和歌还被制作成了"歌留多"[1]。

　　ほととぎす鳴きつる方を眺むれば

---

[1]　又名歌牌，来源于葡语中的"carta"（纸牌）一词。印有《小仓百人一首》的百人一首歌牌自江户时代兴起，颇受欢迎，如今"歌牌"一词大多指的是百人一首歌牌。

ただ有明の月ぞ残れる

（清夜子规啼，声声碎耳旁。遍寻空不见，残月晓天长。）

　　藤原实定的这首和歌原本记载于《千载和歌集》中，题为《晓闻杜鹃有感所咏》（『暁聞郭公といへる心を読侍ける』）。和歌的大意为：听到了期盼已久的一声杜鹃的啼鸣，抬头仰望传来声音的天空，却发现夜色即将褪去，只剩下残月而已。我们结合杜鹃的传说，便能更加深入地去解读这首和歌。藤原实定十八岁时任左中将，二十二岁为中纳言，两年后又升从二位，二十六岁时便已是权大纳言，仕途可谓相当平顺得志。但就在当上大纳言的第二年，藤原实定便辞去了职务。辞官理由不得而知。而在他复官还职前的十二年间，他可谓怀才不遇。这首《杜鹃》便是在他不得志时所创作的。

　　了解了和歌的创作背景后再来解读，就会发现，藤原实定用杜鹃鸟来比喻自己在回忆往昔的荣华时却惊觉即将天明的情景。而"晓"经常被用来表达对恋情的惜别，所以也能表达"思念着曾经整日相对、情深意切的爱人，不知不觉天就快要亮了"这层意思。这与杜鹃作为"恋鸟"的形象颇为贴合。

　　战国时代的天正十一年（1583 年）四月二十四日，被誉为天下第一美女的织田信长之妹阿市在位于越前北庄城的夫君柴田胜家家中自尽。在自杀的前一天晚上，二人留下下面这两首辞世诗句。

夏の夜の夢路はかなき跡の名を
雲井にあげよ山ほととぎす
（夏梦无常一世名，杜鹃凄鸣上云霄。）

——柴田胜家

さらぬだにうち寝るほどの夏の夜の
別れを誘ふほととぎすかな

（人生苦短，宛若夏夜，杜鹃啼叫，催人离别。）

——阿市

天正十一年四月二十三日，换算成格里高利历相当于 1583 年 6 月 13
日。这时正是夏季的夜晚，天亮之时，丰臣秀吉的军队或许就要发动总攻
了，在此之前柴田胜家与阿市应是刚好听到了杜鹃的叫声吧。此外，杜鹃
是会缅怀过往而啼叫的鸟，被视作迎魂的冥界之鸟。这样一想，这两首辞
世诗意味颇为深长。当然，这里并不仅是因为夏天，才提起了杜鹃鸟。

以下三句用杜鹃作比喻来形容战国三大英雄的说法也是妇孺皆知。

鳴かぬなら殺してしまえ時鳥　　　信長

鳴かずとも鳴かして見しょう時鳥　秀吉

鳴かぬなら鳴くまで待とう時鳥　　家康

（时鸟不鸣，何如？

信长：杀之！

秀吉：使其鸣。

家康：待其鸣。）

这里的“时鸟”只可能是黄莺或杜鹃，但若是黄莺的话语感欠佳。至
于为什么“时鸟”只能是黄莺或杜鹃，这是因为万人期待初啼的就只有这
两种鸟了。

杜鹃鸟的口腔内部是红色的，啼叫时嘴里的红色就更加明显了。而由

于其叫声嘹亮清脆，在有的人听来或许有些不舒服。所以也就有了"鳴いて血を吐くほととぎす"（杜鹃啼血）这样的说法。

德富芦花的长篇小说《不如归》中，主人公浪子嫁了一个好丈夫，刚刚过上幸福的生活，便因患肺结核被婆家休掉了，去世前浪子伤心欲绝地呐喊道："太痛苦了！再也不做女人了！"而这部小说的题目也正象征着女主人公的疾病与之后悲惨的经历。

日本还有一个叫作《时鸟与兄弟》的故事。

很久以前，有一对亲密无间的兄弟生活在一起。但哥哥（一说弟弟）某天突然失明了，随后他开始渐渐怀疑起弟弟，猜测弟弟一个人把好的山芋都吃了，而把不好的山芋都给了自己。最终在猜忌心的蒙蔽下，哥哥杀死了弟弟并用菜刀剖腹自杀。直到最后，哥哥才知道原来弟弟一直吃的是不如自己的粗茶淡饭。悔恨万分的哥哥化成时鸟（杜鹃）后飞走了。而杜鹃因为思念弟弟以及往日兄弟俩亲密无间的日子，每天都哀鸣啼叫八千零八声。日本全国都流传着类似的故事。

此外，还有下面这样一则传说。

杜鹃在前世以做沓（日本古代的鞋物）、卖沓为生。有一天，杜鹃将沓卖给了百舌鸟，但百舌鸟没有付钱。之后每当杜鹃来时，它都藏起来不露面。据说直至今日，杜鹃都在啼叫着要百舌鸟还钱。也因此，杜鹃在日本也被叫作"沓手鸟"。而百舌鸟只有在杜鹃秋天飞回南方时，才会现身，落在枝头啼鸣。

关于杜鹃的叫声，日本人从中听出了各种各样与其音相近的短语，最普遍的说法是，杜鹃之声仿佛在说"テッペン欠けたか"（天边缺角了吗）。而"包丁欠けたか"（菜刀缺口了吗）、"弟腹切っちょ"（弟弟破腹）等说法则是结合了上面所讲的那则传说而来。杜鹃还经常出现在山寺等地方，所以日本有些地方把杜鹃的叫声听成"本尊欠けたか"（主佛有缺口吗）、

"本尊買うたか"（买主佛了吗）、"本堂建てたか"（主佛堂建好了吗），等等。到了近代，人们则把杜鹃的叫声以"特许许可局"这种绕口令的形式表现了出来。

江户时代的闲人还创作出与杜鹃有关的一首回文歌。

> ほととぎす聞かまし籬杉戸遠
>
> （ほととぎすきかましまがきすぎどとほ。意为：杜鹃的叫声听起来似乎离杉木篱笆门有些远。）

"回文"是指这句话不论是顺着读还是倒过来读，发音都一样。

秋天来临，大雁也飞来了。"雁"在日语里既可读作"かり"，也可读作"かりがね"。而"かりがね"既是大雁的名字，也经常用来形容大雁的叫声。

由于大雁会在秋分时节飞来，春分时节飞走，所以日本人认为大雁的故乡其实是常世国。

大雁会在天空中排出整齐的队伍，这被称为"雁行"。过去，秋风拂面而来，人们抬头望天，看到初雁便知已是初秋时节。芒草、满月与大雁共同酝酿出秋天的风情与味道。但近几年，日本已很难看到大雁的身影了。

在中国，因为大雁有定期迁徙的特点，所以被视作传递远方消息的使者，并因此出现了众多传说。据《汉书》记载，苏武被匈奴囚禁时便将信绑在大雁腿上通知了汉帝。

《万叶集》卷十五中有一句"欲以雁为使，向空远飞去。返都至奈良，代吾捎口信"，这句和歌也为我们讲述了古代日本的"雁使"故事。

三 鸟的智慧与传说中的鸟

会模仿的鸟与会唱歌的鸟

为什么小鸟会啼叫呢？地球上有成千上万种生物，但是会发出诸多复杂声音的寥寥无几。鸟类便是其中之一。

众所周知，一只鸟可以发出很多种叫声。通过叫声，鸟儿互相传递着警戒的信号，发出自己的占地盘宣言；又或者通过啼叫来高唱一曲求爱歌，或是与伙伴、家人进行交流。也就是说，鸟通过发出各种各样的叫声来进行沟通。虽然没有形成文字或符号，但这不正是一种语言吗？

如果将地球上的生物按照智商的高低进行排序，那毫无疑问鸟会排在很靠前的位置。鸟类不仅仅有"语言"，还具有其他的智慧，能够通过学习掌握技能。夜鹭的近亲绿鹭便会"钓鱼"。绿鹭会捕捉苍蝇等昆虫，然后将捉来的小虫子放到河面上吸引小鱼来吃，这样一来它们就容易捉住小鱼了。当尝试多次未果后，绿鹭会选择换一个地方。海鸥则会飞到空中，将坚硬的贝类抛至岩石上，来弄碎外面的硬壳。乌鸦将核桃放到路上，等车压过去后吃核桃仁的画面相信大家都在电视上看到过。外国的一些小鸟还会将小树枝插进树洞，来捉里面的虫子吃。

能够做出上述这些事情的大概只有哺乳类，甚至只有部分灵长类动物。而这些技能一些鸟类也能做到，这足以说明它们也是拥有较高智商的生物。

我们都听说过，麻雀或者北红尾鸲等鸟类会与特定之人十分亲近，而乌鸦又会攻击或威吓特定的人。人类很难区分同种类的鸟，但是鸟却能很好地分清我们人类。

还不止这些，鸟甚至能够与我们人类对话。我们都知道鹦鹉或者九官鸟（鹩哥）能够模仿人类说话。但至今我们仍没有研究出为什么它们可以模仿人类的语言，以及到底是如何模仿的。

据说，美国的鸟类研究专家艾琳·佩珀伯格（Irene Pepperberg）通过教一只非洲灰鹦鹉学习人类的语言，让它学会并能够说出四十种物品名称、七种颜色、五种不同的形状以及六个数字，而且通过对这些单词的拼组，这只非洲灰鹦鹉还能够识别出诸如"黄色香蕉""三角盒子"等约百种物品。更让人感到不可思议的是，如果将三把钥匙与好几根发夹混在一起，问它："有几把钥匙？"这只鹦鹉还能准确回答出"三（把）"。如果将相同形状的红色与黑色木片给它看，然后问它哪里不同，它便会回答"颜色"；而问到哪里相同时也能准确说出"形状"（出自小西正一《小鸟为何会唱歌》，岩波新书出版）。

这说明鹦鹉不仅仅会模仿，还能够在思考后回答问题。此外，经过训练的鹦鹉还可以做到只在早晨说"早上好"和只在傍晚说"晚上好"。也就是说像鹦鹉这类很聪明的鸟不仅仅可以单纯地识别物体，它们还拥有颜色、形状、数字和时间等概念。

比较令人意外的是，其实很久以前鹦鹉就已经作为家养鸟来到了日本。《日本书纪》第二十五卷大化三年（647年）一条中，便记载着从新罗进贡来"孔雀一只，鹦鹉一只"。

清少纳言《枕草子》第三十八段写道："鹦鹉，颇为有趣，会模仿人之言语。"

实际上，不仅仅是鹦鹉和九官鸟，还有不少鸟类都会模仿。百舌鸟可谓鸟如其名，能够模仿各式各样鸟的鸣叫声。此外，松鸦也极善模仿，在初夏的山间，人们经常被它的叫声所欺骗，它甚至可以模仿黄眉姬鹟和白腹蓝鹟的叫声。连乌鸦有时候都会模仿其他鸟的叫声或人类的声音。

我在家附近的一处高地墓园，曾听到一个老人凄凄惨惨地边哭边叫一个女性名字的声音。但周围一个人影都没有，让人毛骨悚然。定睛一看，原来是一只乌鸦在叫。

还有一件亲身经历的事情。虽然已过去很久，但我依然记得自己被九官鸟骗过。昭和五十三年（1978年）的早春，我与作家新田次郎一同前往甲州采访。途中我俩顺便拜访了武田信玄的菩提寺、惠林寺附近的一座老寺——放光寺。在进入僧人的居室之前，我们在门口稍微等了一会儿。等待的时候我们听到了哒、哒、哒的走路声，然后是哗啦一下门被拉开的声音，接着便听到有人说："有人吗?"再接下来，我们便听到一位中年女性的应答。然而，我们听见了声音，却完全不见人影。更加奇怪的是，非但不见人影，刚才那一串声音又再次传来。最终我们发现，原来刚才听到的那一连串脚步声、开门声甚至是人说话的声音，都是放光寺里饲养的九官鸟发出的。

如此这般，鸟儿会模仿其他鸟类的叫声甚至是学人说话，但人们至今依旧没有研究明白为何鸟会这么做。因为它们的这种模仿行为似乎并不是为了与同伴交流，看起来也不像是通过模仿行为来保护自己或是进行攻击。所以目前暂且只能认为它们是在玩耍了。

除了人类以外，地球上的其他动物几乎将一生都消耗在捕食进食与繁衍生殖上。会进行玩耍这类行为的只有很少一部分高级生物。众所周知，乌鸦会表现出玩耍的行为，但通过前面几个事例我们也不难看出，其他的鸟其实也具有相当高的智商。

并且，鸟还能够记住它听到的旋律。贝多芬的《田园交响曲》通过长笛、双簧管、单簧管将夜莺、鹌鹑和杜鹃的鸣叫声巧妙地表现了出来。除了用乐器表现鸟鸣声外，还有一个反其道而行之的例子。在德国某个乡村，一位年轻人每天都来到恋人家，吹响口哨作为暗号。于是，以这里为地盘的一只乌鸫便记住了年轻人吹的口哨的旋律。最终这只乌鸫将这个旋律传给了其他的乌鸫，大约三年后，村子里所有的乌鸫都会哼叫这个旋律了。

恕我孤陋寡闻，我并没有听说过日本有类似的小鸟记住了音乐旋律的故事。即便存在什么樫鸟会弹琴啊，抑或是乌鸦会模仿笙的音色啊之类的小故事，也不足为奇。如果各位读者看到了这类文献的话，请务必告知我。

《伊势物语》与都鸟

在这一节里，我们再讲一些日本史中关于鸟的话题。

《伊势物语》第九段中有一节非常著名，讲的是在原业平来到东国时，在隅田川畔看到了一只名叫"都鸟"的鸟，格外思念都城的他便咏诵了一首和歌：

> 名にしおはばいざ言問はむ都鳥
> わが思ふ人はありやなしやと
> （不负其鸟，容吾一问，吾爱之人，今昔何方？）

在原业平是平安时代前期的一名歌人，天长二年（825 年）出生，元庆四年（880 年）逝世，享年五十六岁。因其才华横溢、风流倜傥，《伊势物语》等作品中多有他的记载。但关于他的事迹却有很多疑点，就连他前往东国是否为史实都尚未确定。但在原业平与隅田川和都鸟的故事，却因《伊势物语》的记述而和梅若传说一同流传开来。

梅若传说因谣曲《隅田川》而广为人知。

梅若受人贩子诱骗，从都城被带到了武藏国，到了隅田川畔，生病的梅若被人贩子抛弃，咏"寻觅而来一问一答，都鸟你可知，隅田川边露，可不曾消失"歌一首后死去。村子里的人觉得梅若十分可怜，便为其砌冢并葬之。谣曲《隅田川》描写的则是梅若的母亲来到东国的故事。来到隅田川的梅若母亲听说了这里飞翔的鸟叫作都鸟后，想起了在原业平下东国的故事，对其旅途之遥远十分感慨。而当她坐上渡船时，却听说了被人贩子抛弃后死去的少年的故事，方才了解到那是自己的儿子……

那么，这些故事里出现的"都鸟"到底是什么鸟呢？对此出现过各种说法，但现在的定论是都鸟应为红嘴鸥。东京都的都鸟之所以是红嘴鸥，原因也与在原业平及梅若传说有关。

与隅田川东岸的浅草隔川相望的向岛木母寺，便保留有梅若的坟冢，都营地铁的本所吾妻桥站附近则保留着在原业平坟冢。长命寺附近的墨堤有一家始于明治维新时期的樱饼店，颇有名气，叫作"言问团子"，而隅田川上就有一座桥叫作"言问桥"。"言问"这个词，自然是源于上文中在原业平的那首和歌中的"いざ言問はむ……"

曾经的向岛因为墨堤的樱花、向岛百花园而闻名，再加上辖内有一些古老的神社、寺庙，以及田地、芦苇滩等，遂一直是江户百姓出游的一大目的地。曾经的隅田川里有小鱼游动，不同季节的天空中有不同的鸟儿飞翔，有时还能看到朱鹮和鹳。但现在的隅田川已不复当年，河岸周围筑起了水泥，历史遗迹也都被高楼大厦遮挡，几乎失去了存在感。从古至今仍保留下来的，似乎只有冬季还会在隅田川上翱翔的红嘴鸥了。

影响战役的鸟与怪鸟"鵺"

日本历史上发生过诸多战役。与近代的战争不同的是，古时候的战争往往受自然条件的影响。这其中便有战争的胜败与鸟相关的故事。

后三年之役是处于平安时代后期的十一世纪后半叶，在奥羽一带发生的一场大规模战役。在前九年之役后，占领了奥六郡、出羽山北而成为一大豪族的清原氏发生内讧，时任陆奥守的源义家（八幡太郎）介入了这场内讧，并引发了战争。在这场战争中最终取胜的清原清衡（后为藤原清衡）便是一手打造了平泉文化的奥州藤原氏的祖先。

后三年之役的高潮是宽治元年（1087 年）十月，义家在得到弟弟义光（新罗三郎）的援助后，率数万大军进攻金泽栅（秋田县横手市金泽）的那一战。而在这场战役中向义家的军队通报了危机并最终引导其走向胜利的便是雁群。这就是《后三年合战绘卷》中描绘的著名的《以雁列之乱知伏兵》故事。该战役于阴历九月打响，这时正是大雁迁徙的季节。义家看到原本整整齐齐列队飞翔的大雁突然乱作一团，由此看破了敌人伏击作战的计谋，最终取得了战役的胜利。

处于源平合战时代的治承四年（1180 年）十月二十日，为了追讨向关东起兵的源赖朝，以平维胜为总将军的平家大军向富士川西岸出兵，而源赖朝的关东军也来到了富士川附近的贺岛（静冈县富士市），两军对峙，战事一触即发。但在二十日这一晚，平家军却落荒而逃，赖朝军不战而胜。据说，这是因为那晚河畔的池塘里水鸟突然一齐飞走，平家军误将水鸟振翅的声音当成了敌军夜袭之声，于是慌忙撤军，最终在一片混乱之中将胜利拱手让给了敌人。这是一则记载于《山槐记》等书中的著名传说。

通过古书中记载的故事，我们可以清楚地了解到，古时候富士川周边有着广阔的湿地和一些湖沼。到了冬季，应该有很多鸭类飞来越冬吧。鸭类中有很多都是白天浮在水上休息，夜晚到凌晨成群飞入水田或湿地里寻找食物。试想，如果当年在黎明前的静谧中，突然有上万只鸭子一齐飞起来的话，翅膀拍打的声音该有多么令人震撼，这样看来，平家军将其误以为是敌人而乱作一团也是情有可原的。但也有说法认为，古人大多都很熟悉鸟类的习性，所以这则故事其实是为了渲染平家军的多疑而捏造出来的。

虽然与源平合战并无直接关系，但《平家物语》卷四中源三位赖政（源赖政）射杀怪鸟鵺的故事也是颇负盛名。这个故事发生在二条天皇的御所。源赖政是活跃于源平合战时代的一位武将。

"宫中有怪鸟名鵺，常扰天子圣心"。于是，源赖政奉旨在宫中待命，深夜丑时，他发现一个可疑身影并成功将其射落。这时人们发现这个奇怪的生物"头为猿，躯为狸，尾为蛇，手足为虎，鸣声似鵺"。实际上，这个怪物是虎斑地鸫，日语汉字中的"鵺"或者"鵼"，是虎斑地鸫的别称。在日本，它也叫作黄泉鸟或者地狱鸟，夜里会发出咻咻的啼鸣——一种令人不寒而栗的叫声。如果说在深夜的皇宫惊扰到天皇的鸟是虎斑地鸫的话，那源赖政射杀的怪物到底是什么呢？显然，那个怪物应该是人们根据虎斑地鸫的叫声联想出来的虚构生物了。

说起天皇，我们再提一下从后醍醐天皇那里获得了官位的鸟——夜鹭（日文称"五位鹭"）。某天，后醍醐天皇下敕命捕捉一只夜鹭。在捕捉过程中，这只夜鹭毫无逃跑的打算，于是人们轻易地捉住了它。后醍醐天皇认为这只夜鹭是遵照敕命自愿被捕的，对此感到甚是奇妙，于是便赐了五位官职给这只夜鹭。夜鹭昼间经常成群地聚集在寺庙、神社里休息，到了晚上就会飞到附近的池塘或田地里寻找食物。可以推断当年御所内的森林或池塘内应该也有很多夜鹭。

"鹰猎"在日本有着悠久的历史。根据"记纪"的记载，自仁德天皇开始就有鹰猎活动了。之后的嵯峨天皇等人也热衷于鹰猎，渐渐地这项活动在武士间流行开来。以"此时都中流行物"为开篇的《二条河原落书》中，有一节便以讽刺的口吻描写了通过以下克上而发迹的武士也尝试用鹰捕捉猎物，却连小鸟都很难捕到。然而，鹰猎这项活动仍被视作实力强大的武将的印证，所以深受战国大名的喜爱，这股热潮也一直沿袭到了近代大名。除五代纲吉外，历代德川将军皆好鹰猎，特别是初代将军家康和八代将军吉宗。

进行鹰猎活动时大多使用苍鹰、雀鹰、日本松雀鹰、游隼、红隼、金雕以及鹰雕（熊鹰）等。人们训练鹰去捕捉鸟或小型动物，甚至还曾训练百舌鸟去捕捉麻雀。

鹰猎这项活动自古以来便在世界各地盛行，在古埃及、亚述帝国、波斯都曾风靡一时。而日本的鹰猎活动则是从中国传入的。

四　鹤与雀的日本史

花鸟画中被奉为神鸟的仙鹤

鹿儿岛县出水郡的野田川注入八代海的河口附近有一片田园，这里自古便是鹤的越冬地，也被认定为"国家特别天然纪念物"。每年飞来这里越冬的鹤的数量稳定增长，如今已经成为世界上最大的鹤的越冬地。1999年冬天，以白头鹤为首，共有一万几千只鹤飞来这里越冬。

除了丹顶鹤以外，白头鹤及白枕鹤等鹤类都是候鸟，会在金秋十月前后从西伯利亚或乌苏里江流域等繁殖地飞来日本，当春天到来时再飞回北方。只有丹顶鹤属于留鸟，在北海道繁殖。

鹤，自古便被视为吉祥的象征，是花鸟画中颇具代表性的一种鸟。

飞落在冬季枯田里的鹤，身姿优雅而美丽。江户时代，包括丹顶鹤在内的鹤还会飞至江户郊外的农田或湿地。直到明治时期，在日本各地的枯田等场所都经常能看到鹤这种冬候鸟。

飞到收割完的稻田里啄食漏在田里的稻穗的鹤被尊为"穀灵神"。鹤落在农田的现象象征着丰收。在日本各地也都流传着"穗落传说"，大致内容是由鹤带过来的稻穗会拓广耕地，或者地里会长出新品种。这或许是因为鹤的粪便实际上成了肥料，滋养了土壤吧。也就是说，鹤不仅因其优美的姿态被推崇为神鸟，实际上它也确实为农田带去了营养。

鹤在古日语中读作"タヅ"[1]，而不是"ツル"。《万叶集》等古书中并没有关于"ツル"的记载，有的只是"タヅ"。比如，下面这首和歌里的"田鹤"便是以"タヅ"为发音所作。

　　　和歌の浦に潮満ち来れば潟をなみ
　　　葦辺をさして田鶴鳴き渡る
　　　（碧浦满潮来，袭没浅海滩。婀娜芦苇塘，白鹤争相鸣。）

　　　　　　　　　　　　　　　　　　　　　——山部赤人

　　日语中有个说法"鹤の一声"，形容的是位高权重者一句话就能控制或压制住众人的发言，多用来表示虽然鲜少说话，但一旦说话便很有分量的意思。确实，丹顶鹤等鹤的叫声音量非常大，很有穿透性，但也绝非不易听到，从冬天到春天的这段时间，经常能听到鹤鸣。

　　刚才说过，鹤被人们视作吉祥鸟。我们经常听到"千年龟、万年鹤"这样的说法，二者均是长寿的象征。鹤与龟也经常作为吉祥物被用在喜事上。

　　鹤与龟能够活千万年的说法其实出自中国的《淮南子·说林训》。

　　此外，鹤飞上天空时的悠然姿态是如此高贵而优雅，以至于古代中国人也将鹤视作与神仙有关的仙禽。《神仙传》一书中便记载了化成鹤后返回故乡的仙人苏仙公的故事。

　　鹤化成美女后与人间的男子坠入爱河的故事自古便有。《异苑》中便有下面这样一则故事。在晋永嘉年中（四世纪初），有个名叫徐奭的年轻男子在田里看到一位美人，美女将他邀至家中并设宴款待，奭遂经日不返。

---

[1] 可写作"田鹤""多豆""多头""多津""多都"等。

徐爽的哥哥为寻他来到湖边，看到弟弟与一女子对坐，便用藤杖打了该女子。女子变成一只白鹤后飞向天空消失不见了。

类似的故事也出现在了《幽明录》中，并成为日本古代传说《鹤女房》的故事原型。而《鹤女房》的故事又被改编成适合儿童阅读的《鹤的报恩》，变得妇孺皆知。

某天，一名男子救了一只鹤。没多久，一位美丽的女子便出现并住进了贫穷男子的家中，最终二人结为夫妇。这位美丽的女子到了夜晚便会把自己关在织布房织出完美的绫锦。夫妇二人的日子逐渐富裕起来，但女子却日渐消瘦。这名女子要求丈夫绝对不能偷看她在织布房里的样子，但丈夫最终还是偷看了。他看到织布房里有一只鹤，正从自己身上摘下羽毛织成布。

除了被人们视作能够带来幸福的鸟以外，人们还将鹤当作了食用鸟。特别是在江户时代，人们将鹤肉视为珍宝。据《本朝食鉴》的记载，由于鹤自古以来就被视为拥有千年寿命的仙禽，人们便认为食其肉亦可长寿，因此喜食鹤肉。当然，其中也有大型鸟相对容易捕捉，且往往肉质较多这部分原因。

那时人们最爱吃的当属血肉散发着香气的白枕鹤，而较少飞来日本的灰鹤则被人视作极为宝贵的珍品。但据说，丹顶鹤肉质柴硬，并不好吃。

江户时代，宫中每到正月十七便会举办"鹤庖丁"仪式，在天皇的面前将鹤按照它原本的体态进行解剖。此外，在幕府及大名家中，年初或者操办喜事时也会举行"鹤庖丁"仪式，并食用鹤肉。据说，这一仪式源自丰臣秀吉曾在年初向后阳成天皇献鹤之举，其后便演变为宫中及武家的新年惯例。

但据说这个仪式也促使人们大肆捉鹤，并最终导致了鹤的数量一度骤减。享保三年（1718 年），幕府取消了向朝廷进贡鹤的规定，并且禁止了在宴席上食用鹤肉的行为。

捕捉鹤主要靠的是鹰猎，而鹰猎又是秋冬季节将军及大名的主要活动。

在冬季以外的季节，人们还会贩卖用盐腌制过的鹤肉制品。撰写于宽永十五年（1638 年）的《毛吹草》中便介绍了松前的著名特产"盐鹤"。

有时，我们会看到花鸟画上出现一棵松树上站着一只仙鹤的图案，但其实这种图案是大错特错的。首先，鹤并不会在树上筑巢。人们看到的在树上筑巢的其实是白鹳或者鹭。

体形大小与鹤十分相似的鹳在西方被视作"送子鸟"。日本也有许多鹳，经常能看到它们在松树上或者大寺院的屋顶等地方筑巢。明治时期，浅草寺顶上还曾有鹳的鸟巢。昭和四十六年（1971 年），人们在兵库县的松树上最后一次捕捉到了日本产的野生鹳。那时由于鹳的自然繁殖已然无望，为了人工延续这一物种，只能将它们捕捉。

既是害鸟又是益鸟的麻雀与民间故事《舌切雀》

在人们的日常生活中，接触最多的鸟或许便是麻雀了吧。关于麻雀有很多俚语、谚语以及传说，此外麻雀也经常被用在比喻之中。

麻雀虽然被人们当作会吃粮食的害鸟，但其实它也是会吃虫子和杂草的益鸟。

新中国成立后，为了提高农业生产的效率，对老鼠和麻雀进行了彻底的驱除。驱除麻雀所采用的方式可以说是只有中国才能施行的人海战术。那时，农村地区的人全都拿着铁锹或者铁锅之类的工具出门打麻雀，绝不让麻雀出现在树上或家中。它们不论飞到哪里，都会被人驱赶，最终因体力不支而掉落在地上，成了人类的牺牲品。

如此一来，不仅仅是麻雀，几乎所有的野鸟都从中国农村地区消失了。造成的结果却是第二年出现了空前的农作物歉收。害虫大肆繁殖，使得稻子等农作物大面积受害。一只小鸟一天能够吃掉数十只虫子，白头翁之类更是能吃掉多达数百只。自然界正是这样保持着平衡。没有了鸟之后，这种平衡被打破，自然会出现虫害的困扰。

日本其实也将麻雀看成是威胁农民生活的害鸟。农民为了保护农作物不受麻雀啄食，会在田里制作稻草人或者安装驱鸟鸣器。人们在小正月举行的"鸟追"（赶鸟）仪式便是祈祷谷物收成不受麻雀的危害。

另一方面，人们又将啄食谷物的麻雀视作"穀灵神"般的存在，认为麻雀可以帮助人们为农田带来丰收。甚至还有说法称，能让麻雀随心所欲地吃穷人都舍不得吃的大米是一种孝敬父母的行为。

迄今为止，有很多民间故事或传说讲述的都是麻雀为人类带来了富足或幸福。看来，古时候的人们能够充分认识到麻雀虽有害但亦有益。

而日语中所谓的"雀"，据说古时候曾用来泛指所有小鸟。虽然日本人从来没有想过为了提高农业生产而将麻雀"赶尽杀绝"，但到了现代，环境的恶化也造成了小鸟数量的急剧减少，最终导致了虫害的增多。

于是，人们开始大量使用农药来解决虫害问题。虫子对于人类来说或许是有害的存在，但它们也承担着为植物授粉的职责，且是鸟类或者鱼类的食物，对于自然界而言不可欠缺。然而农药却将害虫、益虫全都杀死了。

在我家所在的浦和市（现埼玉市）郊外的见沼田圃附近，有一座被认定为国家特别天然纪念物的"野田鹭山"。自江户时代开始这里便是日本国内屈指可数的鹭鸟群居地，但在昭和三十年代（1956年—1965年），这里却不再是鹭鸟们的天堂了。罪魁祸首便是农药。鹭鸟主要以泥鳅、青蛙

　　　　　　　　　　　　　花鸟风月日本史

或者小鱼等为食，但这些小动物因农药而数量骤减。

夺走了田间地头许多生命的农药对于人类的身体也绝非有益。虽然，最近人类开始对农药进行严格管控，但曾经逝去的那些小生命已无法挽回。鹭鸟的家园如今也难以重建。

关于麻雀的古代故事中最为有名的当属《舌切雀》。虽然这个故事有各种版本，但最具代表性的应该是下面这个故事梗概：

很久很久以前，某地住着一对正直又温柔的老爷爷和老奶奶。他们俩救了一只受伤的小麻雀并开始喂养它。但小麻雀有一天舔食了隔壁恶婆婆家的糨糊，恶婆婆便将小麻雀的舌头割了下来。小麻雀逃到了山里。温柔的老爷爷和老奶奶来到山里寻找它，它给了他们俩一个装满宝物的藤条箱。回到家以后，恶婆婆看到宝物箱后也去到山里找小麻雀，并贪婪地索要了一个大的藤条箱。但箱子里不是宝物，而是蜜蜂和蛇，于是恶婆婆受到了惨痛的教训。

在《宇治拾遗物语》中，还有个故事，讲述一个老奶奶救了一只断腰的麻雀，麻雀送给老奶奶一粒葫芦种子，这颗种子结成的葫芦中不断长出大米，于是老奶奶过上了富裕的生活。麻雀报恩的故事几乎都以《舌切雀》的故事为原型，或论述大致同一类型的内容。

《御伽草子》中还记载有一则"麻雀出家"的故事。

大和国山里有一只叫作小藤的麻雀。婆妻生子后，孩子却被蛇吃掉了。为了安慰悲伤的小藤夫妇，其他的小鸟为它们咏诵了和歌以示疗慰。小藤夫妇为了悼念死去的孩子决定出家。小藤的妻子在尼崎庵出家，一心向佛终得往生。而小藤在出家后巡游诸国，参拜洛中、洛外诸寺，在北野社遇阵雨，于是便以此为契机在那里搭建草庵，每日修行佛道。

民间还有很多关于麻雀的迷信，比如拿走了麻雀巢家里就会着火呀，如果捕捉麻雀就会变成夜盲症之类。从中我们也能看到人们或许是出于对麻雀的保护才形成了这些说法。在古文献中，我们几乎找不到将麻雀视作不祥之物或是明确表示其为害鸟的内容，由此可见，自古时候起日本人便是喜爱麻雀的。

麻雀的谚语和鸟啼叫声的比喻

歌舞伎中有一种叫作"雀踊"的舞蹈。在五月的曾我祭上，头戴编笠、身穿印有麻雀图案的和服并撩起后襟的人们以俗人装扮，仿照谚语"雀百まで踊り忘れぬ"[1]，大跳"雀舞"。曾我祭是江户时期歌舞伎的一项祭奠活动，每年五月二十八日会在各个歌舞伎剧场演出，表演的舞蹈华美绮丽。

平安时代，宫中的女官会饲养麻雀，以看自己养大的麻雀蹦蹦跳跳的样子为乐。《枕草子》中便举出了这种养麻雀的消遣方式。

此外，关于麻雀还有很多俚语或谚语，侧面证明了日本人与麻雀的亲密关系。

"欣喜雀跃"这个词用来形容人高兴得小蹦了起来。"雀の糠喜び"意思是看到糠就以为有米因而大喜的麻雀，最终发现只有糠，遂非常失望，经常用来形容本来很期待，却落得空欢喜。有时候也单说"糠喜び"。

"雀の千声鶴の一声"表示的是愚者千声，不如智者一言。"雀の踊った足跡のよう"用来形容字写得不好看，像麻雀跳跃后的足迹般歪歪扭扭。而"雀の淚"则用麻雀的眼泪来比喻只有一点点。此外，日语中还用麻雀来比喻话多的人，正如"京雀"一词。形容一个人经常出入某处，对某事

---

[1] 直译为麻雀百岁亦不忘跳舞，意译可作"江山易改，本性难移"。

花鸟风月日本史

很了解时，也会用"雀"来作比，如"楽屋雀"形容消息灵通的人。

此外，在日语中许多动植物的名字也经常冠以"雀"字。日语里所说的"雀瓜"是山野中很常见的一种瓜科植物。"雀の铁砲"（看麦娘）是春季田园或田间小道中生长的乔本科一、二年生草。小时候我经常把"雀の铁砲"的小穗尖摘下来叼在嘴里，哔哔地吹响它来玩。此外，还有诸如"雀の帷子"（苇状羊茅）、"雀茶挽"（雀麦）、"雀の稗"（雀稗）、"雀の豌豆"（小巢菜）、"雀の槍"（球柱草）等带"雀"字的植物。

日语中的"雀鲷"（光鳃鱼）是一种海里的小鱼，分为黄尾雀鲷、霓虹雀鲷、五线雀鲷以及斑鳍雀鲷等。

再如，"雀蜂"是日本产的体形最大的蜂类，攻击性和毒性都是蜂中最强。若被雀蜂刺到，很有可能致死。而"雀蛾"也是一种中大型的蛾，日本共有约七十种此类蛾。

由此可见，"雀"对于日本人来说，已经渗透进生活的点点滴滴。

在民间传说、俚语谚语甚至是比喻之中，还有一种影响力毫不逊色于麻雀的鸟——乌鸦。关于乌鸦，我将另寻机会为大家介绍，这里就不再赘言了。

一直以来，日本人也将麻雀看作一种食用鸟，人们往往将其羽毛拔干净后整只烧制，然后从头啃食。直至现今，有的"烧鸟屋"（烤鸡肉店）还会提供烤麻雀这道菜，的确颇为美味。而焙焦麻雀作为一剂民间偏方，被认为对夜盲症及百日咳等病症有一定的疗效。

除了麻雀和乌鸦，从古至今，日本人在生活中密切接触着各种各样的鸟。人们熟悉它们的叫声，也能够区分出其中的许多种类。

最后，我们来看看日本颇具代表性的鸟之叫声吧。

关于黄莺和杜鹃，前文已介绍过，这里就不再赘述。绣眼鸟的叫声被人们听成"长兵卫忠兵卫长中兵卫"，三道眉草鹀的叫声被人们听成"源平杜鹃白杜鹃", 最近还有人解读成了"札幌拉面盐拉面"。冕柳莺的叫声仿佛在说"鹤千代君"或是"烧酒一杯吞";而云雀的叫声在日本人听来仿佛高利贷一般,当它飞上天空时,嘴里喊着"日一分日一分",当它在空中飞翔时,喊的是"月二朱月二朱",而如果它要向下飞时,则变成了"要利息要利息"。猫头鹰的叫声被解读成"五郎助奉公",黑头蜡嘴雀则啼叫着"菊二十四"或者"月日星"。紫寿带鸟的叫声也被人听成了"月日星",不过后面还要带着一声"曛曛曛"。灰胸竹鸡的叫声好似在说"来一下来一下"。还有许多类似于上述这些将鸟鸣赋予各种含义的有趣说法,这里请恕我不再一一列举。

第五章　风与云的日本史

一　四季的风

菅原道真的悲剧与各式各样的春风

　　日本是风之国。

　　日本是世界上为数不多的正好处于季风带的国家。所以日本四季都会吹不同的风，这些风不仅影响着日本的农业、渔业和航海等，还与日本人的日常生活息息相关。因此，日本人十分关心风的变化，也对风有着别样的感情。

　　春季的风分为很多种。如果只指"春风"一词，它一般形容春日阳光下温暖和煦的风。"春風駘蕩"（しゅんぷたいとう）在日语中便是表示春天景色怡人的一个四字词语。

　　春风中最为人所熟悉的或许当属东风。呼啸凛冽的北风在人们不知不觉间缓下脚步，这时东风随之而来，在东风的吹拂下春天的气息也扑面而来。但东风往往伴随着雨水，尽管此时严寒也逐渐散去，然而海边等地大多十分潮湿。日语有一个说法叫作"東風時化"，意思是东风吹拂时节的暴风雨。"東風時化"往往令渔夫胆战心惊。

　　那么为何人们一说到东风，就会自然而然地认为是在说春风呢？这其实是源自下面这首收录在《拾遗和歌集》与《大镜》中、由菅原道真（菅公）创作的和歌。

東風吹かば匂ひおこせよ梅の花

あるじなしとて春を忘るな（花な忘れそ）

（东风吹，梅香满人间，纵然无主，勿忘春来到。）

这首和歌流传之广，甚至到了人们只要一听到东风就会联想到梅花香的程度。但不为人知的是，这首和歌背后却暗藏一场凄惨的悲剧。

昌泰四年（延喜元年，即公元 901 年）一月二十五日，菅原道真被免除官职，左迁至九州的大宰府。原本在一月七日时，菅原道真与左大臣兼左大将的藤原时平一起官升从二位，任右大臣兼右大将。但遭藤原时平陷害，菅原道真突然陷入了地狱般的处境。在奉命左迁仅七日后的二月一日，菅原道真便被赶出了一直以来生活的都城，前往大宰府。他连好好收拾行李的时间都没有，便匆忙上路了。他甚至被禁止骑马或使用其他一切交通工具，只能步行至九州。这次调动名曰左迁，实质上是将菅原道真作为罪人流放了。

启程那日，菅原道真的家宅"红梅殿"弥漫着梅花的香气。上面那首和歌其实是其内心悲痛的呐喊。

被流放至九州后，菅原道真再也没能回到都城。生命的最后，他在大宰府破旧不堪的简陋房屋中饱受病痛折磨，最终在无尽的悲叹中苦闷而逝。死后，菅原道真幻化成怨灵，令诸国大旱，都城里瘟疫肆行，以此报复了藤原一族。为了镇住菅原道真的怨灵，人们建造了北野天满宫，该神社也是全日本天满宫的总社。

尽管有着如此悲惨的创作背景，然而极少有人会把这首和歌与菅原道真的悲剧和怨念联系在一起。随后，东风渐渐成为春风的代名词，人们会根据季节，以"梅东风""樱东风""云雀东风"来表示不同时节的春风。

此外，春风还有很多种类。

比如，日语中所说的"春一番"（はるいちばん）便是立春后吹来的第一次强劲南风。"春一番"一般出现在关东平原，它会将关东地区亚黏土层上干燥的红土卷起，尘土在强风的肆虐下逐渐汇集成黄沙，并毫不留情地大肆入侵家家户户。不过，一旦"春一番"吹过，紧接着梅花的花苞就鼓起来了，春意也渐渐浓郁。之后吹来的几股强劲南风则被人们称为"春二番"和"春三番"。

春天的强风在日语中也叫"春疾風"。"疾風"读作"はやて"（早手），指的是伴随着寒潮过境突然刮起来的暴风，有时候还会下起暴雨，也被人们称为"しつぷう"或"じんぷう"（阵风）。此外也会把这种风叫作"春荒"或者"春岚"等。

"涅槃西風"（ねはんにし）指的是阴历二月十五日前后吹来的西北季风，也被称为"彼岸西风"或"彼岸荒"。阴历二月十五日是释迦佛入灭之日，这一天寺院会举办涅槃会。而这时候往往也迎来了春分。

阴历二月二十二日，大阪的四天王寺会举办圣灵会。这个仪式上供奉的花其实是用被海浪卷到难波海岸上的贝壳做的。所以此时吹的西风也被称为"贝寄风"。

> 貝寄する風の手じなや若の浦
>
> （满岸铺贝壳，此景出自西风手，春意和歌浦。）
>
> ——松尾芭蕉

早春来临时漫步在海边，会看到冬天的季风带来的各式各样的贝壳，这些小小的贝壳将海边点缀得浪漫而梦幻。小时候我在海边找到奇特贝壳的那种欣喜若狂，至今仍记忆犹新。但现在，难波的海滨已经看不到这样的景象了。

自阴历二月二十四日起的四天时间，比叡山延历寺的众教徒会以诵读《法华经》八卷来开展法会，即"比良八讲法会"。这时寒气重新袭来，比良山地会刮起强风，这种风也被叫作"比良八讲荒"抑或是"比良八荒"。

春意浓郁起来后，便刮起了"真风"（まじ／まぜとも），这是一种只在濑户内一带到伊豆半岛附近才使用的说法，是一种较弱的偏南季风，也被称为"樱真风"等。而日语中的"油真风"则指的是晚春时节，像流油那般徐缓地吹过海面的南风。

熏风送香的初夏之风与带来灾害的山背风以及风祭

初夏，拂面而来的清爽南风被称作"风熏""风香"又或是"熏风"。正如其名，这股风拂过新绿的树林，带来阵阵清新的芬芳，让人心情愉悦，真是一种颇为"风雅"的风。在春天和煦的阳光照耀下，微风徐徐，青草摇曳，野田里的小小花朵星星点点，这种景色便是美丽的"风光"了吧。如此想来，"风光"与"风熏"一样都是耐人寻味的语词。

《续拾遗集》中有下面这样一首和歌：

> 風かをる木のした道は過やらで
> 花にぞくらす志賀の山越
> （风熏木下道边过，花中志贺山越路。）

——藤原良教

在嫩叶发芽的时节，比"熏风"稍烈一些的风叫作"青岚"；而麦秋时节，金灿灿的麦田上拂过的便是"麦岚"，也被称为麦子的秋风。

梅雨刚开始淅淅沥沥下起来的时候，遮住阳光的厚厚云层下吹过的风便是黑南风。到了梅雨最强之时，有时还会刮起强烈的南风，那便是"荒南风"。梅雨过后，盛夏的阳光下便吹来了"白南风"。

夏天的风并不只有南风。对于日本东北地区的农民来说，有一种风真是令人闻"风"丧胆，那便是日语中被叫作"山背"（やませ）的风。这是一种在夏天出现的寒冷东北风，有时也被称作"凶作风"或"饿死风"，因这种风一旦刮起来就连续好几天呼啸不停，所以也被人称为"七日山背"，足见其可怕之处。

对东北地区的农户而言，冻害是一种可怕的灾害。生长在南方的水生植物稻子需要在梅雨时节吸收充足的水分，在梅雨过后接受足够的光照，才会成熟。但一旦七日山背袭来，往往会导致稻田颗粒无收。

据江户时代的记载，造成粮食歉收的原因有旱灾、水灾，以及蝗灾等虫灾，但最主要的便是冻害。冻害来临时，当地百姓可以说束手无策，甚至会造成东北地区全境大范围的稻田被冻死。即便长出了稻穗也无法成熟。随之而来的便是饥荒，那惨状实在难以想象。许多人将草根、树皮都啃食得干干净净，但身体依然不断消瘦衰弱下去，直到活活饿死。这种惨象往往还会伴随着瘟疫病情的蔓延，老人、小孩还有体弱者首先扛不住饥饿与疾病，不断死去，甚至出现过全村人都死光的惨例。天明时期的大饥荒（1782 年—1787 年），仅日本东北的津轻地区就有二十万人饿死，日本全国总共有上百万人因饥饿而死去。

以北陆地区为中心的日本海一侧海岸，会刮起一种叫"出风"的风。这是一种从陆地吹向海面的东南风，非常适合出船，所以人们管它叫"出风"。但这种风有时候会伴随着焚风现象，越过脊梁山脉从山上吹下来的风在另一面引发降雨后，便会刮起干燥的风，这种风每下降一百米气温会攀升一度，到了地面就会形成高温。一连好几天的这种干燥风被称为"七日出风"，当它吹来时，夜里连露水都不会凝结。因为极度干燥，所以它往往会导致草木枯萎，农作物遭受虫害侵袭，有时甚至会诱发大火。

昭和三十年（1955 年），因焚风引发的新潟市大火给 1193 户居民造成了极大损失。昭和四十一年（1966 年），焚风引起的三泽市大火烧毁了 817 户人家，昭和五十一年（1976 年），同样由焚风引发的酒田市大火则烧毁了 1023 户。

同样是在夏天，日本海一侧吹起的风则是偏北风，相对比较柔和、凉爽。将北海道、东北地区、北陆地区的物资从日本海经由下关运往上方[1]的北前船便很好地利用了这种风。由春入夏，偏北风能从四月吹到八月，所以深受船夫喜爱。

日本有句老话叫作"老いては子に従え"（老而从子），根据其谐音，后来还出现了"追風は帆に従え"（顺风则随帆）这样一句俚语，真实地体现了船随帆、帆随风的样子。

夏天快要接近尾声时，台风开始迫不及待地昭示自己的存在感了。好不容易顺顺利利地度过了夏天，在即将迎来收获的秋天时，若是被台风、洪灾影响了收成，那对于农民来说真是一大打击。所以为了避免暴风的危害，人们会举办抒发祈愿的风祭活动。这种风祭活动大多在阴历八月一日前后举办，也就是台风来临前后。新潟县弥彦神社的"二百十日风祭"，以及在"二百十日"到来的七天前，兵库县伊和神社举办的"风镇祭"等，都是为免受风灾、水灾而进行的祈祷活动。除了这些大型的风祭活动，日

---

[1] かみがた，自江户时代起指京都、大阪一带。如今在广义上指日本本州中西部的京都近畿地区。

本各地也会举办一些小型的朴素的风祭活动。

　　村民将举办风祭活动的那一日称为"等风日"，这一天大家都会休息，并且聚在一起吃吃喝喝，祈祷风能够平静地过去。此外，人们还会在神社等地挂上灯笼，这种灯笼被称为"风止笼"，目的是镇住风神。越中八尾的"风盆"是将送风神活动与供奉祖先的"盆踊"仪式结合在一起的一种祭奠活动，是日本著名的夏日祭典。位于奈良县的龙田大社祭风神活动曾经举办于阴历四月和阴历七月，共花四天时间，但现在已经改为在七月的第一个礼拜日举行"风镇祭"。这个祭典原本是在插秧和台风来临前向风神祈求风调雨顺的一项活动。此外，熊本县的阿苏神社也会在四月与七月举办风祭活动。

　　说个题外话，人们给风神或者风妖取的名字数不胜数，比如"风三郎"（新潟县）、"风又三郎"（东北地区），等等。宫泽贤治还以此为灵感，创作了童话《风之又三郎》。

思物的秋风以及折木断草的秋季寒风

　　秋天，是风的季节，是一年之中风的种类最多的时节。秋风也吹进了人们心中，引发了人们的种种思绪与情感。

　　尽管夏季的炎热还迟迟未退，但有时会突然感受到秋风裹身。

> 秋来ぬと目にはさやかに見えねども
> 風の音にぞ驚かれぬる
> （秋意无从明视，风声一瞬惊我心。）

——藤原敏行，《古今和歌集》

おしなべて物を思はぬ人にさへ

心をつくる秋の初風

（凡物皆无感，亦因初秋风涌情。）

——西行法师，《新古今和歌集》

　　秋天吹来的第一场风在日语中叫作"初秋风"。正如上文西行法师的这首和歌所言，即便是对四季美景或者花鸟风月均迟钝无感之人，也会因初秋风而涌起思物之情。

　　初秋时节吹来的北风被称为"雁渡"（かりわたし）。大雁会在秋分时，乘着从东亚大陆吹来的季风来到日本。我很好奇候鸟到底是如何知道风的方向的呢？

　　秋风在日语里也叫"素风"，意思是没有颜色的风。原本风就是没有颜色的，但人们偏偏要强调秋风无色，其中别有深意。

吹き来れば身にもしみける秋風を

色なきものと思ひけるかな

（秋风吹来身便知，无色之物令君思。）

——纪友则，《古今六帖》

物思へば色なき風もなかりけり

身にしむ秋の心ならひに

（思物忽觉风拂过，秋风亦似有颜色，每逢金秋心随所动。）

——源雅实，《新古今和歌集》

　　在中国的五行思想中秋为白，无色。所以秋风也被呈现为无色之风。

　　　　　　　　　　　　　　　　　　　　花鸟风月日本史

为了表现秋风吹在身上的寂寥感，无色反而更加贴切。

秋风拂过，吹得荻草沙沙作响，而这无色透明的秋风撩动了心弦，竟能让木讷之人像诗人般，内心涌出许多感触。虽说如此，但折木断草，吹落花朵的暴风、台风也是秋风，这种风也被称作"野分"（のわき）。野分吹过的第二天，天气一下子就晴朗、干爽起来了。但台风的"脚印"却将所到之处"踩"得乱七八糟，一片狼藉。关于这番景象，清少纳言的《枕草子》是这样描写的：

> 风暴掠过的翌日，景象颇为有趣。屏障、篱笆都东倒西歪了，门前栽种的花木看起来也可怜兮兮的。大树倒了好几棵，树枝都被吹断了，固然可惜。它们横七竖八地趴在胡枝子、女郎花上面，实在是遗憾至极。每一个格子里都被吹进了树叶，似乎这些并非粗暴的风所为。

《源氏物语》中也有一卷讲"野分"的，"野分，较历年更加猛烈，狂风大作，天色大变，满园秋花，缤纷满地……"紫式部对野分的这一段描写颇为有名。

说到暴风，还要提一提拯救了国难的神风。这个神风指的是镰仓时代的文永十一年（1274年）和弘安四年（1281年）蒙古两次入侵时，拯救了日本的暴风雨。我总觉得这种暴风是秋季的台风，但文永十一年那次蒙古入侵发生在阴历十一月，那时正是寒冬腊月。而弘安四年那次则是闰七月，差不多是二百十日前后。关于这种神风，我将在本章第二部分"神风与风土"中为大家详细介绍。

各种寒冷的风

从晚秋到初冬吹的风在日语中叫作"木枯"（こがらし），这种风是冬季风的头阵，也是将最后一片红叶从树上吹落，使树木变得光秃秃的风。

此外，这时的风还有"神渡"，也叫作"神立风"。这种风在神无月（阴历十月）吹拂，据说日本各地的神仙都会乘着这股风前往出云，所以只有出云一带管阴历十月叫"神在月"。

接下来，关东地区开始刮起干冷的风。这是从上州、秩父的山上吹下来的北风，这股风会卷起尘土，仿佛是要告诉人们冬季即将来临，一般白天吹、夜晚停。上州地区流传着一个著名的说法，叫作"かかあ天下と空っ風"[1]。这种干冷的风自山上吹下，所以也写作"颪"（おろし），尤其是在太平洋一侧，冬季从山上刮下来的北风通常都被称作"颪"。此外，这种风还常与山的名字联系在一起，比如"那须颪""筑波颪""赤城颪""六甲颪"等。

在东日本太平洋一侧扬起的北风叫"西风"（ならい）。从正北面吹来的风为"本西风"，此外还有从东北方、西方、西北方等各个方向吹来的各种"西风"。此外，还有"筑波西风"和"下总西风"等。

风的名字在日本的不同地区叫法也不太一样。比如，在日本的中国地区或畿内，渔夫、船夫会把初冬的东北风叫作"星之入东风"。星为昴，能够清楚看到昴宿的那些冬季，气候也较多变。较之常人，船夫对于风更为敏感。无风则难以开船，但有时大风也会吹翻船只，导致船毁人亡。

正式进入冬天后，风也凛冽起来。在日本，寒风也被称为冻风。当冬天的凛冽寒风吹过防砂用的竹篱笆或电线等物体时，会发出尖细且强弱分

---

[1] 大意为老婆第一，其次是悍风。

明的好似哭声的声音，这种现象在日语中叫作"虎落笛"。"虎落"实际上指的是用削尖的竹子头搭起来的栅栏。风吹过这种竹栅栏时发出的音色才是真正意义上的"虎落笛"。

　　　寒風やいよいよ冴えて風の声
　　　（寒风吹呀吹，愈发清寒更料峭，风声呼啸过。）

——永井荷风

　　此外，风还有许多名字或别称。也有诸多用风作比喻的例子或俚语、谚语。自古以来，日本人畏风、敬风、用风、避风，可以说在风中度过一年四季。而风左右历史的例子也不在少数。

二 神风与风土

保护日本不受蒙古军队侵略的超大型台风

元曾两次派军攻打日本，这两次侵略在日本被称为"元寇"或者"蒙古袭来"，在现在的历史用语中叫作"文永·弘安之役"。而"神风"也因两次从蒙古军的攻击中保护了日本而永留史册。

元世祖忽必烈在征服了朝鲜半岛的高丽后，自文永五年（1268年）始，多次派使者来到日本，要求日本向蒙古称臣。但镰仓幕府拒绝了。

公元1271年，元朝建立。1273年，忽必烈重创南宋，于是接下来忽必烈把目标转向了日本。文永十一年（1274年）正月，忽必烈命高丽制造九百艘船，高丽的造船工不得不夜以继日地赶工造船。那一年秋，元与高丽的联合大军成军。

忽必烈的这次进攻也是日本历史上第一次受到来自外国的军事攻击。文永十一年十月，高丽军攻入对马、壹岐，十月二十日登陆博多湾。这一天博多湾沿岸各地均展开了激烈的交战。日本军本是防卫一方，经过这一天的殊死搏斗总算是撑了下来，到了傍晚元军与高丽军撤船。但对于日本军来说，第二天才是关键一战。

第二天一早，原本将整个湾内挤得满满的他国大船几乎完全不见了踪影。原来前一天夜晚忽然刮起了大风，这场大风将两百多艘船尽数掀翻入海。而剩下的那些船大多也被吹得支离破碎，只得全部撤退。对此，当时的公卿日记《勘仲记》记载道："凶贼之船数万艘浮于海上，然而瞬间逆风刮起吹回本国。少许船只甚至被刮到了陆上。"而朝鲜方面关于这次大风的记录可见《东国通鉴》，该书记载称"会夜大风雨，战舰触严崖，多败"。由此可见，二十日晚确实突然刮起了狂风。文永十一年的十月二十日相当于现在的十一月二十六日前后。因此，有说法认为击退元军和高丽军的并非台风，而是其他因素。确实，十一月下旬是不可能刮台风的。但伴随着低气压的通过，局部地区突然刮起暴风在如今也不足为奇。通过敌我双方的记录来看，意料之外的大风让众多军船受损确有其事。但从如今的技术角度来看，那些赶工打造的船只或许不过是平衡性极差的小船罢了。在连防波堤都没有的湾内仅仅是放下船锚的话，大风大浪稍稍兴起，就会将船整个掀翻，这也是说得过去的。

总之，日本躲过了第一次的危机。但七年后，即弘安四年（1281年）的五月到六月，元军再次进攻日本。这次从高丽合浦出发的士兵有四万，船九百艘，再加上从宁波出船的士兵十万及船三千五百艘，比上一次攻打日本的军团要庞大得多。这一次日本依然拼命抵抗，尽管在壹岐惨败，志贺岛也被元军占领，但始终没让元军登上四大岛。

元军能够登陆的地方有限，而且无法利用小船分批运送士兵。所以只要日本能够彻底防守好几个重点，元军就无法轻易上陆。

最终，元军的大船军队从平户出发，一边在博多的海上游弋，一边寻找机会，并多次尝试登陆，但日本军每次都殊死抵抗将其击退。分别处于海洋与陆地的两方军队就这样僵持了整整两个月。然而面对海面上的众多敌军大船，日本方面仍旧束手无策。

接下来事情出现了转机。到了闰七月一日，元军溃败，船只再次全部沉入海里，而这一次同样是因为大风。那一年的闰七月一日差不多相当于现在的八月下旬，正是台风的季节。这个季节的确会刮起大型台风。《元史·日本列传》中记载道："十万之众，得生还者，仅三人耳。"

这种说法或许过于夸张，但也从侧面证明了这次元军进攻日本的惨败。而对于日本方面来说，是风拯救了国难。

顺便一提，据说这次台风的瞬间最大风速能达到 55 米至 56 米，中心气压达 921.4 毫巴，是从屋久岛经天草刮到博多湾东面海上的超大型台风。这一估算结果是昭和四十四年（1969 年），九州大学副教授真锅大觉根据东京国立科学博物馆的屋久杉标本（树龄 1600 年，直径 2 米多）年轮中的"台风斑点"计算出来的。也就是说，不论风速具体是多少，至少从屋久杉的年轮来看，也能证明 1281 年有一场巨大的台风通过了屋久岛。

从"神风护国"到以神风特攻队自我毁灭

在文永、弘安两场战役之后，元并没有放弃攻打日本，在其后很长一段时间内一直寻找机会蠢蠢欲动。在"弘安之役"的二十年后，也就是正安三年（1301 年）十一月二十一日，一艘异国船在甑岛（位于鹿儿岛县）靠岸，随后海上又出现了超过二百艘船。但此时又刮起了大风，这支船团在不知不觉间不见了踪影。这是记载于《北条九代记》等古书中的一起事件。在这一时期能够向日本派遣大船团的只能是元或其支配下的高丽，别无他国。

正是因为出现了上述这些事情，日本渐渐地兴起了神国思想。这种思想的核心大致是"日本乃神州，受神保护而不灭"，一旦遇到危机便会在神威之下刮起"神风"，于危难之中拯救日本。

"神风"原本指的是伊势之神吹的强风。

神風や天の八重雲吹きかけよ

まがへる道にあとや見ゆると

（神风吹空，八重云起，宛若道上现痕迹。）

——后鸟羽院，《夫木和歌抄》

随后"神风"成了"伊势""御裳川"以及"五十铃川"等的枕词。而最初将"弘安之役"中的大风称为"神风"的是《增镜》第十卷中记载的如下和歌：

勅として祈るしるしの神風に

寄せ来る浪はかつ砕けつつ

（逢难向天祈，神风似诏至。风吹起大浪，频助退敌军。）

——藤原为氏

弘安四年（1281年）闰七月，在第二次"蒙古袭来"时，为了抵抗敌国，藤原为氏作为宫内的使者被派去伊势神宫，在回京途中听说大风击退了敌国船团，便咏诵此和歌。

但此处对"神风"的颂扬，其实是出于感谢伊势之神的一种朴素的信仰之心。实际上，人们将"神风"看成一种具有象征意义的事物，将其当作能在危难关头拯救国难的"御威稜"[1]，已是很久之后的事情了。

明治五年（1872年）国家制定的教科书中描述的是"那时，忽然刮起大风，将元军的船吹翻"，也就是说当时并未使用"神风"，而是用了"大风"一词。称其为"神风"则是在昭和九年（1934年），日本教科书从文言文

---

[1] 指神或天皇的威望。

语体改为口语体时做出的一处调整。此后，"神风"便作为神国思想最后的王牌得到了强化。在昭和十八年（1943年）的教科书中，关于"文永·弘安之役"与"神风"是这样写的："举国上下遭遇国难，虽胜但皆因御威稜，正是神的保护与全国上下的齐心合力，才创造了奇迹。亲眼看到了神威的国民更加将国家的尊贵铭记于心。击退了世界强国后国民的意志高涨，而将势力扩展至海外的想法也逐渐形成。"

但昭和的"神风"并没有出现。

昭和十九年（1944年）的十月，眼看就要战败的日本海军打算自己刮起这场"神风"，于是组建了"神风特别攻击队"。神风特攻队的飞机上只装了去程的燃料，队员们驾着飞机撞向敌军舰艇。所以神风特攻队其实是一支进行自杀式攻击的敢死队。

这种简单粗暴的攻击方式最终还发展出人肉炸弹"樱花"和人肉鱼雷"回天"。最初神风特工队采取志愿入伍的方式，但随后逐渐变成了强制入伍。

而这种毫无战术可言的攻击方法也绝不可能扭转战局。仿佛是日本强行人为做出了假"神风"而惹怒了真正的神灵一般，最终日本无条件投降，惨烈战败。

约四千四百人为神风特工队战死，其中能够命中敌人军舰的只占16.5%。也就是说约有三千七百个前途光明、未来可期的年轻人因为"神风"而白白牺牲了性命。

随后，"神风"成为鲁莽轻率、不计后果的代名词。随之产生了诸如"神风出租车""神风驾驶""神风登山"等词汇。"神风"这个词不再神圣，给人们的印象越发糟糕。

在此再讲一个太平洋战争前关于"神风"的轻松话题。

昭和十二年（1937年）四月，为了庆贺英国国王加冕，由朝日新闻社

　　　　　　　　　　　　　花鸟风月日本史

策划、飞往英国的日本产螺旋桨飞机起飞。那架飞机便叫"神风号"。

在日本时间四月六日的上午 2 点 12 分，从东京的立川飞机场起飞的"神风号"于四月十日 0 时 30 分降落在伦敦的克罗伊登机场。"神风号"用了 94 小时 18 分钟飞完了从东京到伦敦之间的 15357 公里。除去加油等中途降落、起飞的时间，飞行时间为 51 小时 19 分钟，平均时速 300 公里，这个速度刷新了当时的世界纪录。

当时这架飞机的驾驶员是饭沼正明与冢越贤尔，这次飞行的成功也并非托"神风"的福，而是有赖于二人优秀的驾驶技术。

季风孕育的季风型风土与风景

那么，到底什么是"风"呢？其实，风不仅仅意味着空气的流动，也与人的气质和土地的景致密切相关。

有一个词叫作"风土"，这个词源自中国，原本指的是季节循环对应的土地的生命力。包括气候、地形、地力等在内，一片土地原有的状态就是其风土。是太阳的光、热，以及雨水创造了土地和土地上的生命。而寄宿在土地上的那些生命又要依靠风的搬运，因此叫作"风土"。

后汉《说文解字》中有"风动虫生"的说法。沉睡的季节在春天再次蠢蠢欲动。虫是小型生物的统称，也象征着生命。而将生命吹入虫中的便是大地上的风。所以原本"風"字里就有一个"虫"字。

《后汉书》中的风土指的是不同土地间的地域差异。即便人类没有太大的差别，但土地的生命力却各有不同。

公元一世纪末，中国出现了一本记录土地和人的地志《风土记》。而日本在八世纪以后开始模仿中国，编纂《风土记》。

和辻哲郎在其著作《风土》中，相较欧洲的"牧场型风土"、中近东的"沙漠型风土"以及美国的"开拓者型风土"，将日本的风土定位为"季风型风土"。

人们关于眼前呈现的大自然之存在状态的观念便是"风景"。"景"意为"光"，因此"风光"与"风景"是相同的概念。至于为何用"风"与"光"这样两个字，是因为正是依靠光，自然得以映入人们的眼帘，如果没有光，那么一片漆黑下也就看不见什么景观了，而风虽然看不见，但却是运送生命的"搬运工"。正是有了风，叶子才会在枝头沙沙作响，鸟儿才能在天空振翅翱翔，生命才充满了勃勃生机。没有风的大自然只不过是一个静止的画面罢了。

人们将有情趣、韵味的风景称为"风致"，日语中现在还保留着"风致林"或"风致地区"这类说法。

通过阴阳道来为坟墓或其他场所选址的法术被称为"风水"。这一思想传承自中国秦、汉，可谓是一种地相学，人们相信地气带来的影响，所以会仔细观察包括山、丘、水流等在内的地势，再结合阴阳五行说与方位学进行选址，最后才在合适的地点建造都城、宅邸或坟墓。

南宋的大儒学家朱熹也信风水说，据说他根据风水选定了自己的墓地。朱熹被后世尊称为朱子，乃朱子学的始祖。

但现代人多将风水看作一种迷信。由于各地大肆推进大规模的土地开发以及对自然的改造，所以对于现在的日本来说，"风水"并不是不用，而是已经不适用了。以尊重大自然原本的样貌为前提，按照地形等因素考虑如何建造房屋或选定墓地，才是风水的基本思想。

顺便一提，罗盘便是以看风水为目的而发明的。

关于风的种种

带来生命的风有时也会带来疾病。这就是人们将吹过寒风后发冷或发热的症状称为"风邪"（感冒）的原因。因风而得的病统称为"风病"，风邪便是其中之一。破伤风是风邪从伤口侵入人体造成的。而中风、痛风、风疹等疾病名称也带"风"字，是因为这些病原本也是风病的一种。

日本人常说"子供は風の子"（孩子是风之子）。这是因为如果孩子经常在寒风中跑动玩耍的话，反而不太容易得风邪。但这其实已是二十世纪末的说法了，现在人们已经适应了空调带来的冬暖夏凉的生活，稍微受点寒便会感冒。

过去，小孩子经常利用风来玩耍。如今我仍留恋正月时放风筝的美好回忆。

风筝源自中国，但如今世界各地的人都会放各式各样的风筝。风筝在日语中写作"凧"（たこ），这是一个日本汉字；在中国则叫作"纸鸢"或"风筝"，"筝"的原意为笛子等乐器发出的声音。英语中的风筝为"kite"，有"鸢"之意；西班牙语为"cometa"，乃彗星之意；而印度语的风筝原本也有蝴蝶之意，可见风筝的语源都来自天空中的飞行之物。而日本的"凧"是怎么来的呢？据说关西地区会把风筝说成是"烏賊"（いか），所以八条腿的章鱼应该就是语源了。这或许是因为空中的风筝形似有好几条长长的腿的章鱼被放上了天吧。

正月放风筝这种习俗始于江户时期。但实际上，放风筝的时间因地而异，比如长崎是四月，浜松是五月，冲绳则是十月。之所以各地时间不一样，也是由于风的关系。

风车也利用了风，如果没有风，孩子们就会跑起来，自己创造出"风"让风车转起来。纸气球与后来的橡胶气球都是在内部充入空气后形成的球形玩具，日语中的名称为"風船"（ふうせん）。据说，最初在日本贩卖橡胶气球的是横滨的一个中国人，那年是明治元年（1868 年）。而日本做出橡胶气球的第一人则是旧开成学校的物理老师市川盛三郎，明治八年（1875 年），他将氢气充入红色的橡胶小袋子里并放上了天。

古时候，人们经常利用风。靠风吹帆来作为船之动力的做法历史悠久。虽然风车在世界各地都很常见，但日本原本并没有风车。这是因为日本是水资源十分丰富的国家，所以自古使用的都是水车。风会出现刮或不刮以及方向不定等各种不确定因素，但水的流向却是固定的，而且水量也可人为调节。

风可以使火烧得更旺，对于窑业来说必不可缺。日本的"登り窯"（斜坡窑）便是在山体的斜面上，依仗着风能通过之处而造。

总之，日本是一个风之国，这里一年四季吹着不同的风，人们爱风，同时也恐风。风与人们的生活密切相关，所以与风有关的谚语或者比喻数不胜数。

三　四季的云和出云的神话

云蒸霞蔚的春季云彩与"鸟昙"和"鰊昙"

　　春日的天空总让人感觉低低的，似乎很朦胧，眼前常是白蒙蒙的，山林里也时不时雾霭迷蒙。天空中的云往往没有清晰的轮廓，看起来轻而淡。春日的阳光也没有那么强烈，温暖而含蓄，正可谓春光和煦。

　　和煦的春日，云雀一边鸣叫着一边飞向蓝天，人们循着叫声抬头望去，却发现云雀早已不见了身影，可见所谓"云"之雀确实是一种极善飞翔的鸟。据说，云雀在天空中的飞行时间一般也就六七分钟，高度最多百米左右。之所以人们很容易就看不见它，当然与其体形小巧有关，但或许也有春光朦胧这一原因吧。

　　春日的夜晚常会让人感到雾霭重重，日语称之为"胧月夜"。

　　那么，云、雾、霞到底有什么不同呢？

　　在日语中云、雾、霞都可以用"立つ"（生）这个动词来表示其出现，但能用"立ちのぼる"（升起）来形容的只有云和雾，霞不用这个动词表示。而能用"涌く"（涌出）来形容的是云，偶尔也会用来形容雾，但这个动词绝不会用于表示霞。用"たなびく"（暧暧）来形容的是霞，尽管有时也会用来形容云，但绝对不会用在雾上。

　　云指的是空气中的水蒸气变成细小的粒子或冰片后，集结在一起并飘浮于大气中的现象。云原本是白色的，但在太阳光的照射下会被染上浓淡有异的红色系色彩。而如果云层很厚，将太阳光完全遮住，看起来就变成灰色或黑色了。

雾是地面或水面附近聚集的细小水粒子，这一点与云没有太大区别。所以远在天边、只能抬头仰望的是云，而近在眼前、触手可及的是雾。

霞则用来形容远处的景色朦朦胧胧、氤氲不散的状态，这种现象多出现于春季。半山腰缭绕的薄云在日语中也可以叫作霞。

> 春なれや名もなき山の薄霞
>
> （疑是春来到，眼前此山虽无名，但有薄霞罩。）

——松尾芭蕉

这是收录于《野曝纪行》中的松尾芭蕉的俳句。贞享二年（1685 年）二月中旬，松尾芭蕉从伊贺出发，在前往奈良的山路中途作此俳句。按照现行日历来算，相当于现在的三月中旬前后，虽然整座山尚是一片枯色，但山脚下已有新芽破土而出，而这座山仿佛穿着一层轻薄的春霞衣。这是一首很容易让人联想出大和路 [1] 早春景象的佳句。

当年松尾芭蕉行至大和路的某座山上时，天上应该是薄薄地挂着一层春云吧。接下来，群山渐渐开始苏醒并露出了笑容。

> 故郷やどちらを見ても山笑ふ
>
> （环顾故乡景，东西南北皆可见，山亦笑开颜。）

——正冈子规

---

[1] 通过大和国的道路，特别是指从京都五条经伏见、木津通向奈良的道路。

虽说是春季，但也并非总是明媚的晴天。总会有厚薄不一的云将天空遮住，人们的身体似乎也总觉得疲乏。但是，春天终于不再似冬天那般寒冷，用温暖环抱着我们。这种春日的天气在日语中也叫作"花昙"，或者"养花天"。

这时，大雁、鸭子或斑鸫等冬天的候鸟在南风的护送下大多飞回了北方。所以春季的阴天有时也会被称为"鸟昙"或"鸟云"等。

生活在北海道的日本海一侧的人，会将三月到五月的阴天称为"鰊昙"。这是因为在流冰融化、吹起南风的阴天，会有鰊鱼群游到海岸边。由此，这种天空也叫作"鰊空"。但如今，即便春季的阴天刮起南风，也没有鰊鱼群游来了。曾经沿海地区的"鰊御殿"（渔民的房屋）鳞次栉比，鰊鱼业繁荣兴盛，而彼时距离如今的萧条只相隔半个世纪而已，听起来却仿佛很是遥远。这些宛如滚滚云霞般的比屋连甍又是何时"烟消云散"的呢？据说知晓往昔繁荣景象的老渔夫望着如今的春日阴天，心情也是"阴云不散"。

夏、秋、冬的云

说到夏天的云，相信大家立刻会在脑海中浮现出"入道云"（积乱云）的样子吧，这种现象是由盛夏强烈的阳光引起的猛烈上升气流造成的。

山顶或海上形成的小型积云眼看着膨胀起来，逐渐形成了巨大的积乱云，在数千米的高空延展开来。积乱云重叠在一起的样子被形容成云峰或峰云，日本人还将其拟人化，说这种云仿若"入道"一般。顺带一提，除了云以外，日本人还会将其他事物拟人化，比如利根川（日本第二长河流）在江户方言中便被叫作"坂东太郎"，在上方地区被称为"丹波太郎"，在九州又被叫作"比古太郎"，甚至在其他地方还有诸如"信浓太郎""石见太郎""安达太郎"等名字。

积乱云中积蓄着大量的电，云散后常在夕阳时分伴有雷落。因此，入道云也被称为"雷云"或"夕立云"。

　　村雲のたえまの空に虹たちて
　　時雨すぎぬるをちの山のは

　　（瞬时丛云滚滚生，夕阳时雨雷鸣过。山现云间露一端，遂见天虹悬上空。）

——藤原定家

"村云"便是丛云，即瞬时涌出的夕立云。这首和歌描写的是阵雨过后在丛云缝隙间的山一端挂起了一道彩虹的景象。但这首和歌原本收录在《玉叶和歌集》卷六的"冬"部，所以咏诵的对象并非夏季傍晚的阵雨。

夏日黄昏的阵雨往往伴随着轰雷。这时天瞬间就阴了许多，刚觉得风突然刮起来，立刻就看到天空中乌云密布，雷公用力地敲响他的雷鼓，变化速度之快真可谓风驰电掣。不一会儿就哗啦啦地下起了暴雨，雨滴使劲地砸向地面，这阵雨却并不会持续很久。没多久太阳就从云的缝隙间羞涩地露了出来，刚才的昏暗一扫而光，天空立刻晴朗起来，远山上还能看到一道七彩天虹。

云海并非是夏季特有的云，但从山上俯视时看到的一层像海般的云层，确实多见于夏天。最近经常能在飞机上看到云海。万米高空中的飞机均飞行在云海之上。但比起飞机上的所见，靠自己的双脚攀登后在山顶俯视到的云海才是最美的，那种美无与伦比，令人陶醉。

日本有一首歌叫《富士之山》，里面有一句歌词是"（山的）头顶探出云端，俯瞰四方高山"。这首歌描写的便是在云海之上露出一个山头的遥远的富士山。我在日本北阿尔卑斯山＊上眺望过好几次类似的美景。最近一次是在 1999 年秋天，我登上了木曾驹岳。我从驹根高原出发，先乘坐大巴，然后再坐缆车摇摇晃晃地穿过了云层，最后到达了海拔 2600 米的千叠敷。脚下厚厚的云海将伊那谷完全遮盖住了，只有仙丈岳和北岳等南阿尔卑斯的高山露出了山头。而富士山也在这白浪一般的云海里飘浮着。

我最后一次从富士山顶看云海是 1991 年 8 月的事情了。早晨在山顶看到了美丽的日出，还看到了"影富士"。影富士指的是映照在早晨或傍晚的云海上的富士山的影子。而如果想在浮于云上的富士山顶俯瞰四周的群山，实际上不可能做到，因为四周的群山高度都比较低，山顶都在云海之下。

日语里与日出相关的词有"御来光"（ごらいこう），它也可以指佛祖乘云与阳光共现。天空中时而会出现一种奇观，日出时在西侧、夕阳西下时则在东侧：云或雾会成为一块幕布，背对着阳光的身影会被映照成一个巨人，显现在这块云雾幕布上。这个巨人像的头顶往往还有彩虹光环。欧洲人把这种现象叫作"布罗肯幽灵"（Brocken Spectre），而日本人却将这种现象比成了佛祖显灵。这一现象其实并不罕见，自昭和三十三年（1958年）夏天还是高中生的我在岩手山山顶看过一次后，又在北阿尔卑斯以及南阿尔卑斯山看到过好几次。

接下来，夏去秋来，人们开始感到天高气爽，秋色宜人。

秋天的云之代表便是"鰯云""鲭云"和"鳞云"了，这些都是高高挂在秋日碧空上的卷积云。人们往往先看到一片片的云朵散落在天空，没一

＊ 指的是日本的中部山岳，由飞驒山脉（北阿尔卑斯）、木曾山脉（中央阿尔卑斯）与赤石山脉（南阿尔卑斯）组成。19 世纪的英国工程师威廉·戈兰德来到飞驒山脉后，以欧洲的阿尔卑斯山为其命名。

会儿再抬头望天，就发现这些云已经连成一片了，那番景象真的好似鱼群一般。如果落日再稍微给云朵染上一丝红色，我就感觉很像鲷鱼的鱼群。

　　将卷云或卷积云写作"绢积云"据说是自昭和四十年（1965年）开始的。"卷云"这一名称是明治初期根据国际惯用的气象用语"cirrus"翻译而来，"cirrus"这个词在拉丁语里表示"卷"。这种云的特点是纤维状的白云边沿会有一些卷起。但是到了昭和三十年代（1956年—1965年）中期，文部省认为将"卷"字读作"けん"很奇怪，于是气象厅便把汉字改成了"绢"，之后便写作"绢云"了。其实关于改名字这件事，气象厅内部有一个人坚持抗议到了最后，那便是当时的测器课课长，同时也是直木赏作家——新田次郎。

　　卷云或卷积云的出现往往伴随着大雨，所以人们也把这种云叫作"雨知らす"（告知雨）。

　　冬天的云被称作"寒云"或"冻云"，"蝶蝶云"也在冬天出现。像破碎的棉布一样出现在天空中的白云会随风消失又出现，这就是白色蝶蝶云了。如果出现白色的蝶蝶云，那日往往是晴天，而如果天空中挂着的是偏灰黑的蝶蝶云，便意味着要下雨了。

　　富士山上挂着的斗笠云同样大多发生在冬季，它是变天的前兆。海边的渔夫一旦看到富士山上的斗笠云，就会急忙收船回岸。不仅仅是富士山，如果在周围无高山的一座独立山峰上看到了斗笠云出现，那么有很大概率天气会变差。

八云耸立的出云国神话以及云龙、云水

　　虽然"丛云"原意指的是一簇云，但在《源氏物语·野分》这一章中

　　　　　　　　　　　　　　　　　　　　　　　　花鸟风月日本史

却有"風騒ぎ叢雲迷ふ夕にも",形容突然聚集在一起的云块。这种云会呼风唤雨,仿佛"風雲急を告げる"[1]一般。三种神器之一的"草薙剑"原本的名字便叫作"天丛云剑",极具象征性。

据"记纪"的记载,素戈鸣尊被逐出高天原后,来到簸川上游并帮助稻田姬击退了八岐大蛇。随后从八岐大蛇的尾巴上冒出了一把精美绝伦的太刀。素戈鸣尊将这把太刀献给了天上的天照大神。这便是之后从草原的大火中救出了日本武尊的神剑——草薙剑。

据《日本书纪》的记载,这把剑也被称作"天丛云剑",意思是这把剑可以呼风唤云。

勇士击退八岐大蛇的故事与希腊神话安德罗墨达(Andromeda)的故事属于同一类型。这则希腊神话讲述的是勇士珀耳修斯拯救了埃塞俄比亚国王之女安德罗墨达的故事。珀耳修斯击退的怪物是一只长有八个头的巨大海龙。故事的最后珀耳修斯迎娶安德罗墨达为妻。

而在日本的古代传说中,素戈鸣尊也与稻田姬结为了夫妇。他们将新居建造在出云的须贺,素戈鸣尊由此作了一首和歌:

> 八雲立つ出雲八重垣妻ごみに
> 八重垣作るその八重垣を
> (祥云四起,筑起八重墙,吾妻居于内。筑八重墙垣,叹八重墙垣之壮观。)

这首和歌直译成白话文便是:厚厚的云层涌起,层层叠叠围成了八重厚的垣墙,将刚迎娶的美娇妻围在了里面,这是多么雄伟壮观的八重墙垣

---

[1] 原意是风云急变,后比喻形势紧急。

啊。所以出云国的国名其实就是云涌出之意。

在中国的传说中，龙会伴着黑云或龙卷云出现并呼风唤雨。由此可见，云与龙可谓密不可分，因此也会将男女间关系亲密比喻为"雲となり竜となる"（为云为龙）。但相扑比赛中横纲在进行"土俵入り"（相扑运动员的入场仪式）时也会摆出"云龙型"，这就与男女关系无关了，这个姿势象征着伴随着云出现的龙，取其本意，表现了横纲的勇猛之姿。

故事的最后，素戈鸣尊与稻田姬一手打造了出云国；而珀耳修斯和安德罗墨达则和击退的龙一起穿越云层，成了遥远星空中的星座。

"云从龙，风从虎"这句话出自《易经》，字面意思是云会伴随龙而出，风会随从虎而行，比喻了同类事物气息相合，若君王英明，则手下自会出能臣。

然而伴云之龙与呼风之虎实为对手，双方在雾中交战。

永禄四年（1561年）九月，"越后之龙"上杉谦信与"甲斐之虎"武田信玄在信州川中岛发生激战。早晨，上杉军在浓雾中自妻女山而下，渡过雨宫渡口，突袭了武田信玄的大本营。而此时武田军派了突击队袭击妻女山，因此大本营中处于无兵状态。在战役的开始，乘雾气而来的"龙"也就是上杉军占压倒性优势，但随后"虎"的觉醒唤来了风，雾气散去，武田军一举反攻，最终战事陷入胶着状态，僵持不下。虽然突然从"记纪"的神话世界跳到了战国时代，但这次龙虎之争确实是与云关系紧密的一则史实。

此外，在日本的传统绘画中，云往往超越了距离与时间的概念。在绘卷物、屏风画以及美术工艺品的图案上都能看到不同样貌的云，能将任何时空完美消化并融入其中。相信看过这些图案后，大家会很容易产生共鸣。

"行云流水"比喻的是宛如云的运行、水的流动一般自然流畅、无所拘束的禅之境地。而"云水僧"有时也称为"云水"。

云水僧如云在天、如水在瓶般自由且自然地活着，无固定的居所，他们拜访天下名僧、探求知识、行遍山川，以此修行求道。他们一般头戴蓑笠，身穿黑衣，小腿扎着绑腿带，脚踩草鞋；脖子上挂着一个头陀袋，里面装的是修行旅途中必备的最低限度的物品，比如袈裟、剃刀以及食器等，有时他们也会在肩上多背一个袋子。自从中国兴起禅宗后，这便是重要的修行方法。但如今最初意义上的云水僧已经几乎看不到。现在人们往往把在禅寺中修行的年轻僧人称为云水僧，只能偶见"托钵行脚"的僧人。"托钵"即以手承钵，指僧人为了修行生活而化缘乞食或乞财。

云与水、云与雨密不可分。无云则不会降雨，自不会生水。而无水亦无云。所以在干燥的沙漠几乎看不见云。

日本是世界上为数不多水资源丰富的国家，一年四季都有不同程度的降雨与降雪。云的种类之多，可谓无奇不有，而变化多端的各类云朵也赋予了四季天空独特的魅力。

但最近，行云流水的大自然却变得有些异常，山间流入大海的潺潺之水断流了，到处都建起了大坝或大堰。比如，大井川因为上游建了好几座大坝，中下游流域几乎只剩石子裸露的干枯河道，宛如一条巨大的河流尸体。而这最终致使雾与云也消失不见了。

静冈县的川根町附近地区，整年都笼罩在雾气之下，所以这里能产出好喝的川根茶。如果阳光强烈，茶叶就会变脆、变硬，也就不好喝了。但如今因为雾气渐少，需要人为地给茶叶遮阳，在茶叶种植上也要多出搭盖遮阳网的费用。

大城市就更惨了，河流与道路都被水泥覆盖，大地的肌肤几乎看不到了。也就是说云和土的接触被阻断了。人们将差别悬殊比作"云泥之差"，云和土的连接依靠的正是从大地的肌肤上生成的水蒸气。

在现代大都市的高楼大厦上，人们也会看到雾蒙蒙的景象，但这绝非自然中的雾或霞，而是雾霾。即便如此，偶尔也能在林立的高楼之间看到绚烂美丽的火烧云，如此，这番景象就更显得弥足珍贵了。

第六章　太阳和月亮、星星的日本史

一　太阳神话和名月观赏

"记纪"神话中的太阳神天照大神

"女性原本是太阳"——明治四十四年（1911年），平冢雷鸟在杂志《青鞜》创刊号的卷头写下了这样一句话。

身为高天原的统治者，同时也是皇祖神的天照大神，既是太阳神，也是一名女性。

世界上无论哪个民族都流传着太阳神话并拥有太阳信仰。如果没有了太阳的光和热，那地球上所有的生命都将不复存在。自太古时代人们便知道是太阳孕育了草木鸟虫、飞禽走兽以及人类的生命。

在日本，太阳神只有"记纪"记载的神话里的天照大神。

据《日本书纪》记载，伊奘诺尊（伊邪那岐）和伊奘冉尊（伊邪那美）二神在生育了大八洲国（日本列岛）并创造了万物后，生下了天下之主，即天上世界（高天原）的统治者、日神——天照大神。

此外，据《古事记》记载，从黄泉国逃回来的伊邪那岐打算将身上的污秽洗净，在洗左眼时生下了天照大神，在洗右眼时生下了月读，在洗鼻子时生下了须佐之男命（素戋呜尊）。

太阳神与月神往往被视为一对，还时常用表里或阴阳等说法来表示，这一点在全世界的神话中是共通的。在"记纪"神话中，日神与月神分别从伊邪那岐的左、右眼诞生。而在《日本书纪》的别传中，甚至有下面这则太阳神和月神因感情不和而互不相见，所以昼夜交替出现的记载：

月读与天照大神同为天上的统治者。某天他们降临到苇原中国去视察保食神。但月读对于保食神将各种食物从嘴里拿出来供给他们一事大为震怒，于是打死了保食神。对此，天照大神十分愤怒，并决定不再与月读见面，于是夜与昼便分开而居了。

天岩户神话作为"记纪"神话中的一个高潮，广为人知。

来到高天原后，素戋鸣尊四处惹是生非。天照大神对此气愤不已，遂把自己关进了岩屋里，而整个世界也变得终日无光，甚至无法区别白天和黑夜。高天原的众神于是在天岩户外载歌载舞，希望能将天照大神吸引出来。众神为了让太阳复活，可谓绞尽了脑汁。比如，他们从天香山上挖来榊枝，并在枝头挂上了八坂琼勾玉和八咫镜，又让长鸣鸟啼叫，燃烧笼火让天钿女命跳舞，等等。天钿女命甚至还袒胸露阴地跳了舞，惹得众神大笑。天照大神被外面的动静吸引，将岩屋的门稍微开了一条缝想看个究竟。一直等待着这一刻的手力男神趁机拉开了整个门，把天照大神从里面拽了出来，于是世界又重新寻回了光明。而素戋鸣尊则被拔去了手足的指甲，从高天原放逐了出去。

甚至在东南亚和北美等地都有类似的将藏起来的太阳召唤出来的神话。在东南亚的神话故事中，日神、月神被作乱的弟弟吃掉后引发了日食和月食现象。这与描述天照大神和月读的弟弟素戋鸣尊因惹是生非而让世界陷入黑暗的"记纪"神话十分相似。

这么说来，天岩户神话或许是一则讲述日食现象的故事。但我认为并非如此。在我看来更有说服力的说法是，这个故事反映了冬至太阳力量衰弱下去时，人们为祈祷太阳复活而创造了日神祭祀的习俗。

三种神器中的两种均在这个神话故事里出现，有观点认为其中的镜子乃太阳，而勾玉为月亮的象征。故事里提到的"长鸣鸟"也就是鸡，暗示了公鸡报晓的行为。

神武东征神话与天日矛传说

上述天岩户神话中，天钿女命露出阴部跳舞其实也有特殊含义。

在古印度神话中，曙光女神乌莎斯朝向东方的天空展露了自己的裸体，为太阳的出现打开了通路。此外，乌莎斯还负责照顾太阳的孩子。

天钿女命在天岩户前露出阴部，吸引太阳神天照大神出现，而在天照大神的孙子琼琼杵尊自天而降时，天钿女命亦在猿田毗古（猿田彦）神前重复了这件事情，为太阳的子孙降临苇原中国开辟了道路。作为太阳的子孙，琼琼杵尊这时还只是个小婴儿。也就是说，天钿女命露出阴部其实是引导太阳的一种行为。原本太阳神多为男性神，如希腊神话中的阿波罗，所以进入露出身体的女神体内也算合情合理，而女神最后怀上婴儿正寓意着生殖与生产。在日本，尽管天照大神是女性神，但天钿女命的行为可视为乌莎斯神话的一种沿袭。

接下来琼琼杵尊的曾孙——神日本磐余彦，即神武天皇东征，建立了最早的大和王权。神武天皇也是古代日本最初的统治者。那时，打算攻入大和的神武军与长髓彦军展开了激烈的交战，神武天皇的兄长五濑命也在交战中丧命，而攻势一直未果。此时，他领悟到"太阳神的子孙向着太阳作战绝非好事"。然后率军迂回到纪伊和熊野，从南方进攻大和，终于将大和占领。

此时，带领神武军的是一只长有三只脚的八咫乌。据中国古代传说记载，太阳里便住着一只三足乌鸦。

据说太阳神天照大神最初被供奉在宫中，崇神天皇时被移至笠缝村，接下来的垂仁天皇时期，倭姬命侍奉太阳神巡幸伊势，并在五十铃川上建了斋宫用以祭祀。

在大和盆地上，太阳于春分和秋分时从三轮山（笠缝）升起，落于二上山。众所周知，三轮山与二上山自古便与日神祭祀相关。此外，供奉着天照大神的伊势神宫中的御神体是一面八咫镜，所以毋庸赘言，镜子是太阳的象征。

"记纪"中有关应神天皇的部分记载了新罗王子天之日矛（天日枪）渡来日本的故事。传说在很久很久以前，一位女性在阿具湖边午睡时，太阳光像彩虹一样照在了她的阴部，然后她便生下了一块红色的玉石。后来一名男子看到这块玉石，要了过来，且总将其戴在腰间。有一天，他将食物搭在牛背上向山谷里走去，半路上遇到了天日矛。天日矛本要惩罚他，他只好将身上带的红玉献给了天日矛，才讨到了生路。最后这块红玉石变成了一个美女，天日矛娶她为自己的妻子。

但随后，天日矛变得性格暴躁，责骂了妻子。他的妻子感到很委屈，便逃回了先祖的故乡——日本，并成为难波的比卖许曾神社的阿加流比卖神。天日矛追随着妻子来到了日本，辗转各地后留在了但马国的出石。他与妻子和好后生下了众多子孙，还随身带来了一件"八种神宝"（出云神社的神宝）。

这则故事与"日光感精"的传说类似，太阳让女性受孕的故事在世界各地都很常见，日本也流传着许多相似的故事。比如，让我们将时间拨转到丰臣秀吉那个时代，其母阿仲便因日轮受孕，生下了日吉丸，故事的内容刚好与前文相仿。

月满月缺与赏月

月亮是距离地球最近的天体，与太阳一道，自古以来便为人们所信奉、崇敬并深深地喜爱。不仅仅是神话传说，在诗歌和美术工艺的题材中，月亮的出现远比太阳频繁。究其原因，或许是月有阴晴圆缺，人们可以通过月亮测算月龄或日期；此外，月亮也与潮起、潮落关系密切，而这些与人们日常生活息息相关的联系使得月亮特别被人们看重。太阴历便是依照月亮的圆缺，将一个月分成二十九天至三十天，并以十二个月为一年的历法，与太阳历相比，一年要短十天左右。因此，差不多每三年会多出一个闰月（同一个月过两次）来调整月历与季节的误差。在思考或研究日本的历史及文化时，太阴历可以说是至关重要的。自明治五年（1872 年）十二月三日（这一天被定为明治六年一月一日），日本彻底改用太阳历之前，日本人使用的正是太阴历。

从一个新月（农历的每月初一）到下一个新月为一整个月，自新月后的第三天开始，傍晚时分能在西面天空中看到月亮，所以那一天的月亮也被称为"三日月"（蛾眉月）。每月第一天是从三日月往回推两天，所以也叫"朔日"。自三日月开始，经过包括上弦的"弓张月"（上弦月）在内的十三个夜晚，便到了"十五夜"（阴历每月十五日晚），在日本也叫"望月"，也是自这一天起，月亮又渐渐开始缺下去。在日语中十六日的月亮叫作"十六夜"，十七日的月亮叫作"立待月"，十八日的叫"居待月"，十九日的叫"寝待月"（或卧待月），二十日的叫"更待月"，二十一日以后，天亮后还可见于天空的月亮则叫作"有明月"。此外，在十九夜和二十三夜，人们为了看月出，还会在夜晚聚集起来举办"月待"的活动。于二十三夜时举办的"三夜讲"活动在江户时代时甚是流行，日本各地都还保留有"二十三夜塔"。

新月与满月时往往是大潮之日，潮水的涨落幅度最大。《万叶集》中有一首额田王的和歌，便是咏诵此景：

熟田津に船乗りせむと月待てば
潮もかなひぬ今は漕ぎいでな
（熟田津乘船待月，未涨潮则船不行。）

通过这首和歌，我们也能对古代人的航行方式有一定的了解，那时的人们平时将船停在浅滩之上，待满潮时再划船驶向大海。

近代以前的历史书和文学作品中出现的日期因为与月亮的圆缺一致，所以很容易理解。比如，"三日"时傍晚便会出现"三日月"，十五日则是满月之夜。又如，赤穗浪士杀进吉良家的那日为元禄十五年十二月十四日（1703 年 1 月 30 日），是望月的前一天，月相接近满月，因此便于夜间行动。顺便一提，江户地区的那一晚其实是晴天。歌舞伎等表演进行至这一场景时会飘起雪花，这纯粹是为了达到舞台效果，并非史实。

在夜晚的照明手段极其匮乏的古代，月光便是夜间行动时最主要的光源。若是阴天或雨天等看不见月亮的夜晚，周围可谓一片漆黑，能够出来活动的估计只有魑魅魍魉了，人类只能睡觉。松尾芭蕉的"名月や池をめぐりて夜もすがら"（月明堪久赏，终夜绕清池）也正因是在月夜才能有此行动。如果是黑漆漆的无月之夜，那估计也只能回家蒙头大睡了。

此外，《百人一首》中还收录了紫式部的一首和歌。

めぐりあひて見しやそれともわかぬまに
雲隠れにし夜半の月かげ（月かな）

　　　　　　　　　　　　　　　　　　花鸟风月日本史

（久别偶逢喜在心，端详未尽又分离。一如夜半高空月，甫见急速如密云。）

这首歌原本收录在《新古今和歌集》中，据说本来描写了许久未见的儿时好友来拜访自己，却未能好好叙旧对方便回去了的情景。但整首读下来，给人的感觉似是讲述爱恋的和歌，描写的应是与许久未见的恋人的短暂重逢令女子感到十分不舍与遗憾。过去，男性趁着夜色潜入女方家中的"妻问婚"（访妻婚）时代，月光便是照亮爱恋之路的重要路标。

那么，日本人到底是从什么时候开始赏月的呢？在《源氏物语·须磨》中有一段描述：八月十五日，皎月挂于夜空之时，源氏想起了宫中笙歌乐舞的盛宴，于是吟诵道："两千里外故人心。"这是一段源氏思念所爱之人的场景。

源氏吟诵的这一句其实出自《和汉朗诵集》中收录的白居易诗作《八月十五日夜禁中独直，对月忆元九》中，"三五夜中新月色，二千里外故人心"一句。"三五"便是十五，所以该诗描绘的正是十五夜发生的事情。看着刚刚升起的月光，诗人思念着远在两千里外的友人。从《源氏物语》的这些细节中我们也能看出，紫式部确实是一位精通古典汉籍的文人，并且也知晓早在平安时期，日本人就已开始在八月十五日晚赏月并演奏丝竹管弦、摆设酒宴了。

八月也就是"叶月"，别称"月见月"，在中国，阴历八月十五日被称作"中秋"。可以说日本的中秋赏月之风是受到了中国唐代，特别是白居易诗歌的影响。

按照现在的阳历历法来算，中秋差不多在九月中旬。

辉夜姬与望月的忧愁心

平安时代的《竹取物语》因描写了月亮上的另一个世界的故事而广为人知。

一位伐竹翁在竹子中发现了一个小女孩，并为她起名为"辉夜姬"。伐竹翁对辉夜姬疼爱有加，将其抚养长大。后来，辉夜姬长成了一名亭亭玉立的少女。她总是望着月亮陷入沉思。听闻辉夜姬长得美丽动人，五个贵公子前来提亲，但都被辉夜姬拒绝了。因为她是月亮世界的人，一旦长大成人，必须回到月亮上去，这是她的宿命。最终在一个满月的夜晚，辉夜姬升天，回到了月亮上。

日本人认为月亮上有都城和宫殿，里面住着高贵之人，这种思想其实源自中国，与《竹取物语》同一类型的故事广泛分布在以中国为首的东亚各国。关于《竹取物语》在日本的起源，有诸多研究和考证，但对这些学术上的研究，我们在此不做过多评论。这则让人们对月亮上的另一个世界浮想联翩的童话故事，历经千年的历史，依旧能在孩子们心中培养出对月亮的幻想。但如今人类已经成功登月，将原本在地球上看不到的月亮的另一面展露了出来。月球只是一个没有空气和水，也拒绝生命存在的荒凉而死寂的世界……

虽然科学的发达和文明的进步肯定为人类带来了繁荣与某种意义上的幸福，但我也希望大家能正视一个问题，伴随着科学与文明的发展，我们本应珍重的内心遗产却渐渐地被丢弃和遗忘。

我们再将话题转回月亮本身。月亮上的暗斑自古以来就激发着人们的想象力。在日本，人们将这些暗斑看成是兔子拿着杵在捣年糕。据说，认为月亮上有兔子的这种观念以中国为首，在印度、蒙古、中美洲等地区也存在。日本应该是受到了中国的影响吧。

确实，望着月亮上的暗斑，有时真感觉有点像一只兔子在捣年糕。但独自一人望月时，虽然自己并非辉夜姬，却总会涌起悲伤或忧愁，这种情感绝非欢快喜悦之情。

月見ればちぢに物こそ悲しけれ
我が身ひとつの秋にはあらねど
（仰望明月照四方，心头处处尽忧伤。非缘己因秋来冷，只因秋来天下凉。）

以上是收录于《古今和歌集》和《百人一首》中，出自大江千里的一首和歌。其大意是望着秋天的月亮，心中思绪万千，总是莫名感到忧伤，原因并不在自身，因为秋天并不仅仅造访自己一人。

还有一首同样收录在《古今和歌集》和《百人一首》中的阿倍仲麻吕的和歌。

天の原ふりさけ見れば春日なる
三笠の山に出でし月かも
（辽阔长天玉镜升，仰首遥望动乡情。犹是当年春日月，曾在三笠上顶明。）

阿倍仲麻吕当年作为留学生入唐，在中国加官晋爵、声名远扬，最终却没能回到故土，在异乡逝世。这首绝美的和歌咏诵了诗人仰望夜空，看到月亮散发美丽的光辉，想着眼前看到的这轮明月是否与那年春天在三笠山看到的是同一个。该歌表达了其浓浓的思乡之情。

清少纳言的《枕草子》中也有描写月亮的文字，当时她看到了早晨还挂在东山山顶，但正在渐渐消失的一轮细细的有明月，觉得颇有意境，便将所见之景写了下来。

如此说来，即便人类乘坐宇宙飞船到达了月球表面，我们在地球上看到的月色与千百年前之所见也并无差异。这么一想，是不是立刻就想找一个山间隐蔽的温泉，一边泡温泉一边欣赏秋夜的美丽月色了呢？

二 七夕传说与北斗星

夜空中闪耀的星座与星星的传说

自太古时代起，我们的祖先就抬头仰望着装点夜空的无数星星。"无数"这个词名副其实。人们在形容数量极多、无法计算时，也往往用星星来比喻，比如"星の数ほど"（如星星的数量那般）、"綺羅星のごとく"（如璀璨的繁星）等说法。

海边的沙子看起来也是不计其数，但其实仍有一定的量，而星星却是真正意义上的"无数"。自伽利略发明望远镜以来，星星的数量就一直在增加。不论人们发明了多么先进的大型望远镜，在遥远的星空那头总会出现更广阔的星空，永远也望不到头。

说到海边的沙子，在奄美大岛和冲绳等地海边，有一种星星形状的沙子，被人们称为"星砂"。实际上它们并非真正的沙，而是附着在珊瑚上面的根足虫类原生动物的壳。在这些"星砂"直径 1.5 毫米的本体上，还有六根呈放射状分布的刺，使它们的整体形状宛如一颗颗极其微小的星星。

虽然星星是数不清的，但古代人早就注意到它们在夜空中是按一定的法则运行。人们将星辰的位置和运行法则与季节的变化结合，由此确定了方位角。人们还认为星星能够影响森罗万象，左右人的命运，于是衍生出了天文与历法。

此外，人们将星辰的排列与身边的动物或道具等联系在一起，将其图形化，研究出了星座，并为星座谱写了故事，这就是我们看到的希腊神话中星星的传说。

现在我们所知道的星座原型早在公元前三千年左右，就已在古代美索不达米亚地区由游牧民族迦勒底人创造出来了。在公元前七世纪的亚述，已经有了关于黄道十二星座、北天十二星座、南天十二星座共计三十六个星座的记录。

将这些古代巴比伦帝国的天文知识传入希腊的是腓尼基人。在古希腊大诗人荷马的作品中也出现了大熊星座、猎户座和牧夫座。到了二世纪，人们根据希腊天文学家克罗狄斯·托勒密（Claudius Ptolemy）的著作《天文学大成》确定了三十八个星座。到了今天，人们已经把天空分成了八十八个星座。

如今，作为希腊神话而为人所熟知的星之神话大多是根据古罗马诗人奥维德的叙事诗《变形记》而来。

但传入日本的星座却与欧洲的完全不是一个体系，而是中国的星座。中国的这套星座体系始于公元前八世纪至公元前五世纪的春秋时代，成立于公元前五世纪至公元前三世纪的战国时代，但当时多用以表示王朝制度或官职名，并未普及到百姓阶层。据司马迁《史记·天官书》的记载，那时朝中将星座与官阶对应，北极星为中宫，并将二十八宿以东、西、南、北四方为基准，各分七宿。承袭了《天官书》的《汉书·天文志》中记录有一百一十八个星官与七百八十三颗星。

日本将皇宫里的公卿和"殿上人"[1]称为"星位"或"云上人"，也

---

[1] 古时日本宫廷中准许上殿之人。

　　　　　　　　　　　　　　　　　　　　　花鸟风月日本史

是受了中国天文星座的影响。

传承自中国的星座在日本一直被使用至近代末期，到了明治以后，却被迅速遗忘。时至今日，日本广泛使用的都是近代以后从西洋传来的星座理论。

七夕的牵牛星与织女星

银河，是宇宙边际的一个涡状星系。在晴朗的夜晚，夜空中会挂着一条浅浅的乳白色带状星群。自古以来，世界各地诸多民族都将银河看作天上的河川。古埃及将银河称为"天上的尼罗河"，古巴比伦则将银河称为"天上的幼发拉底河"。银河在中国又被称为"天河""天汉"或"银汉"，日本继承了中国的说法，将银河叫作"天之川"。

希腊神话中，当赫拉克勒斯还是婴儿时，由于吸吮母亲赫拉的乳头时过分用力，奶汁溅洒在天空，形成了银河。而这也是英语中"The Milky Way"的由来。在希腊神话中，众神聚集的奥林波斯宫殿也称为"银色之道"。

此外，还有不少民族认为银河是死者的灵魂升入天堂时的通路。瑞典人将银河称为"冬之道"，美国原住民则称其为"灵魂之路"。芬兰人称其为"鸟之道"，他们认为鸟会将死者的灵魂带入天堂。

直到 1609 年人们才知道，原来银河是由无数星星组成的。伽利略用自己发明的望远镜发现了这一事实。

那么，我们接着回到流传在日本的与银河有关的故事上来。

天の川楫の音聞こゆ彦星と

織女と今夕あふらしも

（桨击银河水，闻声恋意浓，牛郎同织女，今夕喜相逢。）

——《万叶集》卷十

与银河紧密相关的牛郎与织女之七夕传说令万叶人深受感动。仅在《万叶集》卷十的《秋杂歌》这一部分就有九十八首七夕的和歌。若算上其他部分与七夕相关的和歌，总数达到了一百三十二首。

那么，让我们看看起源自中国的七夕传说到底是一个怎样的故事。

织女乃天帝的女儿，住在天河之东，她年复一年、日复一日地在织布机上劳作，织出锦绣天衣。天帝可怜她独自生活，准许她嫁给天河西边的牛郎。但织女因十分享受与牛郎的快乐生活而荒废了纺织的工作。对此，天帝大为震怒，责令她回到天河东边，只许他们夫妻二人每年七月七日这天相会一次。每年到了相会之日的夜晚，织女都会乘坐华丽的车，渡过由喜鹊架起的鹊桥，去见夫君牛郎。

在中国的传说中，渡过天河的是织女。但在日本的传说中，是牛郎划船渡河去见织女。这是因为古时候，日本有一种"妻问婚"的婚姻形态，便采取了男方夜晚来到女方家度过的形式。

此外，牵牛星在日本被称为"彦星"或"犬饲星"，在西洋的星座中，相当于天鹰星座中的首星，即"天鹰座 α"（Altair）。而织女星也被叫作"七夕星"或"织姬星"，在西洋的星座中，是天琴座中的首星"天琴座 α"（Vega）。

日语中的"たなばた"（七夕）其实来自"棚機"一词，而这个词的意思便是织布，或织布的女性。

之所以这个词后来写作"七夕"，则与源自中国的乞巧习俗有关。乞巧，意为乞求智巧，即女子向上天祈求，自己的缝纫技术能得到提高。乞巧节于每年牛郎和织女相会的七月七日晚举行，女子会向星星祈祷，希望自己的手艺得到提高，后来人们还会在这一天祈求富贵、长寿等。这种习俗后来传入日本，最终成了在宫中举行的七夕节会。在这一天，日本的王公贵族会以七夕传说为题创作诗歌。

渐渐地七夕与乞巧节的习俗融合在一起，形成了现今日本的"七夕祭"。

自古以来，日本就将女性织布看作是一件神圣的事情。《古事记》《日本书纪》中便记录有天照大神在"机殿"（亦作斋服殿、忌服屋）织"神御衣"（众神穿着的服装）的故事。

《百人一首》中收录了大伴家持的这样一首和歌：

鹊の渡せる橋におく霜の
白きを見れば夜ぞふけにける

（宫阶若鹊桥，秋霜满地飘茫茫白一片，寒夜正迢迢。）

这首和歌原本收录于《新古今和歌集》的第六卷。此和歌没有题目，所以取名《无题》。虽然这首和歌中的鹊桥毋庸置疑与七夕传说有关，但对这首和歌的解读却是众说纷纭。

有人将其解读为大伴家持将云上人宫殿里的台阶比作了架在天川上的桥，所以称其为"鹊桥"，认为这首和歌咏诵的是冬天宫中的夜景。但也有人认为这是诗人抬头仰望冬季夜空时的有感而发。总之，对于这首和歌的解读，目前尚未达成定论，但如果从鹊桥是男女相会时脚下的那座桥这个角度来解读的话，大伴家持的这首和歌也可能咏诵的是爱情。

不论这座桥是虚构的还是真实存在的，我们都可以从这首和歌中读出男子"想要赶紧见到所爱之人，但却不知何时霜降满地夜更深"的情感，或是女子想着"今晚情郎会为我而来，但等着等着却等来了霜降夜深"的心情，这样的理解不是更为动人且耐人寻味吗？像这首和歌这般，男性诗人咏诵女性感情、思绪的例子并不在少数。

七夕祭至今仍在日本各地盛行。现在我们常见的七月七日当天将长条诗笺挂在竹子上的习俗其实始于江户时代。这是因为江户时代起，七夕开始作为五大节日之一而在民间盛行开来。这一天夜晚，人们会在庭院里摆放好供品，然后在竹叶上绑上五彩的长条诗笺，以祈祷子女的学问或手艺提高。此后，将向星星托愿的和歌或俳句等写在长条诗笺上这种极富情趣的民间习俗便一直流传至今。最后为大家奉上一首正冈子规的俳句：

うれしさや七夕竹の中を行く

（喜又上眉梢，七夕夜五彩竹林中，穿行而过之。）

北斗七星、不动之星——北极星、妙见信仰

在"记纪"神话中，除去有关太阳神天照大神和将月亮神格化的月读尊以外，几乎甚少见到有关星星的记载。"记纪"中仅见"天津瓮星"出场，但却被描写成高天原的一个恶神，在对抗众神之后被诛杀。至今我们依然不明白这个"天津瓮星"到底意味着什么。江户后期的日本国学家平田笃胤在其著作《古史传》中曾表示，"天津瓮星"应为太白或长庚（均为初更时的明星，即金星）神话化后的名字。

此外，日语中极少见到星星的名称，几乎都沿用了源于中国的名称。但其中"昴"（すばる）这一称谓确实是纯粹的日本名称。早在源顺的《和名抄》中就已经记载有"昴星"这个说法了。金牛座中的疏散星团

"Pleiades"便是指昴星团了，因为肉眼仅能看到其中六颗星，所以昴星团也被称为"六连星"。

日本人最为熟悉的星星应该是北斗星和北极星（亦作北辰）。

北斗星在日语中也被叫作"北斗七星""七曜星"或"七つ星"，是闪耀在天空北面的斗形星座。因其在斗身的位置有四颗星，而在斗柄的位置有三颗星，有时也称之为"四三星"。属于濑户内伊予水军之一的能岛家的《日和见样》便记载道，"四三星，以一星（北极星）用，于船中可知方位"，可见对于航海而言，北斗星是可以视作指路针的重要星星。

而在中国，北斗七星按照顺序依次是天枢、天璇、天玑、天权、玉衡、开阳、摇光。古时候，人们会根据斗柄的指向来观测时刻或判定季节。甚至在道教中，北斗星与北极星被视为掌管人类寿夭祸福的神灵，由此逐渐发展出了北辰北斗信仰。这种信仰认为人的命运已被出生那一年的干支所决定，并受北斗中的本命星支配。而斗柄最前端的"摇光"也被称为"破军星"，它的日本名称是"剑先星"。

北辰（北极星）在肉眼看来是一颗不动的恒星。它总是处在天空中的同一个位置，以北斗星为首的星座以它为中心转动。所以北辰自古以来就是人们判断正北方向的一颗重要的星星。但由于天上北极的位置在一点点地发生变动，所以北极星其实在进行不明显的位移。关于这一点，日本的渔夫早已注意到，但人们大多仍将北极星看作是一颗固定不动的星星。

幕府末期，千叶周作在神田玉池开设了剑道场，并成为北辰一刀流的创始人，其流派的名字便源自"永远在北方天空闪耀的星辰"。

北辰和北斗经常被混为一谈。佛教中，妙见菩萨被视为北辰北斗的神佛，日本各地都建有妙见堂。平安时代以后，与北辰北斗信仰融为一体的妙见信仰开始流行。中世纪时，北斗的第七颗星因在道教中被称作"破军星"，所以被人们视为武士的守护神，并被千叶氏、相马氏以及大内氏等地方豪族奉为信仰。妙见信仰随后又与日莲宗相结合，成为江户时期江户地区人民热衷的信仰。

北辰与北斗在西洋的星座中属于小熊座与大熊座，小熊座的 α 星为北极星，而大熊座的七星即北斗七星。

"夜这星"与"西乡星"

清少纳言在《枕草子》中写道："星中昴星、彦星、夕星为最佳。夜这星亦有些趣味。"其中昴星和彦星在上一节已经讲过了。这里的"夕星"指的是初更的明星——金星。而"夜这星"即指流星，也可以用来指"妻问婚"中每晚来到女方家中的男性。

英国的语言学家巴塞尔·霍尔·张伯伦为明治时期日本的语言学研究打下了基础，他发现日本人很少为星星起日文名字，并认为这或许与日本是农耕民族，人们白天下地干活，到了晚上就早早入睡，所以以前的人们并不是很关心星星有关。但事实并非如此，因为过去一到晚上，男人就要赶紧前往妻子或恋人家中。

此外，歌舞伎中还有一首叫作《流星》的剧目，这首曲目原名为《夜这星》，于安政六年（1859 年）在江户的歌舞伎剧场市村座首次演出。这出曲目分为"日""月""星"三部分，"星"便是人们所说的"夜这星"。但到了明治末年，人们认为这个名字有些低俗，便改成了"流星"。剧目讲述了七夕的夜晚，牛郎与织女相会时，流星前来报告了雷夫妇吵架一事。据说故事的原型低俗不堪。

虽说古时候的日本人几乎没怎么创作有关星星的神话或传说，但有关火星的故事却流传下来很多。在《扶桑略记》和《圣德太子传历》中，便出现了与太子有关的"荧惑星"（火星）传说。传言明治时期，火星在整个日本引发了一场大骚动。

明治十年（1877年）九月，火星曾接近地球，那时正是西南战争最为激烈的时候。很多老百姓怀揣着不安与对西乡隆盛或多或少的期待，紧张地关注着战况。那时不知何人突然开始将又红又亮的火星称为"西乡星"，于是这个名字瞬时便尽人皆知。还有人声称在红色的火光中看到了身穿陆军大将军服的西乡隆盛。同时，距离火星很近的土星被人们比作西乡的参谋桐野利秋，因此把土星叫作"桐野星"。那时的人们以此创作出了多种彩色版画，都成了当时的畅销作品。

最终在西南战争中惨败的西乡隆盛于城山自刎，而桐野利秋则战死沙场。即便打了败仗，西乡隆盛的人气依旧不减，甚至渐渐传出了在城山死去的是替身，真正的西乡隆盛已经逃到了俄罗斯，以待时机东山再起这一不死英雄之传说。

不论传说的真相如何，在日语中确实有很多以星星作比喻的说法。图形中除了星形，连小圆点在日语中也被称为"星"。不仅限于黑、白两色小圆点，许多身上带斑点的鸟、鱼、虫的名字中亦含有"星"字，比如"星鸦"（星鸦）、"星羽白"（红头潜鸭）、"星鲽"（圆斑星鲽）、"星天道虫"（星瓢虫），等等。白色的圆形为白星，在相扑中被认为是象征吉利的胜利之星。虽然在相扑中黑星意味着失败，但靶子的黑色中心圆也叫黑星，所以黑星也有完美命中目标之意。此外，围棋棋盘中也有星，中央的是"天元星"，与周围的八颗星合称为"星目"。

日语中，嫌犯也叫作"星"。若嫌疑人大致有了目标或眉目，便会说"目星"（めぼし），而"星を挙げる"指的是将犯人捉拿归案。

那么，我们再回到夜空的话题来结束这一章吧。在现代社会，由于人工照明过多，已经很难观察到星星了。有时我真希望能在空气清新的山间或海边，抬头静静地仰望繁星一闪一闪发光的夜空。

最后，为大家奉上一首松尾芭蕉的俳句。

荒海や佐渡に横たふ天の川

（荒海掀巨浪，遥望佐渡夜当空，银河横长天。）

第七章　雨和雪的日本史

一 四季的雨和梅雨

从早春之雨到五月雨

日本亦是一个雨之国，不同季节下着不同的雨。

日本是一个四季景致各异的国家，它之所以能成为一个美丽的国度，与雨水的恩惠是分不开的。春、夏、秋、冬，形形色色的雨滋润着大地，孕育出了多姿多彩的自然风光。

同时，对于作为农耕民族的日本来说，人们以种稻子为主要农业生产，因此雨水也是必不可缺的。

此外，因左右了战争的胜败而留名青史的雨也不在少数。

日本人将四季之雨写进了诗歌里，画进了绘画中，描写进了各种传说、物语中。表示"雨"的日语语词颇多，不下百个。并且还有很多相关的俚语、谚语、俗语以及比喻等。

春天，一株株小草开出了一个个小花苞，树木开始发出嫩绿的新芽，这时细雨也静静落下。这时候的雨统称为"春雨"，且多数为"地雨"。"地雨"指的是淅淅沥沥下着的雨。而淅淅沥沥的雨如果一会儿下一会儿停，持续好几天的话，就会被称为"霖雨"。持续时间较久的春雨叫作"春霖"，秋天的叫"秋霖"，而"春霖"在日语中也被称为"菜种梅雨"。

此外，春雨还有许多富有春意的名字，比如"木の芽おこし"（字面意思为树发芽）、"木芽雨"、"桜ながし"（樱流）、"花雨"等。

"时雨"原本指初冬时节时断时续的雨，但春天的阵雨也被称为"春时雨"或"春骤雨"。春时雨下起来的时候，往往伴随着春雷的轰鸣，而雨停后经常能看到天边挂起一道彩虹。这时的彩虹不似夏天的彩虹那么持久，颜色淡淡的，往往很快就消失了，但因为这番景象总能让人切实地感受到春天的气息，所以留给人的印象极其深刻。

春雨很容易让人联想到佳人。日语中的"雨を帯びたる桃李"，或"雨を帯びたる桃桜"原本是用来形容桃花、李花或樱花被春雨打湿后的娇俏可爱模样，后来也用来形容美丽动人的女性。这种说法原本出自《长恨歌》中"梨花一枝春带雨"这句诗，在《宴曲集》这本日本歌谣集中也有"杨贵妃，其容貌如带雨花枝"的描述。此外，人们还将美人忧愁的面庞形容为"雨にしおれし海棠の花"（被雨打蔫的海棠花）。

松尾芭蕉便将中国春秋时代传说中的美女西施比作了雨中的合欢花。

象潟や雨に西施がねぶの花

（象潟湖边雨中合欢，如西施婷立软雨中。）

——《奥之细道》

但这里所写的雨其实并非春雨，而是夏天的雨。

夏天的雨中最具代表性的便是梅雨。春雨时节与梅雨时节之间的一段时期所降的霖雨在日语中叫作"卯の花腐し"（字面意思为让卯花腐衰）。阴历四月的别称为"卯花月"，这个"卯花腐"指的便是此时降下的连绵不断的雨。

"卯花腐"结束后，会有一段时间的好天气。但在正式进入梅雨季节前，宛如梅雨的前兆一般，又会出现连续好几天的淫雨天，这在日语中被称为"走り梅雨"（字面意思为先锋梅雨）。当打头阵的"走り梅雨"过后，便是正式的梅雨了。

不信祈雨的平清盛与虎雨

梅雨是阴历五月下的持续时间很长的雨，也叫"五月雨"或"梅霖"。作为二十四节气之一的芒种（相当于阳历六月五日前后）是阴历五月的节气，芒种之后的壬日（阳历六月十日后）便入梅了；而阴历五月的另一个节气夏至过了以后，就迎来了阴历六月的第一个节气——小暑（阳历七月七日前后），小暑后的壬日便出梅了。按照现在的日历来看，大约是从立春（二十四节气之初，二月四日前后）开始，到全年的第一百三十五天（六月十一、十二日左右）时入梅，入梅后的约三十天的时间为梅雨天。

气象上的梅雨季每年都有变动，并不固定。此外，梅雨是中国长江中下游流域和日本（北海道除外）特有的霖雨。由于发生在梅子成熟的季节，所以也叫"梅子雨"；而这个季节雨水多、空气潮湿，很容易滋生霉菌，因此梅雨也被叫作"霉雨"。

梅雨对于大自然的重要性不必多说，对于农作物而言也是不可或缺的。进入梅雨季节时正好是插秧的时节，原本就是热带水生植物的稻此时会深深地扎根于土壤，然后在之后的酷暑艳阳中努力地生长，最后结出稻穗。"空梅雨"或者"旱梅雨"指的是雨水少的梅雨季节，这时便无法插秧。即便好不容易插好了秧，在干枯缺水的农田里，稻子也无法扎根，最终稻苗枯死，整片农田颗粒无收。

虽然人们也很担心雨下得过量而引发洪水，但在担心洪水之前，人们更为忧虑的还是不下雨就种不了庄稼。正因如此，祈雨对于农民来说是一项重要的习俗，饱含了人们真诚而迫切的愿望。

祈雨舞作为民俗艺术的一种，在日本各地均有流传，跳祈雨舞的时候往往要伴着太鼓或钲的激烈敲打声。鼓声大作是为了模仿打雷的情景，以此来唤雨。此外，为了祈雨人们还会跳起"念佛舞"等舞蹈，这些舞蹈则是以驱除带来烈日的邪灵为目的。

除了舞蹈外，还有许多其他形式的祈雨仪式。比如，人们会在山上堆好柴火，点燃柴火堆来祈求风调雨顺，这样做是因为人们认为柴火燃烧后升起的烟很像天空中的乌云，而乌云往往会带来雨水。此外，古时候人们认为世界上存在掌管雨水的水神或龙神，所以也会将贡品沉入水神或龙神居住的仙池里，以此来向神仙许愿。请僧人或巫术师作法来祈祷降雨的形式也一度十分盛行。但无论人们采取何种形式求雨，依然无法避免干旱来袭。不过，干旱之后也总会迎来降雨的那一天。

在平安时代末期，就已经出现了这样一个人，他抓住了自然界的规律而不相信那些民间信仰或迷信之说，是一个理性主义者。他便是平清盛。

某年，插秧时节临近但天公不作美，一直不下雨，老百姓为此十分苦恼。这时，一位名叫澄宪的僧人在祈雨后天降大雨，于是人们纷纷赞扬澄宪。但是平清盛却嘲笑道："到了五月该下雨的时候，太阳自然就躲起来了，然后就会下雨。病人到了该痊愈的时候病总会好。大家认为降雨是澄宪的功劳，这就与正好快痊愈时为病人看了病的医生被捧成名医一样，太愚蠢了。"

平清盛打破了摄关政治*，是掀开了中世纪幕布的先驱者。他以坚定的理性主义和实力至上主义，向以传统和门阀为尊、以贵族为中心的古代

---

* 平安时代的藤原北家为了掌权，以摄政或关白的职位辅佐天皇，这种摄政形式即摄关政治。平清盛在当时以非凡的才能和强悍的政治手腕，令伊势平家一系压过了源氏，盛极一时，建立了日本历史上空前的武士家族政权。

社会的惯例发起了挑战并成功登顶。他通过与中国宋朝的贸易稳定了国家经济，建立了新的首都，并试图创造出新的国家体制，他的诸多思想与理念都领先于那个时代，是名垂青史的一代枭雄。

在久旱之后，人们终于盼来的雨也被称为"喜雨"，这雨是令草木顷刻间焕然一新、重获生机的旱天"慈雨"。

在梅雨中期，阴历五月二十八日下的雨被称为"虎雨"，也叫"虎泪雨"或"曾我雨"等。

建久四年（1193年）五月二十八日，源赖朝在富士山围猎时，曾我十郎祐成与五郎时致兄弟二人趁机讨伐了父亲的敌人工藤祐经，为父报了仇。但兄长十郎却战死，弟弟五郎被捉住后遭斩首。以这一事件为原型创作的剧目广泛出现在能乐、幸若舞、净琉璃、歌舞伎等多种日本传统艺术形式中，这些剧目统称"曾我物"系列。

据说，五月二十八日下的那场雨是大矶的妓女、十郎祐成的情人——虎御前的眼泪。所以在近代之前，"曾我物"的故事广为流传的时期，"虎雨"的名字也是家喻户晓。

在"妻问婚"的时代，一到晚上，男人就要赶紧去往妻子或恋人家中过夜。但若赶上梅雨季节，则往往不遂人愿了，辗转难眠的夏季夜晚实在是不好打发。在《源氏物语》的《帚木》一卷中便描写了夏季夜晚，光源氏与他人东扯西聊、打发时间的场景，被称作"雨夜的品定"。之后，人们便将雨下个不停之时打发时间的杂谈称为"雨夜物语"。

"虎雨"过后，终于要出梅了，但天气时不时仍是淫雨绵绵的模样。这在日语中被称为"送梅雨"或"戾梅雨"。

盛夏的傍晚等时间段所降的"村雨"（阵雨）被称为"夕立"或"白雨"。"村雨"与淅淅沥沥下个不停的淫雨相对，用来形容短时间内哗哗下起来的骤雨。在日语中也会写作"丛雨"或"群雨"。

此外，不仅仅是夏天，其他季节有时也会出现太阳当空却下着雨的现象。这种天气在日语中被称作"狐の嫁入り"（字面意思为狐狸嫁人，即太阳雨）。而"狐の嫁入り"这个词在日语中也可以指在夜晚的山野远远看到的磷火。

晴天娃娃、蓑笠与秋冬之雨

到了盛夏的季节，有时梅雨却淅淅沥沥、没完没了。如果一直不出梅，那么这一年的稻子很难结出稻穗。这时，人们就会想方设法驱走让雨降下来的恶灵，祈求太阳快快出现。

祈求老天出太阳的习俗延续至今，其中一种做法便是制作"てるてる坊主"（晴天娃娃），在西日本晴天娃娃也被叫作"日和坊主"。这一传统据说始于江户时代，人们用一块白布做出圆圆的头和身子，而眼睛、鼻子和嘴暂时先不画，然后将这个人形小娃娃挂在屋前，祈求雨过天晴。仿佛是祈祷晴天的咒语一样，直至今日孩子们依旧会唱起那句"てるてる坊主、てる坊主、あした天気になあーれ"（大意是：晴天娃娃、晴天娃娃，请让明天是个好天气）。如果天真的放晴了，人们就会给晴天娃娃画上眼睛、鼻子和嘴。

下雨天出门，雨具是必不可少的。在竹子做的骨架上糊上一层油纸的"蛇目伞"或"番伞"于江户时代流行起来。明治初期，"蝙蝠伞"（金属骨架的防雨布伞）传入日本。日本的和伞在昭和三十年代前后突然不再流行，时至今日已变得极为少见，但蝙蝠伞依旧为人们广泛使用。

在十六世纪的战国时代，由葡萄牙人带到日本来的雨衣被叫作"合羽"（かっぱ）。大部分合羽主要用呢子和木棉制成，也有用涂了桐油的和纸制作而成的"纸合羽"。中世纪的贵族会将涂了油层的白绢制成的雨衣套在

衣服外面来挡雨。而修行者等则会在雨天穿上被叫作"雨皮"（あまかわ）或"油单"（ゆたん）的油纸做的雨衣。

历史上最大众化的雨具当属古时候老百姓最爱用的蓑笠了。"蓑"是用茅草、苔草或是麦秆、棕榈叶等编成的。干燥的蓑衣十分轻便，而且通风效果极佳。下雨的时候，蓑衣能够充分吸收水分膨胀起来，但雨水却不会渗透到内侧。而"笠"则是用灯芯草或竹叶等编成的戴在头上的防雨或防晒用具，时至今日，"笠"被制作成各种样式，渐渐成为爱美人士的时尚单品。

随着夏天的结束，秋天悄然而至。阴历八月十五日的满月是仲秋时节的代表性景观。这一夜，如果有雾而看不到明亮的满月的话，便称为"无月"。"无月"的这一晚若是下了雨，便叫作"雨月"或"雨夜月"。

进入秋天以后，连绵的阴雨被称为"秋霖"或"秋雨"，甚至有时还叫作"秋霖人"。

"村雨"在上文为大家解释过，指的是骤降的阵雨，如果单说这个词，一般指的都是秋季的阵雨。

　　　庭草にむらさめ降りて蟋蟀の

　　　鳴く声聞えば秋づきにけり

　　　（骤雨哗哗落庭草，蟋蟀声声啼不停，闻声才觉秋已至。）

　　　　　　　　　　　　　　　　　　　——《万叶集》卷十

　　　むらさめの露もまだ乾ぬ槇の葉に

　　　霧立ちのぼる秋の夕暮

　　　（骤雨初歇村似画，蒙蒙夕雾满秋山。）

　　　　　　　　　　　　——寂莲法师，《新古今和歌集》卷五

此后便刮起了秋末冬初的寒风，一丝彻骨的寒冷预示着冬季的来临。从晚秋到初冬会下起"初时雨"，这雨也早早地带来了冬天的冰寒。

"时雨"原本是指冬初时节，突然噼里啪啦下起来的雨，这个说法也经常被用在比喻之中。比如，"时雨心地"这个词既可以用来指看似要下雨的天空的样子，也可以形容快要潸然泪下的心境。"川音时雨"这个词则将河流的流水声比作了下雨的声音。"松风时雨"与"木叶时雨"也同样，是松籁或被风吹得沙沙作响的树叶的别称。类似的还有"蝉时雨"和"虫时雨"这样的说法。此外，日本还有一首叫作《刷刷时雨》（『さんさ時雨』）的民谣，"さんさ"是一个伴奏词，原本是形容下雨声的拟声词。

"时雨"是冬季这个迎来"死亡"的季节降下的雨。它总是不知何时便簌簌地下起来，又在不经意间就停了，可以说是无常之雨。也因此时雨便被人们视作了人生的象征。《新古今和歌集》卷六中，有二条院赞岐的这样一首和歌：

世にふるは苦しきものを槇の屋に
やすくも過ぐる初時雨かな

（世间无常苦痛多，冬夜槇屋思万千，偏巧初时雨纷落。）

由此可见，诗人正是用时雨咏诵了无常的人世。

《新选莵玖波集》中饭尾宗祇的俳句"时光荏苒销，谁不是寄宿于世？若骤雨一般"（世にふるもさらに時雨の宿りかな），便是仿照上面那首二条院赞岐的和歌而作。而后松尾芭蕉在此基础上又创作出了"时光荏苒销，吾亦如宗祇那般，生死漂泊哉"（世にふるもさらに宗祇のやどり哉）一句。此外，他还在《猿笠》的卷头写下了这样一句俳句：

初しぐれ猿も小蓑をほしげなり

（冬初时雨至，小小一件草编蓑，猿猴亦想披。）

在日语中，"时雨月"是阴历十月的别称。元禄七年十月十六日（1694年12月1日），松尾芭蕉辞世，因此人们也把他的忌日称作"时雨忌"。

到了寒冬，依然会下起细雨，这种雨被称为"寒雨"或"冬雨"。自小寒这一天起的第九天下的雨被称为"寒九雨"，被视为丰年的预兆。

利用梅雨作战的织田信长

历史上有不少天气左右了战争胜败的例子。所以，在作战前观测天气是制定战略时极其重要的一环。

永禄三年（1560年）的五月，今川义元率领数万大军攻入尾张。在投降并屈服人下抑或拼死战斗的抉择间，织田信长毅然选择以仅为对方十分之一的兵力去迎战。这场战争便是著名的"桶狭间之战"。

五月十九日，趁着破晓前的昏暗，织田信长从清洲城出征，并在晌午刚过时，打败了在桶狭间北面的田乐狭间布阵的今川义元。这场战争的结局让众多战国大名始料未及。这时的织田信长才二十七岁，一战成名的他日后也重新改写了战国的格局。

"桶狭间之战"的当天是阴历五月十九日，换算成格里高利历相当于六月二十二日，也就是梅雨下得最厉害的时候。所以人们认为正是骤然而至的雨帮助了织田信长成功逆袭。

但是织田信长的这次胜利并非完全听天由命、靠运气取得的最终胜利。

桶狭间是丘陵地带，有许多隘路，今川义元的部队行进困难。而织田信长正是充分利用了复杂的丘陵地形与梅雨气候。在断断续续骤然降落的暴雨掩护下，织田信长抄近道接近了今川义元的大本营，并在雨停之时发起了突袭。而突袭部队的人数多于今川义元大本营守军人数，理所当然会赢得胜利。所以说织田信长在桶狭间之战的胜利并非由于骤雨偶然的相助，而应该是他刻意地充分利用了骤雨才对。

天正三年（1575 年）五月二十一日，织田信长又在奥三河的设乐原打败了当时号称战国实力最强的武田胜赖率领的骑兵部队，这便是著名的"长筱之战"。这一天换算成格里高利历是七月十日，也是梅雨的季节。虽说此时有"梅霖"，但还是时不时会放晴。所以织田信长应该是充分考虑了云的走向与地形，参照前人总结的经验，预测到了决战当天不会下雨，是晴天。所以这场战争最后也以织田信长的大获全胜告终。

那么为何这次是靠晴天取胜的呢？因为织田信长率领的是铁炮（火枪）部队，如果下雨，威力就会减半。一旦天气不适合，他的军队便根本无法利用优势。

天正十年六月二日清晨，也就是 1582 年 7 月 1 日，织田信长在本能寺之变中被谋反的明智光秀杀害。在本能寺之变的三天前，明智光秀于耸立在丹波与山城的国境上的爱宕山举办了一场出兵前祈祷胜利的连歌会。

時はいまあめが下知る五月かな

（字面大意：今时今日至，梅雨连绵下不停，此乃五月哉？）

如果只看字面意思，这一俳句讲的是：现在正是梅雨季节，是雨下个不停的五月。但"時"（とき）这个字的发音与"土岐"（明智光秀为土岐氏出身）一样，"あめが下知る"这一句又有"一统天下"之意，所以这句话的谐音暗示了明智光秀意欲取代织田信长的野心。

　　无论如何，利用梅雨在改变命运的一战中大获全胜的织田信长，最后却在梅雨中惨遭陷害，在自己四十九岁时画上了生命的句号。

二　美丽的雪与恐怖的雪

雪赐予人类的恩惠及雪的名称

日语中有一个词叫"雪月花"，相当于"花鸟风月"，泛指自然界所有的美丽景物。

严冬的雪景有着其他季节所不具备的凛冽之美。而在早春落下的淡雪既让人对残冬感到一丝惋惜，又让人为新季节到来、万物即将复苏而感到一丝喜悦。

あしひきの山道も知らず白檀の

枝もとををに雪の降れれば

（山路难前进，前方并不知。积雪挂满枝，白檀枝头弯。）

——柿本人麻吕，《万叶集》卷十

君がため春の野に出でて若菜つむ

わが衣手に雪は降りつつ

（只为持赠君，郊野采嫩菜。春雪纷纷飘，落满衣袖带。）

——光孝天皇，《古今和歌集》卷一

雪，作为日本的自然景色，可谓必不可少的天之恩赐。对于耕种的农民来说也是极为重要的恩惠。自古以来，雪就被称为"五谷之精"，乃"丰年之瑞"。冬天的时候，雪厚厚地积在山间，等到春暖花开时就化成清水汇入河川，为我们提供了丰富的水资源。

山上的雪对于动植物来说也是不可或缺的。雪具有极佳的隔热性，能够在干燥强劲的冬季寒风中保护植物，还能够防止植物冻结而死。不仅仅是植物，有冬眠习性的动物也会藏在雪下来保存体温，正是因为有了雪，这些动物才能安然地在睡梦中等待来年开春。如果没有雪，日本的大多数动植物都无法抵御冬季的寒风。

描述雪的词汇，在日语中数量极其丰富。

晚秋时节，人们已渐渐感受到了冬天的气息，这时"初雪"也悄然而至。刚刚在地上积起来的薄雪被称为"新雪"。而在雪国，厚厚的积雪到了来年春天都不见融化的迹象时，人们称其为"根雪"。

"细雪"飘着细细小小的雪花；在气温偏高的初春等时期豪爽地降下的大雪是"牡丹雪"；"吹雪"指的是寒风中飞舞的雪花，也叫"风卷"或"风雪"；而"风岚"则指更为猛烈的"吹雪"。

大雪在风中漫天飞舞的景致清雅迷人，于是"吹雪"这个词经常被用在比喻之中。如"樱吹雪"和"纸吹雪"，等等。日语中的"雪を回らす"指的是如风中飘舞的雪花般轻盈柔美的起舞之姿，此外，人们还将曼妙的舞姿以"回雪"这个词来表示。

落到地上后又被风吹入空中的雪被称为"地吹雪"。晴天在雪山顶附近看到的随风飘舞、如烟升起的是"雪烟"。降到地上形色斑驳的雪被称为"斑雪"。树枝上挂的雪渐渐开始消融时形成的绸带状形态被叫作"雪绸"。在门柱或桩子上形成的看似球面的雪则被叫作"冠雪""绵帽子"或"雪帽子"。

气温较低时落下的雪细细碎碎的，沾在衣服上抖一抖就会掉落，这种雪被称为"粉雪"。粉雪非常适合滑雪，但由于使劲捏也不易成形，所以不适合打雪仗，也做不成雪人。与粉雪相反，湿气较重的雪被称为"湿雪"。如果滑雪时下的是湿雪，那一摔倒就会弄得浑身湿漉漉的，很是恼人。"粗目雪"指的是雪融化过一次后再次冻上形成的粗粒积雪。

"雪模样"或"雪催"在日语里指的是快要下雪的天空或者刚开始降雪时的状态。日语中还有一个词叫"雪声"，虽然下雪本是无声的，但夜晚时分急速落下的雪总给人一种有声音的错觉，这就是"雪声"了。

相反，雪还会将声音吸收掉，被大雪覆盖的村子或镇子总是寂静无声的。雪会净化空气，下过雪的天总是清新而晴朗。如果夜晚下起雪，那雪后的月亮和星星看起来会格外明亮。"萤之光，窗之雪"（萤の光、窗の雪）形容的是仅依靠一点点的光亮努力学习的样子。

研究雪片的大名与记录雪国生活的文人

"风花"这个词在日语中用来描述天晴时亮晶晶的雪片随风飞舞的样子。在阳光的映照下，雪花更显得晶莹剔透，而"风花"这个词完美地重现了这一美景，令人仿佛身临其境。

如果我们仔细观察雪花的形状，会发现它们多是六角形的结晶。所以才会有"六华"或是"雪华"这样的词出现。

江户时代，有一位大名被六角形的雪花深深地吸引，他便是下总古河藩主——土井利位。土井利位作为"大阪城代"平定了盐平八郎之乱，随后升任"老中"[1]，与水野忠邦共同推进了"天保改革"。

据悉，土井利位之所以对雪花着迷，是受了"兰学学者"、古河藩家老——鹰见泉石的影响。随后，土井利位痴迷于研究雪片，他利用显微镜观察雪片，并将看到的样子画下来，最后于天保三年（1832年）完成了《雪华图说》一书。这本书中记述了雪片结晶生成的原理、雪花的观察方法以及雪的十四条效用，并绘有七十四种雪花结晶的图案。

江户时期的大名中出了很多学者。他们当中许多人自幼便接受了严格的教育，所以有不少都是知识渊博的有识之士。与土井利位同一时代的人中还有一位肥前平户的藩主——松浦静山。他编写的《甲子夜话》共有二百七十八卷，现已成为研究江户后期的人物、时代面貌、民俗等的珍贵史料。《甲子夜话》续编卷之五十中的第四部分有一条记载了雪片种类和形态的内容，这部分便从土井利位的《雪华图说》中引用了二十七张图片。

《雪华图说》可谓宣告了日本自然科学迎来曙光的一本珍贵书籍。而作为当时一流的文化人，松浦静山也早早就对雪产生了浓厚的兴趣，并通过自己的著作进行了记录。

此外，菅江真澄与铃木牧之以异于自然科学领域研究的方式，对雪国生活进行了记录，他们也贡献了地志、民俗方面的宝贵资料。

菅江真澄一生大部分时间都在东北地区与北海道的旅途中度过，并为后人留下了《菅江真澄游览记》这部著作。天明四年（1784年）年末至第二年春，菅江真澄在出羽国（现秋田县）生活了一段时间。书中有这样一句描写："在出羽国，人们刨雪挖洞，称其为雪洞，孩子们整夜都在里面

---

[1] "大阪城代"为江户幕府的职称，是幕府在大阪城的代表；"老中"同为江户幕府设立的职位。

点燃松脂玩耍。"

对于出生在三河国（现爱知县）的菅江真澄来说，雪国的冬天实在是不同寻常。所以他记录下了自己看到的孩子进入雪洞中玩耍的样子，并且在书中称早晨的雪景比黎明下的花朵还要吸引人。擅长绘画的菅江真澄还将雪国独有的雪橇和樏等工具画了下来，补充在文字后面。除此之外，他还在书中生动地描写了雪国正月的景象与人们的日常生活。

但菅江真澄的著作直到昭和时期才被整理成《菅江真澄游览记》而为世人所知。

铃木牧之的《北越雪谱》于天保八年（1837年）在江户出版。在那之前，对于大多数江户地区的人来说，雪国的生活都是无法想象的。

我生长在埼玉县大宫市（现埼玉市）。我还记得小时候一早起来，看到外面一片银装素裹，自己总是格外兴奋。即便长大了，我依然对这雪景有着无限眷恋，夜晚如果看到雪花在路灯的映照下翩翩起舞，便不自觉地开始期待第二天一早的美景。

但是，住在雪国的人或许并不这么认为。曾经有一位家住新潟县长冈市郊外的长者对憧憬雪国的我说过，对于冬天被大雪封闭在家、外出困难的当地居民来说，生活环境是相当严酷的。

光是将屋顶的积雪扫下来就已经是一项极其耗费体力的事情了。如果不经常打扫屋顶的积雪，房顶就会被压塌。现如今，街道上都安装了融雪设备，郊外的道路也有扫雪车清理，不会过于严重地影响人们的出行。但在数十年前，冬天的交通可是一大难题，住在郊外或山里的人可能两三个月都无法外出，只能孤立无援地等待雪的融化。

《北越雪谱》详细地记录了对于江户地区的人们来说完全无法想象的越后地区人们的生活。书中真实地呈现了当地百姓除雪的辛苦、吹雪的景色、雪崩造成的损失等。此外，在雪中纺织、在雪水中漂洗、最后在雪上

花鸟风月日本史

晾晒的绉纱的制作过程也记录在内，并且描写了只有雪国的居民才能体会到的春天到来时的喜悦。这些内容若不亲身体会，绝对写不出来。

菅江真澄对于出羽地区正月的记录更多的是从一名旅行者的视角出发，并没有对当地居民因此遇到的不便与苦恼加以记录。铃木牧之原本是越后国的暴雪地带盐泽的一名商人，所以他的作品并非旅途的见闻录，而是以生活在那里的一个居民的身份，基于自己的切身感受，对当地进行了记录与描写。所以当铃木牧之作为一个贩卖绉纱的商人来到江户并走访各地，了解到原来有些地方冬天竟然不下雪时，反而会对此感到颇为震惊吧。

雪童子与雪女

雪国的冬天昏暗而漫长。如果雪一直下个不停，那么人们也几乎不可能外出。所以过去的人们在下雪时，大多靠着火炉，看着燃烧的火苗打发时间。这时，对于小孩子来说，听祖父母给他们讲故事便成了唯一的乐趣。

那么，家里没有孩子的老夫妇是怎么熬过漫长的冬天的呢？新潟县流传着一则关于雪童子的传说。

某地有一对老夫妇，漫长的冬天于他们而言过于无趣，所以他们每天都会将雪做成小孩子的样子来打发时间。某一天夜晚，外面风雪交加，夫妇听到有敲门的声音。二人觉得甚是奇怪："到底是何人在这漫天大雪中到访呢？"他们打开门就看到一个小孩子（童子）伴着飞进屋内的雪花进到了屋里来。定睛一看，这个孩子竟然和他们做的雪童子长得一模一样。老夫妇非常高兴地将他收为养子，但到了化雪的时候，这个雪童子却不见了身影。夫妻二人虽然非常伤心，但因为到了春天，有很多事情要做，所以也就渐渐淡忘了冬天出现的雪童子。然后夏至春去、冬至秋去，又到了漫长而又寂寞的冬天。在吹雪的那天，雪童子又出现了，老夫妇格外惊喜。之后每年一到冬天，雪童子就会来到老夫妇的家中陪伴他们，直到老夫妇去世，雪童子也就不再来拜访了。

在与雪有关的民间故事和传说中，最广为人知的当属雪女的故事了。有些地方也管她叫"雪女郎""雪姬""雪婆"等，各地的版本不尽相同。其中，流传在富士、长野地区的雪女的故事，因与被小泉八云收录在《怪谈》中的《雪女》的故事梗概大致相同，而最是家喻户晓。

进入雪山打猎的猎人父子为了躲避吹雪而来到一间山中小屋，这时一位雪女出现并将父亲杀死，雪女对猎人的儿子说道："这件事你不能告诉任何人，如果说了我也会将你杀死。"然后便消失不见了。猎人的儿子遵守了与雪女的约定，并未将那天的事情告诉任何人。十几年过去了，当初的年轻猎人娶妻生子，过上了幸福的生活。在一个吹雪的夜晚，他一不留意就将自己曾经看到雪女的事情告诉了妻子。于是，妻子瞬间变成了雪女的模样，打算杀了他。但因为当时有孩子在场，猎人保住了性命，而雪女却消失在了吹雪之中。

雪女故事在青森地区的版本则是：一位美女在下雪的夜晚将婴儿委托给过路之人后，便不见了踪影。在岩手的传说中，一旦与雪女发生了关系，男人一辈子都将不能生育。而在秋田地区的传说中，因吹雪而去世的亡者灵魂会化作雪婆的样子出现，如果人们看到她或议论她，就会被雪婆杀死。

此外，日本还有一则关于雪女的小笑话。

某个雪夜，一名女子拜访了一户老夫妇，并托付给他们一个女孩。虽然老夫妇十分疼爱这个孩子，但这个孩子无论如何也不肯洗澡。有一天，老夫妇强行让女孩进到浴盆里打算给她洗澡，却突然发现孩子不见了，只

花鸟风月日本史

剩下一把梳子漂在水面上。

除了上面这些传说外,"雪入道"或"雪坊"等讲述只有一条腿的妖怪童子的故事也在日本各地广泛流传。但不知为何,日本并没有雪男传说,似乎雪更容易让人联想到女性。此外,在雪女传说中总会出现小孩子,这也是这类传说的一个特点吧。顺便一提,现代人所说的喜马拉雅雪人是一种尚未证实的动物。据说雪人全身都是厚厚的体毛,样子颇似人类。喜马拉雅雪人也被人们叫作"夜帝"(Yeti)。

翻越阿尔卑斯雪山的战国武将与八甲田山的死亡行军

严冬的雪山仿若白魔的领地,普通人类难以靠近,猎人也只能在一定的范围内活动。到了近代,阿尔卑斯登山家的出现,才带起了人们向被厚雪覆盖的高山发起挑战的风潮。

但其实早在战国时代就已经有一位武将翻越了北阿尔卑斯,也就是飞驒山脉。这个人便是越中富山的战国武将——佐佐成政(内藏助)。

成政原本是织田信长的部将。在"本能寺之变"后,他曾对抗丰臣秀吉并在贱岳之战中协助了柴田胜家,柴田胜家被打败后他便服从于丰臣秀吉。但当小牧长久手之战开始后,他又立刻响应织田信雄与德川家康的军队,背叛了丰臣秀吉。然而织田信雄随后与丰臣秀吉讲和,于是德川家康便也撤了军。这时,为了劝说德川家康对抗丰臣秀吉,成政便出发翻越了雪山飞驒山脉。

天正十二年(1584年)十一月下旬,按照现行历法应是一月上旬,正是最寒冷的严冬时节。成政带领着一支部队从越中来到信州,当面劝说德川家康放弃议和。但德川家康不为所动,愿望落空的成政遂再次翻越飞驒山脉回到了越中。

现如今我们已无从得知当年成政走的到底是哪条路线。但人们大多认为他先翻越了立山附近的山顶来到黑部峡谷，最后翻过针木山顶。严冬时期如果走这条路线的话，要面临诸多艰难险阻。首先，要担心遇到雪崩的风险以及山中的漫天飞雪；其次，严冬时节这里的气温可能低至零下二十摄氏度；再加上这一路必须要渡过黑部溪谷，而从针木山顶下来的路也十分陡峭，实在难以想象当年成政一行人是如何办到的。所以也有人认为成政应该是率军从现在的越中东街道（旧镰仓街道）绕行，途中翻越了安房山顶，然后通过上高地附近来到了松本。但即便是循着这条路线前行，也绝非易事。

佐佐成政是一位因立山黑百合传说而闻名于世的武将。不论他当年走的到底是哪条路线，他都曾于天正十二年年末，从越中经信州到达了远州浜松，又再次折返。毫无疑问，途中他经历了与大雪和恶劣地势环境的较量。

最后，我们再看一件发生于明治时期的事情。

明治三十五年（1902 年）一月，青森县的八甲田山发生了日本山岳史上最惨痛的一起事故。临近日俄战争爆发，为了在寒冷地区进行雪中训练，青森步兵第五联队的 210 个人尝试横穿八甲田山进行雪中行军。但最终有199 人在这场死亡行军中丧命，近乎全军覆没。

这起事件在当时被报纸等媒体大肆报道，甚至还创作了一首由落合直文作词的军歌《陆奥吹雪》。那时，士兵为了保护长官而一个个死去，而将校为保护部下被冻死的故事也得到了极力宣传。

然而，这场死亡行军出现的原因，明显是人们小看了雪山的严峻而制订了无脑的计划，并强行实施了这次行军。再加上行军过程中，士兵们遭遇了前所未有的恶劣气候。

日本气象观测史上的最低气温出现在明治三十五年一月二十五日，地点是北海道的旭川，这一最低气温达到了零下四十一摄氏度。在这一天前后，寒冷气团从北海道直逼东北地区北部，再加上低气压的通过，八甲田整座山都处于狂风暴雪之中。而第五联队的士兵们在这前所未有的严寒暴雪中一个个倒下，最终几乎全被冻死。

雪景毫无疑问是赏心悦目的，然而一旦小瞧了雪，它就会毫不留情地露出獠牙袭击人类……

第八章　鱼贝类的日本史

一 富饶的大海与绳纹人

资源丰富的海涂

日本是一个四周环海的岛国，平原面积较少，国土面积的七成都是山地。日本列岛其实可以看作是一条耸立在海面上的山脉。日本的山脉被茂密的森林覆盖，自遥远的绳纹时代开始，日本人便依靠森林的恩惠生活并创造了自己的文化。同时，广泛分布的森林促成了海洋的富饶，一直以来日本人也享受着海洋赐予的种种恩惠。

日本各地分布有无数的贝冢。这些贝冢是距今一万多年前，绳纹人以及弥生人以鱼贝为食留下的遗迹。

而为古代人提供了无限资源的富饶海域便是海涂。

在海湾内侧的河口流域等潮间带，经河流长年累月的搬运，泥沙逐渐增多，于是形成了广阔而平坦的泥滩。退潮时露出海面，涨潮时隐于海水之下的地方便是海涂了。

由山毛榉林等树林滋养出的营养丰富的土壤锁住了落在山间的雪或雨。而雨雪又在山中各处经过过滤变成清水，然后涌出地面成为清流，清流渐渐汇集成河川，冲刷着下游流域的岩石并将泥土带入大海。就这样经过了成千上万年，日本列岛的海湾内侧形成了诸多海涂，而这一片片海涂又孕育了无数的生命。人类也是海涂所养育的其中一种生命。

海涂的泥沙富含营养盐类与有机物，再加上每天两次的退涨潮，这些泥沙有充足的时间暴露在空气中，保证了其中有足够的氧气。正因为具备这种种条件，海涂成了生物生长的一个绝佳环境。沙蚕、螃蟹、小虾、双壳贝等许多小生命都在海涂中栖息。而这些食物链底层的生物又会成为每年春秋两次飞来的鸭、鹭等鸟类的食物。当然，贝类对于人类来说亦是宝贵的食物。另外，当潮水涨起来时，这些食物链底层的生物又会成为海里许多鱼类的腹中餐。鱼不仅仅以海涂上的各种贝类、小虾、小蟹为食，还会在海涂上产卵。海涂的泥滩与藻场都是鱼类最为重要的产卵场所，也是幼鱼成长的地方。

古时候，人们不劳作时，可以直接去海涂上捡拾贝类或捉鱼来维持生计。

但时至今日，日本的许多海涂已经消失不见了。东京湾的临海地带曾是一大片的海涂，人们在这里捡贝壳、捉鱼，也不过是几十年前的事情，现在却再也看不到那番景象了。

人们将海涂填埋成陆地也是不得已而为之。因为海涂具有一直向海里延伸的特性，其底部早晚会陆地化。通过观察贝冢的分布可知，曾经大海一直延伸到了内陆很深的地方。伴随着"海退"——换句话说，随着海涂的扩展——曾经的海洋自然而然地陆地化了，而人类加速了海洋陆地化的进程。日本人填海造田的记录可以追溯到奈良时代，而在填海造田时最先受到影响的永远是海涂。近几年，人类不仅破坏了海涂的底部，连海涂的边缘都全部填埋，这种填海造田行为夺走了整个海涂以及赖以为生的生物的生命。

死海化的谏早湾

平成十年（1998年）五月，我到访了长崎县的谏早湾。直到前一年，

　　　　　　　　　　　花鸟风月日本史

这里还曾拥有日本屈指可数的海涂，曾是一片富饶的海域。但是在前一年的四月，谏早湾的海边建起了长达七公里的"谏早湾干拓（填海造田）潮受堤防"，导致了如今海涂大面积死海化。被堤防阻断了海水的谏早湾被灌入了本明川的水，于是形成了现在这个巨大的淡水湖。中央原本是海涂的地方，现在无论涨潮或退潮都是裸露在外面的陆地，而曾经栖息在那里的生物也全都不复存在。

人们为何要做出这样的"暴行"呢？建造堤防的农水省的说法变来变去，让人听到最后也完全不明白这样做的目的到底是什么。农水省首先解释道，这样做是为了确保农用地面积，但当吸引不到农户过来开垦耕种时，又说这样做是为了防灾，还说有了堤坝就能保护谏早町不受洪水威胁。虽然我实在不知道在海湾的海滩上建堤坝为何就能防洪，但不知从何时起连防灾也不再是主要目的了。再次改变说辞的主要原因似乎是，如果该堤防是为防灾而建，那就不该归农水省管理，而应交给建设省负责。听说，有关部门还计划将填海造田的区域打造成一个大型的观光设施，甚至冠冕堂皇地说将会建立一个自然公园，用作鸟类的庇护所。反正我是不理解为什么要破坏掉日本屈指可数的宝贵自然环境，然后再费时、费力、费财地打造一个人工的自然。不论这个人工的"大自然"建造得多么逼真，与这片海涂一起消失的数以亿计的生命却再也挽救不回来了。

目前确切可知的是，这一系列建设现在已经耗资两千五百亿日元，投入资金已经比当初的预算多了近一倍，而接下来还将花费数百亿日元完成后续建设。如此说来，这项事业对于与工程相关的政府部门、各承包商以及利益相关人士来说可谓相当有意义呢。

我来到当地以后，乘坐一艘小渔船在已经成为淡水湖的谏早湾上考察了一圈。此外，我也稍微尝了一下湖里的水，确实已经是淡水了。据说在这里撒网还能捕捞到鲤鱼和鲫鱼。随后我登上了已经陆地化的当年那片海涂，眼前的景象令我目瞪口呆。脚下到处是贝壳，仿佛置身贝冢遗迹。我仔细翻看了一下，除了牡蛎壳外，还有玄蛤、蚬、海螺等许多种小贝壳混在里面。再往前看，还能看到无数开裂的白色"石块"散落一地。而这些乍一看是小石块的白色固体全都是被夺走了生命的贝类的空壳。

海涂上的大部分生物都死了，但大弹涂鱼还顽强地活着。它们一会儿在海涂的一小片积水处蹦蹦跳跳，一会儿又在泥滩上爬来爬去。大弹涂鱼的巢穴在地下一米深的地方，里面还残存着一些盐分，所以它们得以苟延残喘。不过，它们终会面临灭绝的命运吧。在临近产卵期时，大弹涂鱼专心致志地忙着划分地盘和进行求爱，似乎并不知道自己命不久矣。又或许正是因为它们知道自己即将面临的命运，所以才如此拼命地繁衍后代。

春天的时候，以鹬为首，众多滨鸟从遥远的南方飞越大海来到这片海涂获取食物、恢复体力，然后再继续飞向堪察加半岛或西伯利亚。到了秋季，它们则在飞回南方的途中，再次来到这片海涂休憩调整。海涂对于候鸟来说是极其重要的中继站。但那一年（1998 年），当候鸟再次飞来时，恐怕怎么也找不到食物，只能看到一地凌乱的贝壳。

对于鸟类来说，并非"这片海涂不行，就再找新的替代"便能简单地解决问题。候鸟以谏早湾为中继站的习性恐怕是经过了数千年的世代交替才形成的，于它们而言，谏早湾早已编入了自身的 DNA。况且其他海涂早已有了其他的候鸟群体。所以原本要在谏早湾停歇的候鸟不得不在体力没有充分恢复的情况下继续踏上旅程，而最终能够飞到北方繁殖地的也只剩下很少一部分了。

海涂上的鱼贝类每年如喷涌而出般不断增殖，当过度增殖时又会被成千上万的候鸟吃掉或者成为人类的食物，生态系统就是这样维持着平衡。虽然过度捕捞等行为确实会造成鱼贝类数量的减少，但造成鱼贝类消失的主要因素还是环境污染与破坏。

曾经，日本人一边受惠于富饶的海涂，一边与海涂上的鱼、贝等生物和谐共生，并孕育出了历史与文化。如今人们自私地将海涂填埋，靠远洋渔业或进口来维持对海鲜的需求。现代人对吃进嘴里的食物并不会有过多的疑心和担忧，但迟早有一天，人类的破坏行为会激怒大自然，最终倒霉的还是人类自己。

这座堤防的开工仪式于平成元年（1989 年）举行，在一年后的平成二年十一月，工程正式开始施工没多久，谏早湾前耸立的云仙普贤岳火山突然喷发，仿佛是大自然对亵渎环境的人类敲响的警钟。

从鸟滨贝冢看绳纹人与渔捞

人们在贝冢里除了找到了诸多贝壳外，还发现了很多鱼骨头。从鱼骨头判断，鱼的种类多达数十种，现在我们常吃的沿岸或近海的鱼几乎全包括在内。具有代表性的有金枪鱼、鲣鱼、青花鱼、鲹鱼、沙丁鱼、真鲷、黑鲷、鲈鱼、鲻鱼、河豚、大马哈鱼和鳟鱼，等等；而淡水鱼则包括鲤鱼、鲫鱼、鲶鱼和鳗鱼等。

从日本各地的贝冢中都发现了河豚的鱼骨，令人十分震撼。分明有那么多新鲜美味的鱼可以食用，为何人类要冒着死亡的危险去吃河豚呢？毋庸置疑，自然是因为河豚鲜美至极的味道了。中国宋代诗人苏轼（苏东坡）的那句"值得一死"颇为著名，而日本人在古老的绳纹时代就已经知道了河豚的美味。古代人应该知道如何料理河豚，尽管如此，我相信还是有很多人因此而丧命。

弥生人的居住遗迹中曾发现了好几具叠放在一起的大人和小孩的尸体，似乎是因为发生了什么意外而全家死亡，最后这一家老小的尸体被堆放在了一起。由于和人骨一起出土的还有河豚的骨头，人们认为这家人应该是吃了河豚中毒而亡。

位于福井县的鸟滨贝冢（现位于若狭町）是绳纹时代前期的低湿地型贝冢。昭和三十七年至昭和六十年（1962 年—1985 年），人们在此进行了十次挖掘调查，因发现了迄今为止从未出土过的多种动植物遗迹而引起关注。那么，接下来就让我们看看跟渔捞有关的一些事情。

首先，鸟滨贝冢出土了大量被认定为一万年前的人类使用的石锤和石制的渔网坠，此外还发掘出由黏土烧制成的土锤。人们在这个贝冢里找到了编织物的碎片，这些碎片很有可能是渔网的一部分。贝冢里还有好几根用兽骨或鹿角做成的鱼叉以及用骨头或鹿角制成的钓钩。这些钓钩长五厘米到十厘米，与现在的钓钩相比要大很多。据推测，这些大型钓钩应该是用来钓金枪鱼或鲣鱼等大型鱼类的。而最令人吃惊的是圆木舟，据考证，鸟滨贝冢里出土的圆木舟来自五千五百年前，是目前已发现的日本最古老的木舟。

一万多年前就开始在此生活的鸟滨人，或许以渔捞为生的历史便长达数千年吧。他们乘坐木舟出海，撒下渔网捕捞，又或是用鱼叉和鱼钩捕鱼，鸟滨人手中的捕鱼工具可谓五花八门。当时的贝类则几乎无须费力就能捡到。那么，我们来看看在鸟滨贝冢都确认到了哪些鱼类吧。

属于海水域和半海水域鱼的有：金枪鱼类、鲣鱼、青花鱼、中华鲟、鰤鱼、黑鲷、斑石鲷、圆尾绚鹦嘴鱼、鲈鱼、红鳍东方鲀、刺鲀、沙丁鱼、鲱鱼类、大马哈鱼、鲨鱼类、鲟鱼类，等等。属于淡水鱼的则有：鲫鱼、鲤鱼、鲶鱼、鳗鱼、似鲤（ニゴイ）、川鲦（カワムツ）、叉尾黄颡鱼、马口鱼以及其他鲤科的鱼类。此外，人们还在贝冢内找到了鲸类、海豚以及海狮等海兽的骨头。

鸟滨带给人们的并不只有鱼类，还有蟹、虾以及各种贝类，甚至是海藻、莼菜、菱角等。从数千年前或者更远古的时代开始，大海便是日本列岛居民重要的食物采集场所。

今天，日本依然是世界上最大的鱼贝类消费国。法国人在整个欧洲算是最喜爱吃海鲜料理的国家了，但日本的海鲜消费量是法国的两倍，是美国的五倍。日本一年的渔业总捕获量竟占到了世界总量的六分之一。遗憾的是这些海鲜并非是在日本沿岸捕捞到的，而是搜刮了世界各地的海域才捕到。自遥远的太古时期起，大海、河川、湖沼就为日本人提供了无限的恩惠，但现在海洋、河川、湖泊却有许多处于濒死状态。面对这番局面，有人会说，只要离开日本去别的地方捕鱼就好了。但要知道，这种方案迟早会出现各种问题。

污染的河川与被现代人"杀死"的大海

日本近海是由黑潮暖流与千岛寒流交汇而成的世界上数一数二的渔场。日本列岛有大大小小无数的海湾与峡湾，并在海涂和礁石的装点下，展现出不同的面貌。海涂和风平浪静的内湾是鱼类的绝佳产卵地点。但如今，很多海涂被填埋，湾内的海水遭到污染，适合鱼类产卵的地方越来越少。

此外，原本可以净化海水、为海水补充营养的河川也渐渐失去了这一功能。因为越来越多的河川被生活废水和工厂污水污染。但造成河川污染的并非只是污水，河流中下游流域甚至是上游流域的树木遭到过度砍伐也是主要原因之一。人们将小河的三面铺上水泥，改成排水沟，铺设了越来越完备的下水道系统，也加快了河流的污染。

不仅仅是被树木覆盖的青山，森林、杂木林等都在将雨水和雪水变为地下水这一环节中承担着重要"职责"。雨水和河流水也源源不断地为地下供应着水源。但是现在，通往地下的道路被封堵，雨水只能通过排水沟或河川流向大海，实在令人惋惜不已。

以前，人们只要钻一口井就能得到干净的水源。到处都有清水从地下涌出，而清水汇集在一起就形成了小溪流。一条河流在流向大海之前，会有许多条小溪汇入其中。现在人们已经了解到，正是这些溪水为河流提供氧气、补充营养，并辅助河流净化。小溪虽不起眼，作用却是巨大的。

近几年，人们不断地尝试，让东京都等地过去被称为"野川"（野地里的不知名小河）的小河恢复生命力。为此，人们不再让落在屋顶上的雨水顺着管道流入排水沟，而是让雨水直接落到院子里的泥土中，试图通过这种方法让"水系统"恢复如初，令野川重获生机。最终，人们的努力确实使几条野川恢复了往日模样；虽然效果甚微，但多摩川的水质也确实得到了一定的改善。人类的努力不过是杯水车薪，最终只有顺应大自然的最古朴、最简单的原理，才是让河川得到净化，让大海恢复生机的最佳办法。

自绳纹时代以来，在日本人的饮食生活中，大马哈鱼和鳟鱼扮演着重要角色。每年秋季，大马哈鱼和鳟鱼为了产卵会洄游，一直游到上游水源附近的山中。因此，不仅仅是住在海边的人，就连住在山里的人都能享受到大海的恩赐。

此外，过去从山阴至北陆、关东、东北等地区的众多河流之中，都有大马哈鱼和鳟鱼的身影。但现在呢？大马哈鱼洄游的河流只剩下北海道和东北地区有限的几条河流了。造成这种局面的原因不仅仅是河流污染。人类建造了诸如大坝、堤防等太多的"障碍物"，这些都影响了鱼的洄游水路。香鱼亦面临着同样凄惨的下场，如今，天然洄游的香鱼所剩无几。

人们不仅夺走了鱼类在海涂或内湾产卵的场地，连通过洄游产卵的鱼类

　　　　　　　　　　　花鸟风月日本史

的河道都被封堵了。对于鱼类来说，在这成千上万年的历史长河中海涂和河川都是它们的故乡，但进入二十世纪以来，它们的故乡突然被我们人类夺走了。

二 神话中的鱼

文献中最早出现的鱼贝类——水母

在《古事记》上卷的《天地之初》中有这样一段记载："方天地初发之时，于高天原成一神。其名，天之御中主神。次，高御产巢日神。次，神产巢日神。此三柱神者，皆独神成坐而隐身也。"这段话的意思是，在天地刚开辟之时，高天原形成了三柱神，分别是天之御中主神、高御产巢日神、神产巢日神。他们是三个独立的神，且从未显露身姿。

而在后面的记载中，《古事记》道："次国稚如浮脂，而譬犹水母之浮水上者。于时，若苇牙因萌腾之物而成神。"意思是，在国土尚为雏形，仍未固定时，以油脂般的状态浮于水中，像水母一样漂浮在水里。这时如同苇牙破土而出般，神形成了。

由此可知，在日本文献中最初登场的生物是鱼贝类中的水母。这一部分在《日本书纪》中是这样记载的："开辟之初，洲壤浮漂，譬犹游鱼之浮水上也。"这里面的"游鱼"并非是鱼群，而是指在水中柔软地漂浮的水母。也就是说，当时人们将水母看作一种鱼。

承平年间（931 年—938 年）编纂的《和名类聚抄》中对鱼的记载曰，"水中连行虫之总名也"。也就是说在水中生活的生物的总称为鱼。

顺便一提，"魚"（鱼）在日语中的音读发音为"ギョ"，训读发音为"ウ

花鸟风月日本史

ヲ""イヲ"或者"ナ",原本是不读作"サカナ"的。"サカナ"这个发音的语源来自"酒菜"(サカナ)或"酒魚"(サカナ),即配酒来食用的美味,俗称下酒菜。而日语中的"酒肴"或"肴"则是酒菜、酒鱼的总称。

回到水母的话题。自古以来,日本人就常以水母为食。从奈良时代起,水母成了贵族宴会上一道必不可少的菜肴。供天皇食用的水母由备前国进贡。

水母是浮游生物的一种,大小不一、种类繁多。正如日本谚语"前の字のつく海月は食える"(带"前"字的水母可食用)所说,日本人食用的水母是备前水母、越前水母和肥前水母三种。这三种水母中,越前水母体形最大,其伞的直径可长达一米。为了将水母制成食品,需要将其腌制在盐、硫酸铝钾及橡叶等特定的植物叶子或树液的混合液中。据说整个制作过程需要二十至四十天。

奈良时代的人们当然不会将水母这种软乎乎的动物直接进献到宫里,所以才会花这么大功夫将水母进行腌制。在江户时代初期出版的《料理物语》以及江户时代中期出版的《料理伊吕波庖丁》等书中均有关于水母料理的记载。

此外,日语中也有许多与水母有关的谚语或比喻。

因为水母没有眼睛,所以人们曾认为水母是借用虾的眼睛来活动的。而这也是水母的日语别名为"借眼公"的原因。

"水母に海老の道標"(把虾的路标给水母)是一句俗语,比喻借用他人之力来行事。而"水母は海老を目とする"(水母以虾为眼)或"水母は海老の目を借る"(水母借用虾之眼)往往用来比喻相依为命。

"海老に離れたる水母"(离开虾的水母)这个俗语则用来比喻离开了靠山后束手无策、迷失方向。而如果水母离开了虾,则会完全随风波而动,在水上漂浮,所以衍生出了"水母の風向かい"(水母的风向)这个说法,并经常用以形容与对方作对也是徒劳之意——因为水母根本不可能逆风而行。

在日语中，人们常用"水母の行列"（水母的队列）来形容毫无连贯性，无法整整齐齐的样子。而"水母の骨"（水母的骨头）则用来比喻不可能出现的事物或极为罕见的事物。当形容遇到了罕见的情况，或见到了本不可能见到的事物时，则会用"水母骨に会う"（看见了水母的骨头）来表示。

女性的象征——赤贝与蛤蜊、鲈鱼

在《古事记》提到的鱼中，第二个登场的是在《大国主神》中出现的一条将因幡之白兔扒光了皮的"和迩"。陆上的动物骗水中的动物过河的故事在印度尼西亚及其他东印度诸岛也有流传，在这些地方的传说中，受到欺骗的是栖息在河流或沼泽里的鳄鱼。但《古事记》中的这个"和迩"应该是鲨鱼。鲨鱼是鱼类中体形最大的，日语中写作"鲛"（サメ），而在关西以西的地区则叫作"フカ"，在山阴地区叫作"ワニ"。此外，人们会将巨大的鲨鱼称作"フカ"。

救下了白兔的大国主大己贵神遭到了八十个兄弟神的陷害，严重烧伤最后死去。而治愈了大己贵神的烧伤并使之起死回生的是天上的神皇产灵尊派来的蚶贝比卖与蛤贝比卖。这两位女性收集了赤贝壳，并将母乳汁涂在大己贵神身上，令他伤愈复活。

这则将赤贝与蛤蜊比作了女性的故事十分具有典型性。神话故事中蚶贝比卖与蛤贝比卖将赤贝壳磨成粉，以蛤蜊汁融之并与母乳汁混合，涂在了大己贵神的身上来治疗烧伤。

贝类自太古时期起，对于日本人来说就是无可替代的食物。此外，经调查研究可知，古时候人们还将贝壳和贝汁入药用来治病。在贝类中尤以赤贝和蛤蜊最为鲜美。而直至今日人们仍将贝肉比作女性的阴部，正是源自《古事记》中这两位女神的出场。

　　在《大国主神让国》一部分中有这样一段记述："于海上，栲绳延若千寻，拉尽钓海人获之口大翼厚之鲈至此，堆砌台上，其数之多似使台作弯曲状，如此献天之真鱼咋也！"

　　这一段讲述了用"延绳钓"的方法钓鲈鱼的故事。"栲绳"指用小构（楮）树皮做的绳子。"口大翼厚之鲈"指的是有着大嘴及完美尾鳍的鲈鱼。大家乱哄哄地将鲈鱼钓了上来，摆放着神的贡品的台子都如竹叶般弯曲了。这鲈鱼被当作"天之真鱼咋"——也就是神圣的鱼料理——献给了神明。

　　人们在古代遗留下来的贝冢等遗迹中找到了许多鲈鱼的骨头。显而易见，鲈鱼自太古时期起就是人们常吃的一种鱼。处于不同生长时期的鲈鱼，叫法也存在差异。比如，在东京和附近地区，从小鱼苗到长成大鱼，人们分别把不同成长期的鲈鱼叫作"コッパ"（木端）、"セイゴ"（生后）、"フッコ"、"スズキ"（鲈）。而超过二尺（六十厘米）的大鲈鱼则被称为"オオタロウ"（大太郎）。

　　平曲中有一首以"鲈"为题的曲子。平曲，中世纪歌谣的一种，是以琵琶为伴奏，为《平家物语》谱上曲调来进行演绎的一种艺术形式。《鲈》这首平曲的大致内容如下：

　　平清盛任职安艺守期间，曾乘舟从伊势来到熊野参拜。那时，一条大鲈鱼飞进了船里，平清盛大喜。正如白鱼飞进周武王的船中一样，这一景象被视作吉兆。于是，尽管在参拜途中应斋戒吃素，但平清盛仍亲自料理了这条鲈鱼享用，他不光自己吃，还款待了其他人。最终，平清盛以保元·平治之乱的战功升任正三位参议，然后又从参议升至纳言、大臣，并迅速当上了大政大臣。凭借平清盛的出人头地，平家宗门也得以光前裕后。

鲈鱼不管是做成生鱼片还是烤着吃，都颇为美味，在垂钓者之间也有着颇高的人气。最近，日本十分流行用毛钩钓鱼。鲈鱼一旦咬上钩，便会剧烈地挣扎，这时只要稍稍放一些鱼线，鲈鱼便会本能地疯狂扭动，而鱼线就会挂在鲈鱼的鳃上，这时鲈鱼有可能用鳃割断鱼线逃脱，这被称作鲈鱼的"エラ洗い"（洗鳃）。所以，古代人们使用延绳钓等钓法钓鱼时，即便有大鱼上钩，想必在最终钓上来之前也是有一番波折的吧。

被天宇受卖割嘴的海参

《古事记》中关于"迩迩芸命"，也就是天孙琼琼杵尊降临的故事中，还有一段颇为有趣的内容。遵照迩迩芸命的吩咐，送别猿田毗古后踏上返程的天宇受卖（天钿女命）收集了形态各异、五花八门的鱼类，并问它们："你们会侍奉天神之子迩迩芸命吗？"这时，大部分鱼都回答称"我会的"。只有"海鼠"也就是海参没有作答。于是天宇受卖便质问道："这嘴是无法回答的嘴吗？"随即用小刀割开了海参的嘴。所以直至今日海参的嘴仍是当初被割裂的样子。

海参也是自古便被人类食用的一种动物，并被纳入古代天皇的膳食。《延喜式》中便出现了在九月的神尝祭上为伊势的大神宫和度会宫提供干海参的记录。

顺便一提，过去日本人将海参称为"コ"，其中生海参叫"ナマコ"（海鼠），用火烤成的鱼干叫"イリコ"（熬海鼠），而晒干的叫作"ホシコ"（干子）。晒干的海参卵巢被视为等同于海参的孩子，所以被称为"コノコ"（海鼠子）。而腌制的咸辣海参肠因为用到的是海参的肠子，所以被称为

"コノワタ"（海鼠肠）。

此外，"海鼠"在日语中也可写作"海参"或"海男子"。人们认为"熬海鼠"或"干子"都是能滋补身体的食物，而这种思想似乎与其形状有关。《五杂组》便称海参"形似男子之势（阴茎），其药性可温补，匹敌人参"。

海幸彦与山幸彦的故事也是妇孺皆知。故事大致讲述的是：火远里命（山幸彦）弄丢了兄长火照命（海幸彦）的钓针，为了寻找丢失的钓针，山幸彦前往海神之国，后来又与海神的女儿丰玉比卖结为夫妇。这个故事可以说是《古事记》中最具有文学性的抒情物语了。

在海神国幸福地生活了三年的山幸彦每当想起必须要找回兄长的钓针时，就会唉声叹气。于是，丰玉比卖的父亲绵津见神便召集了海里的鱼，询问这根钓针的下落。诸鱼曰："顷者，赤海鲫鱼，于喉鲠，物不得食愁言，故必是取。"于是便从这条"赤海鲫鱼"的喉咙中取回了钓针。这条"赤海鲫鱼"就是赤鲷。一般情况下，如果只是说"海鲫鱼"，往往指的是黑鲷。而在《日本书纪》中吞下钓针的鱼则是"口女"（くちめ），即鲻鱼。

赤鲷、黑鲷以及鲻鱼对于古代日本人而言，均为非常珍贵的鱼，而能够钓这些鱼的钓针也是极其宝贵的物品，这一点我们通过这则山幸彦与海幸彦的故事也能有所了解。

这则物语的故事原型其实是从印度尼西亚或美拉尼西亚一带传入日本的，该故事与日本的龙宫传说以及浦岛传说也有一定的关系。据说类似的故事在中国等地也有流传。

以鲇鱼占卜的神功皇后

在《日本书纪》第三卷《神武天皇》中，有一则神武天皇在吉野川的支流——丹生川以鱼占卜的故事。他预言道："若让此河中的鱼醉酒，如树叶漂浮于河流那般，我就能平定这个国家。"于是便将御神酒的酒壶扔进了河中，接着就看到大大小小的鱼嘴一张一合地浮了上来。

通过鱼来占卜战争胜败的故事还出现在《日本书纪》第九卷《神功皇后》这一部分中。

四月上旬，正是初夏时节，打算出兵新罗的神功皇后来到了火前国（肥前国）松浦的玉岛，于小河畔用膳。这时，神功皇后拿出一根针，弄弯做成钓钩，并将饭粒挂在钓钩上做成钓饵，垂钓来请示神意。她心中默念："如果我所求之事能够成功，河里的鱼啊，就请上钩吧。"而最后真的有条鲇鱼上钩了。那时，神功皇后称此鱼"珍しい"（めずらしい，意为珍奇罕见），随后这片土地也被人们称作"梅豆邏国"（めずらのくに，音近"珍奇"一词）。而"梅豆邏国"此后又被人们叫作"松浦"，那里的女性每年四月上旬都会进行垂钓。

据说，日语将"アユ"（即鲇鱼）对应的汉字写作一个"鱼"字旁和一个"占"组成的"鮎"，抑或写成"年鱼"，是出自《日本书纪》的记录。并且，因为"鮎"的读音使用了"アユ"，所以"ナマズ"对应的汉字便定为"鯰"了。《和名类聚抄》已将"鮎"的发音标作"アユ"，将"鯰"标作"ナマズ"。由此可见，日本人自很久以前便已将二者进行了区分。

鲇鱼是日本颇具代表性的河鱼。因鱼肉不但没有腥味还具有一股独特的风味，也被人们叫作"香鱼"，自古便是人们餐桌上的美食。鲇鱼在每年初夏逆流而上，秋季又顺游而下产卵后死去。这也是人们将鲇鱼称为"年鱼"的原因。

据《延喜式》的记载可知，当时每年都有许多国家进贡鲇鱼。在日本各地出土的木简上关于贡品的记载中也有很多关于鲇鱼的内容。

自平安时代以来，宫廷的庆祝宴席上一定会有一道鲇鱼料理。比如，

"押鲇"、"盐鲇"（两者均为盐腌鲇鱼）、"鲇烧物"（烤鲇鱼）、"鲇鲊"（鲇鱼寿司）等。这其中"鲇鲊"也就是鲇鱼寿司的制作使用的是初夏捕获的鲇鱼，人们要先将鲇鱼放入筒中腌制发酵，等到秋天以后再食用。在公家和武家，这种鲇鱼寿司曾是相互馈赠的礼品之一。

在镰仓时代出版的《沙石集》中，记述了有关东北地区的农民捕捞鲇鱼做成寿司的内容。由此可见，自那时起鲇鱼的食用已普及到了各个阶层。

到了近代，江户地区的多摩川是鲇鱼的著名产地，这里每年都会进贡鲇鱼供将军食用。进贡鲇鱼的大领村还因此从幕府那里获得了一定的渔业特权。此外，在各个大名的领地内，如果捕获了鲇鱼，都要献给藩主，有些地方甚至还设置了禁渔区域。而获准捕捞鲇鱼的村子须缴纳"鲇运上"（租税的一种），别的村子的渔业者也需要缴纳一定的捕鱼费用。

自古以来，人们会采用各种各样的方式捕捞鲇鱼，这些捕鱼方式大多利用了鲇鱼独特的生态习性，并由此逐渐形成各个时节的风物诗，流传至今。

初夏时节，开始逆流而上的鲇鱼仍处于杂食状态，什么都吃，所以正如神功皇后的传说中所述，人们可以用钓饵钓到鲇鱼。但到了梅雨季节，鲇鱼会吃附着在石头上的水垢并渐渐长大，这时用钓饵就钓不到鲇鱼了。于是人们发明了被称为"友钓り"（活饵垂钓）的钓鱼方式，这种方式充分利用了鲇鱼会对侵入自己地盘的其他鱼发起攻击的特性。此外，还有训练鹈鹕来捕捉鲇鱼的方式，这也是非常独特的一种捕鱼方式。《隋书·倭国传》中已经出现了饲养鹈鹕的记载，由此可见，日本在很久以前便已有了这种捕鱼方式。

初秋时节，鲇鱼开始顺流而下。这时人们会采用"簗"（鱼梁），也就是筑堰拦水的方式来捕捉鲇鱼。十四世纪前后创作的《石山寺缘起》中便有一幅描绘鱼梁架于宇治川的画作。到了江户时代,"簗场料理"一度十分流行,那时日本各地的河川上都架起了鱼梁,人们会将捕获到的鲇鱼当场料理后食用。

现在虽然还能在日本各地看到这些风物诗,但捕捉到的鲇鱼几乎都是人们放养的,野生的鲇鱼已经几乎看不到了。

三 江户的垂钓与观赏鱼

以垂钓为乐趣始于江户时期

鱼，对于日本人来说，自绳纹时代起便是宝贵的食材，也是维持生存的重要食粮之一。日本人不仅仅食用鱼肉，剩下的鱼皮、鱼骨也会物尽其用。比如，人们会将鲨鱼或丝背细鳞鲀（カワハギ）的鱼皮等制作成刷子或用于其他用途；还会将各种鱼的骨头或牙齿等做成针或装饰品；而沙丁鱼干甚至被人们用作肥料。所以，渔捞自古便成为人们生活中极其重要的一环。

渐渐地，随着生活的富足，人们开始将垂钓作为兴趣，或者为了观赏而养鱼。甚至还会培育出专门供观赏用的鱼品种。而这些正是我们所说的文化。

随着钓钩的出土，人们已知自绳纹时代起，祖先就开始使用垂钓这种捕鱼方式了。正如前面所讲，从《古事记》的"延绳钓"方法钓鲈鱼的故事、山幸彦弄丢哥哥海幸彦钓钩的故事，均可以看出弥生时代以后垂钓的兴盛。

但垂钓作为一种爱好而广泛兴起，则是近代以后的事情了。在平安时代的贵族宅邸，院子的池塘边会建起一个被称为"钓殿"的小亭子，但这个小亭子是供贵族们享受垂钓乐趣的可能性其实不大。人们普遍认为钓殿是受中国影响，模仿"钓鱼台"而建造的亭子。古时候中国的王公贵族会将大池子或湖泊直接用作园池，以架桥连接小岛或岬角，以这种形式打造了诸多的建筑。王公贵族会泛舟湖水上，赏景游玩。"钓鱼台"，正如其名，当初应该也是他们用来享受钓鱼乐趣的地方吧。

虽然不能绝对确定地说平安时期的贵族不以垂钓为乐趣，但从当时的文献以及绘卷等文物中确实找不出平安贵族享受垂钓的证据。

进入江户时代，在宽文年间（1661 年—1673 年），以江户为中心，武士和老百姓也开始热衷于垂钓。到了元禄时代（1688 年—1704 年），垂钓变得更为盛行，人们甚至开始研究钓鱼的工具或方法。据说，曾有一位大名在江户本所竖川的河渠岸边立起金色屏风，在金银镶嵌的钓竿上绑上吉原地区（东京都台东区浅草北部，原为妓院区）妓女的头发作钓丝，钓黑腹鳑（タナゴ）等小鱼为乐。但这则说法其实有些不太可靠。因为即便是在江户时期，也是到了后期才开始出现一些风流人物以女性的头发钓黑腹鳑。

人见必大（1642 年—1701 年）所著《本朝食鉴》中的《鳞介部》中曾描写了人们钓沙鲅和鰕虎鱼的场景。"在江都的芝浜、品川、中川，到了七八月，客官和商人会乘坐装饰华丽的游船，举办玩水活动，大家比赛垂钓。这也正是武江上的一种优秀的娱乐项目。"而关于钓鰕虎鱼的场景则记述道："江户的士民、收藏家、好玩之人等皆撑杆驾扁舟，穿戴蓑笠，带一壶茗酒。将钓竿一横，令钓丝垂入水中，比赛钓鱼。此乃江上之闲凉、忘世之乐趣。"

《生类怜悯令》

作为一种嗜好的钓鱼先是在大名或武士之间流行，随后传至富裕的江户市民之间。不，应该说连不富裕的江户人也会抱着既有乐趣又可以钓到鱼的心情，一手拿钓竿、一手拿鱼笼，来到海边或河渠。当时的钓竿基本都是用一整根布袋竹（ほていちく）制成的竹竿。虽然市面上也出现了一些经过精雕细刻的竹钓竿，但由于价格高昂，能拥有这种钓竿的人仅限于大名或富商。

到了江户中期的江户地区，垂钓突然间急速普及，是有原因的。面朝江户湾的港湾得以修建，河口等其他邻水区域的护岸工程也得以推进，因此到处都是可垂钓的地方。再加上为了方便物资的运输，河渠网也得以发展，所以垂钓的场所急剧增多。并且，从这时期开始，"钓舟"出现了。商家通过拼船或租借的方式，吸引想要垂钓的客人。于是，过去只有专业的渔夫才能前去的地方，渐渐发展到平常人也可以带着钓竿去垂钓了。当然垂钓的迅速普及与人们消费的大幅提高是分不开的。

然而，进入元禄时期，江户地区的人便无法再垂钓了，原因是五代将军德川纲吉所颁布的《生类怜悯令》。《生类怜悯令》颁布于贞享四年（1687年），最初禁止人们虐待猫狗等动物，随后渐渐升级，甚至连对鱼和昆虫的杀生都遭到了禁止。到了元禄六年（1693年），又出台了禁止垂钓和禁用钓舟的法令。那时，江户城中，鱼贝类已经不再是厨房的食材了。江户人不仅仅无法享受垂钓的乐趣，就连食用鱼贝类都受到了限制。这对于经营鱼店的人和靠捕鱼为生的渔夫来说，是一个极大的打击。

但人们始终无法割舍曾经从垂钓中获得的乐趣。所以那时有不少人偷偷地进行垂钓。在江户时期的随笔《窗之游》（『窓のすさみ』）中有下面这样一段描写：

宝永五年（1708年）七月，"御家人"[1] 爱久保弥太夫在钓鱼的时候

---

[1] 江户时代直属于将军的下级武士。

被人发现并被逮捕。接受调查的弥太夫说道:"我虽知晓禁令的存在,但(钓鱼)是我自年轻时的爱好,刚才我实在忍不住了,才在公务期间违反了禁令。"当被问到是从何处得到的钓钩时,弥太夫回答称:"我自年轻时便擅长此事,(中略)此乃出自我自己之手,世人称之为'爱久保流'并模仿其制作。"也就是说爱久保弥太夫被抓住后非但不胆怯,反而还炫耀起了自己的钓钩。随后,弥太夫要接受审讯,便被转移到了小传马町。但在等待审讯期间,将军纲吉于宝永六年一月十日(1709 年 2 月 19 日)去世。《生类怜悯令》随即被废止,而弥太夫也得以释放。

女性的垂钓

禁令一解除,垂钓便再度盛行起来。正如日本的谚语"釣りする馬鹿に見る阿呆"(比起钓鱼的人,在旁边看别人钓鱼的人更闲)所说,到处都能看到垂钓之人。日本还有一个俗语是"釣り好きは子を飢えさす"(爱钓鱼的人让孩子挨饿),正如这个说法所描述,那时沉迷于钓鱼的人甚至都顾不上工作和家庭。甚至还有说法称"釣りは道楽の行き止まり"(钓鱼是嗜好的尽头)。

那时,日本出版了许多关于钓鱼的书籍或是对钓鱼场所的介绍等。享保八年(1723 年),一个名叫津轻采女正的"旗本"(江户幕府时期武士)创作了一本名叫《何羡录》的书,这也是日本最早的钓鱼指南。书中详细介绍了春、秋两季在江户湾钓沙鲹的场所,并将如何看天气以及钓竿、钓钩、钓丝、钓锤等与垂钓相关的内容分三卷进行了整理和汇总,可以说是一本集垂钓秘诀之大成的著作。

自《何羡录》以后,以玄岭老人的《渔人道知边》(1770 年)与里旭的《于加钓手引草：暗之明里》（1788年）为首，又相继出版了从钓鱼入门书籍到钓场指南等在内的各种各样的相关著作。

在这些著作中出现的江户前期的鱼种类也十分丰富。如沙鲅、鰕虎鱼、鲽鱼、小鳞沙鲅（アオギス）、章鱼、狗母鱼（エソ）、牛尾鱼（コチ）、鲹鱼、小银绿鳍鱼（ホウボウ）、箱根三齿雅罗鱼（ウグイ）、小鲷鱼（コダイ）、白姑鱼（イシモチ）、黑鲷、河豚、大泷六线鱼（アイナメ）、小鲈鱼（セイゴ）、褐菖鱼（カサゴ）、鲻鱼、牙鲆（ヒラメ）、青花鱼、鲈鱼等都有登场。

天保年间（1830年—1844年），鲣鱼、鲯鳅、真鲷等大中型鱼也成了非职业渔夫的垂钓对象。据说为了钓到这些鱼，那时甚至还兴起了大家一起拼船去海上钓鱼的风潮。

也正是在这一时期，女性也开始以垂钓为乐。寺门静轩的《江户繁昌记》（1832年—1836年）中就描写了永代桥下乘坐小舟的女性和孩子因钓鳗鱼而气氛欢跃的情景。此外，歌川丰国（1769年—1825年）创作的锦绘《夕凉永代桥游鱼图》中也描绘了三个俊俏的年轻男子与被推测来自花柳场所的两名女子一起乘坐小舟的情景，其中各有一名男女在垂钓。图中的钓竿上还拴着浮木，似乎是在钓鰕虎鱼。

如今，越来越多的女性会登船出海钓鱼，所以现在很多船上都设有女性独立的卫生间。但直到昭和三十年代，出海钓鱼的船上都没有厕所，所以女性几乎无法随船出海。

那么，江户时代乘舟去垂钓的女性到底是如何上厕所的呢？虽然我并没有找到这方面相关的史料，但没准那时候的女性就是将和服下摆一撩，在船尾撅起屁股如厕的吧。之所以这么说是因为江户时代，道路两旁埋有尿桶，而男女都是在那里上厕所的，并且尿桶旁边也没有围挡。当时男人在尿桶边如厕时面朝前，女性则转过身去撅起屁股方便。当时有专门管理这些尿桶的人，他们会将尿液收集起来用作肥料。

说起"便所"，即便是江户地区市中心的长屋，也是男女共用一个厕所，可以说相当开放了。在当时，如果将厕所建造成如现代这般全封闭的空间，那臭味便散不出去了。现在普遍认为，当时的女性在这方面并没有那么强烈的羞耻心，所以敢在公共场所上厕所。顺便一提，当时的"钱汤"（大众浴池）也几乎是男女混浴。以伤风败俗为理由，江户町奉行曾多次发布禁止混浴的禁令，但即便钱汤将入口改为男女分开，但泡澡的池子仍是连着的，所以依然是换汤不换药的男女混浴。

话题似乎有些跑偏了，那让我们最后回到正题。

不论如何，江户时代兴起的钓鱼热潮在之后几乎从未衰退，直到现在仍有许多钓鱼爱好者。虽然这期间钓鱼的工具和垂钓方法有所进步，但通过当时有关书籍的记载可知，垂钓者的心理从古至今始终如一。

金鱼传自中国、锦鲤为纯日本产

鱼，食之为乐，钓之为乐，观之亦为乐。最近，各地都建造了大型水族馆，人们可以在里面观赏到世界各地的鱼。而将鱼饲养起来进行观赏的做法其实古已有之。

在《日本书纪》景行天皇四年这一条中，出现了一则在美浓国的泳宫观赏朝夕池中的鲤鱼的故事。也就是说在奈良时代的养老年间（717 年—724 年），贵族就已经开始在庭院的池子里饲养鲤鱼以供观赏了。平安时代贵族的庭院也设有泉池，而寺院的庭院中更是开始建造"心"字池，这些池子里饲养的都是鲤鱼或鲫鱼。

实际上，这些池子并非只为了观赏鲤鱼或鲫鱼而建造。那时的人们将

花鸟风月日本史

池塘作为装点庭院的一个要素，而在池中畅游的鱼自然成了观赏之物。

渐渐地，人们开始培育色彩鲜艳的观赏鱼。金鱼和锦鲤便是这样来的。

金鱼，于三世纪至五世纪期间，在中国南部作为鲫鱼的一个变种出现，后经改良形成了金鱼这一品种。也有说法称金鱼的故乡是中国浙江省杭州的西湖或浙江省嘉兴的南湖。

"和金鱼"（ワキン）这种最常见的红白金鲫因其名称，往往被认为是日本的特产，但其实并非如此。和金鱼、凸眼金鱼、琉金等金鱼品种其实都是从中国传入日本的。不过江户时代以后，由日本改良培育出的金鱼品种也不少。

据《金鱼养玩草》（1748 年）或《金鱼名类考》（1796 年）记载，金鱼最早是在日本战国时代前期的文龟二年（1502 年）正月传入日本的，传入地为日本泉州的堺这一地区。

到了江户时代，金鱼养殖渐渐普及，一般老百姓也开始饲养金鱼。但在江户初期，由于金鱼的价格高昂，能够养得起的只有将军、大名或者富商等权贵。到了江户中期以后，江户地区的老百姓首先开始饲养金鱼，渐渐地金鱼也普及到了寻常百姓家。

延宝年间（1673 年—1681 年）出现了养殖金鱼用以贩卖的"金鱼屋"。应该也是自这时起，日本各地专门的金鱼养殖业规模越来越大。

大和郡山市至今仍是日本著名的金鱼产地，而这里的金鱼养殖始自享保九年（1724 年）。这一年，柳泽吉里从甲斐府中移封到郡山藩做了藩主，他让家臣饲养自己带来的金鱼。而这也被认为是大和郡山市金鱼养殖的开端。柳泽吉里是五代将军纲吉的"侧用人"（将军近侍的最高职）——柳泽吉保的儿子。一名曾是纲吉侧室的女子来到柳泽吉保家成了柳泽夫人，并生下了柳泽吉里。但也有传闻称柳泽吉里是纲吉的儿子。

到了宝历年间（1751年—1764年），江户地区贩卖金鱼的小摊子随处可见。宽延元年（1748年）出版的《金鱼养玩草》是一本饲育金鱼的入门手册，颇受欢迎。到了明和期（1764年—1772年）以后，锦绘中大量出现金鱼的图案。据悉，小商小贩扛着两头挂有金鱼桶的扁担走街串巷卖金鱼也是这时开始出现的。

到了文化、文政时期（1804年—1830年），沿街叫卖金鱼的行当成了江户地区夏季的风物诗。从锦绘中可以看出，这时已经有了装金鱼的透明玻璃——"金鱼钵"。但由于价格较高，只有有钱人能买得起。而卖金鱼根深蒂固地成为民间风物诗则是明治时期以后的事情了，这是因为自那时开始，玻璃金鱼钵才得到普及，价格也降到了老百姓能负担的水平。

我们接下来看看几个跟金鱼有关的谚语。

日语中"金魚に子孑"（把子孑放在金鱼旁边）与"猫に鰹節"（把鲣鱼干放在猫旁边，常用来比喻如同让小偷看守仓库一样危险）意思一样，因为子孑是金鱼最爱吃的东西。而"金魚の糞"（金鱼的粪便）至今依然很常用，经常用来揶揄总是跟在上司后面的跟屁虫。"金魚の刺身"（金鱼做的生鱼片）这个说法则用来形容那些外表看似不错，实则不能吃的东西，此外也常用以形容漂亮的妓女不好对付。而"金魚の小便"（金鱼的小便）则用来表示做了坏事却依然面不改色，也就是"いけしゃあしゃあ"（恬不知耻、若无其事）的诙谐说法。

金鱼来自中国，与之相对的锦鲤则是纯日本产的观赏鱼。在淡水鱼中，像锦鲤这般每一条都有着各自不同的图案且色彩如此鲜艳的鱼，恐怕全世界都找不到第二种了。

锦鲤在日本也被称为"色鲤"或"花鲤"，其来历目前尚无定论。但一般认为自大正三年（1914年）于东京上野公园举办的"东京大正博览会"

上，由新潟县东村展出的"红白"（白色身体上有着红色图案的锦鲤）广受好评后，这个品种才逐渐得以发展。

江户中期，以越后小千谷为中心的旧二十村乡附近雪山的水塘中就饲养了色鲤。据说，人们将突然发生变异的红鲤鱼和浅黄色的鲤鱼一点点地进行改良，才有了现在的锦鲤。天明饥馑时期（1782 年—1787 年），干旱导致村子里的水都枯竭了，色鲤也相继死去，面临着灭种的危机。当然，也可能当时有人为了充饥偷偷捉走了水塘里的色鲤。于是，村里人将还活着的色鲤全都转移到不会干枯的盐谷千龙池，由此避免了色鲤的灭绝。也因此，直到今日我们还能一睹闻名世界的锦鲤。

很多人可能都知道，来自新潟县的日本前首相田中角荣也曾在自家庭院的池子中养过许多昂贵的锦鲤。看来，锦鲤已成为越后人的骄傲。

金鱼与锦鲤都属于鲤科，但作为观赏鱼在品种改良的过程中，金鱼主要在形体上发生变化，而锦鲤主要在色彩上发生变化。未来究竟还会出现什么样的变化，让我们拭目以待吧。

四 鱼的岁时记

点缀早春夜晚海面的"白鱼渔"

佃岛的"白鱼渔"（捕捞银鱼）是早春的江户风物诗之一。夜晚，从隅田川的河道到佃岛甚至一直延伸到永代海上，都能看到星星点点燃起篝火的捕鱼船。据说，一旦过了春分，银鱼开始怀卵，味道就远不如之前鲜美了。所以渔夫要乘着尚吹着寒风的海浪出海，用捕鱼网捕捞银鱼。江户的青楼女子会在高轮或品川附近的青楼二楼远眺海上那星星点点的"白鱼火"，并以此为乐。

这番将早春的江户之夜装点得颇有情趣的景象一直延续到了明治以后。河竹默阿弥在歌舞伎剧目《三人吉三》的"大川端"这一场中写下了一句著名的台词——"月色亦朦胧，白鱼篝火雾荧荧，初春夜来到"。这句描绘了初春时节，天空微微发白、月色朦胧之景的歌舞伎台词可谓家喻户晓。这里的"大川"其实就是隅田川的通称。

到了江户时代以后，人们才开始食用银鱼，此前的文献与和歌中几乎从未出现过对银鱼的描写。江户时代，佃岛的渔师森一族曾独占银鱼的捕捞，并流传着下面这样一则传说。

随同德川家康入府江户、摄津国佃村（现大阪市西淀川区）的名主森孙右卫门带领着三十余名渔夫移居到了隅田川口的江户湾上的一座小岛（佃岛），并得到了江户河口以及江户湾的渔业权。作为回报，森孙右卫门有义务每天向江户城进贡鱼贝类，并且要不断地汇报出入江户湾的船只以及海边的情况。据称，森一族与德川家康的交往是从天正十年（1582 年）本能寺之变后，德川家康通过"伊贺越"[1] 摆脱了危机后开始的。

　　某年冬天，在森一族捕鱼的时候，河口附近有一条雪白的鱼进入渔网中。人们定睛一看，发现鱼的头部有着"葵纹"（德川家康的家纹）般的图案。于是，森一族赶紧将此鱼献给了德川家康。德川家康大喜，赞赏道："此乃白鱼，我在三河的时候常吃这种美味的鱼。在江户的海里也能捕到此鱼，这是非常好的吉兆啊！"于是便赐予了森一族独占银鱼捕捞的权利。德川家康在世时，人们既不能捕捞银鱼，也不能在岸边进行银鱼买卖，但随后这一禁令被解除。颇喜欢稀奇物什的江户人立刻就喜欢上了银鱼，人们一度争先恐后地购买之。而从佃岛向将军家进贡银鱼的传统也一直延续了下来，身穿"裃"（江户时代的礼服）的佃岛渔夫会用专门的箱子装好银鱼进行运送。据说，那时运送银鱼的渔夫即便跟大名的队伍抢路也不会受到责罚，可见其地位之高。

　　但这则故事难免令人感觉森一族有夸夸其谈、自吹自擂的嫌疑。我们从中可以看出当时的森一族希望通过这个故事来强调自己的氏族与将军家的关系，也可以看到他们借此将自己的族人独占银鱼捕捞的行为正当化的意图。

　　顺便一提，森一族确实从将军那里拜领了日本桥小田原町的河岸地，这一地区后来也发展出了十分繁荣昌盛的渔业。

---

[1]　即危机当前，德川家康越过伊贺的山地到达伊势境内，从海路回到三河、远江的这段传奇经历。

自江户时代以来，深受将军家喜爱，随后又在江户民间引发追捧热潮的银鱼，如今在东京湾却渐渐捕捞不到了。这是因为人们建造起的水泥护岸和被污染的河水，导致隅田川早已不适合银鱼的栖息与繁衍。

最后，将与银鱼有关的两首俳句献给大家。

明ぼのやしら白魚きこと一寸

（黎明天际白，洁白如银之白鱼，仅有一寸长。）

——松尾芭蕉

白魚のどっと生まるるおぼろかな

（小小银白鱼，初夏成群产鱼卵，月色朦胧时。）

——小林一茶

不知曾经描绘了银鱼的松尾芭蕉和小林一茶看到现在的隅田川，又会作何感想呢？

春季的代表性鱼还有"鰊"（にしん），即鲱鱼，在日本也被叫作"春告鱼"。每年一到春天，为了产卵，鲱鱼会成群来到北海道的西海岸，日语中将此称为"鰊群来"。鲱鱼群游来的时候，海面一带会被它们的卵和精子整个染成乳白色。

春天的时候，很多渔民会专程来到北海道出海捕捞鲱鱼。这些颇具"季节性"的渔民主要是来自东北地区的渔夫或农民。但近几年，这些捕鲱鱼的渔民却失去了大展身手的舞台，因为鲱鱼已经不再游到日本近海来了。曾繁荣一时的"鰊御殿"（过去捕捞鲱鱼的渔民建的住宅）也早已人去楼空，只剩下腐朽的建筑了。鲱鱼群今后还会再游来这里吗？

在春季樱花盛开之时捕捉到的真鲷（加吉鱼）也被称作"樱鲷"或"花见鲷"。这一时节，真鲷为了产卵，来到内海的浅海区域。而此时它们因体内荷尔蒙的作用，肉质极其鲜美，肉色也如樱花般娇艳，因此得名"樱鲷"和"花见鲷"。

鲷鱼自古便因其鲜红、绚丽的外表而深受日本人的喜爱。七福神中的惠比寿右手持钓竿，左手抱着表示吉祥的鲷鱼的形象便是最好的印证。

而头尾均保存完好的鲷鱼被视作吉祥之物，并被称作"鱼中之王"，则出现在江户时代以后。因为那时的武家很忌讳切或砍这样的行为，所以才会将一整条鲷鱼呈上宴席。此外，江户时代以后，人们也开始将鲷的发音"タイ"与表示可喜可贺之意的"めでたい"视为谐音，更赋予了鲷鱼吉祥之意。

此外，在日语中与鲷鱼有关的谚语也有很多，比如"腐っても鯛"（就算腐烂了那也是鲷鱼，用来形容瘦死的骆驼比马大）和"海老で鯛を釣る"（用虾钓鲷鱼，常用来表示一本万利或吃小亏占大便宜）都是很常用的谚语。不过，鲷鱼喜欢吃虾是事实，特别是产卵之前，它们会吃掉大量的虾。据说这也是鲷鱼通体呈红色的原因所在。虾被煮熟后会变红，这是因为虾的体内含有一种叫作虾青素（astaxanthin）的色素。因此，鲷鱼的肉质泛红，实际上和它的饮食特性有关。

此外，在日语中带"鲷"字的鱼中仅有三种属于鲷科，分别是真鲷、黄鲷和血鲷，但还有诸如黑鲷、念佛鲷、石鲷等带"鲷"字的，种类竟能超过二百种的鱼，后者不过是模仿"鱼中之王"鲷鱼取了名字罢了。近代以后日本人对鲷鱼的喜爱，从这二百多种鱼的命名中也能略见一二。据说，直到现在，如果人们将西洋产的鱼命名为"某某鲷"，往往会卖得很好。

江户人热衷的"初鲣"与"土用鳗"

目には青葉山ほととぎす初鰹

（青叶映入目，初夏杜鹃鸣翠山，品啖鲣鱼鲜。）

——山口素堂

かまくらを生きて出でけむ初鰹

（镰仓到江户，初鲣运来献德川，鱼儿美名传。）

——松尾芭蕉

　　江户地区的人究竟是从何时开始对食用"初鲣"（指每年春末夏初北上的鲣鱼）着迷的呢？《庆长见闻集》中便有记载称，"鲣乃胜利之鱼，古文中曾记载有先例，遂众武士出发前的酒肴皆用鲣鱼"。在日本战国时代的小田原北条氏管辖区域，武士迷信鲣鱼能为自己带来胜利，所以非常喜欢食用鲣鱼，这也被认为是人们喜食鲣鱼的开端。

　　初夏时节，鲣鱼会随着黑潮洄游，当年最早捕获的一批鲣鱼被人们视为珍品。据说，那时的江户人对鲣鱼的热衷甚至到了"即便把妻子当掉"也要换鲣鱼吃的程度。江户的鲣鱼主要是在镰仓和小田原一带钓到的鲣鱼，正如松尾芭蕉在俳句中所写，人们为了保持鲣鱼的新鲜度，需要尽快运输。早晨钓到的鲣鱼，经过快马加鞭地运输，晚上就送到江户了，这种鲣鱼被称为"夜鲣"。而且比起陆路，海路其实更快，所以人们对鲣鱼的喜爱也促生了将生鱼尽快运送到江户的船运业的发展。

　　"初夏时节捕初鲣，摇船人手如百足^[1]"这句川柳描写的便是运送初

---

[1]　百足即蜈蚣。

鲣的渔船。即便如此快马加鞭，心急的江户人还是等不及，甚至有人乘船来到品川岸边，等待运货船的到来。据说当时来到岸边等待的江户人在看到运送鲣鱼的船只靠岸后，不等船夫卸货便立刻扔一两钱到渔船上，让渔船上的人扔一条鲣鱼给自己，然后赶紧拿着买到的最新鲜的鲣鱼跑回去炫耀。那时候还没有芥末，人们大多是蘸着酱油，吃鲣鱼剁碎后的鱼肉。

接下来我们再谈谈另一种夏天必须提到的鱼——"土用鳗"。虽然随着冷冻食品的发展，时至今日人们不再似当初那般热衷于初鲣，但"土用鳗"可是至今仍保持着超高的人气。

鳗鱼的营养价值很高，自古以来，人们在夏天因酷暑闷热而食欲不振时，就会食用鳗鱼。《万叶集》卷十六中，大伴家持曾作和歌曰：

石麻呂にわれもの申す夏痩せに
よしといふものぞむなぎとりめせ

（告之石麻呂，消夏去暑有良药，且啖武奈伎。）

其中的"武奈伎"（むなぎ）便是鳗鱼的古名，据传该名称是因野生鳗鱼的腹部呈黄色而得。关于"鳗"（ウナギ）的语源，落语给出的说法是：鹈鹕（ウ）虽然很容易就能抓住鳗鱼，但吃的时候却犯了难（なんぎ）。

而日本人在"土用丑日"[1]吃鳗鱼的习惯据说来自江户后期一家鳗鱼店提出的想法。曾有一家鳗鱼店的老板与熟客大田蜀山人（大田南亩）说起如何吸引客人来吃鳗鱼的话题，于是便想出了立一块"今日乃土用丑日"牌板的创意，并大获成功。但也有人称这个创意来自平贺源内提出的"今日是土用丑日，是鳗鱼日"这句标语。不论这个说法到底是谁先提出来的，

---

[1] 立秋前的十八天中的丑日。

总之确有其事的是，江户人为了防止夏季倦怠不适而吃鳗鱼，从而使鳗鱼店生意兴隆。

另外，"蒲烧鳗鱼"（烤鳗鱼串）在关西的做法是从鱼腹部剖开，而在东京则是从背部剖开。据说，后者延续了作为武士之乡的江户的习惯，因为武士是很忌讳"剖腹"这件事的。

鰯是紫式部的最爱？

秋高气爽的天空与"鰯云"（鱼鳞状卷积云）可谓相得益彰。由于这种卷积云看起来确实很像"鰯"（沙丁鱼）成群游动的样子，日语才称其为"鰯云"，亦叫"鳞云"或"鯖云"。这种将天空视作大海、将云朵视作鱼群的体悟可以说非常日式了。

由于沙丁鱼古时候被人们定位为下等鱼，因其"いやしい"（低贱卑微），所以取谐音"いやし"（鰯）作为名称。此外还有说法称，因为人们认为沙丁鱼"よわし"（弱小），所以名字才取其谐音"いやし"。沙丁鱼的日文汉字写作一个"鱼"字旁加上一个"弱"也是这个原因。

但其实沙丁鱼是一种富含营养且肉质鲜美的鱼，完全不应受到当初那般轻视。这可能是因为古时很容易捕捞到大量的沙丁鱼，而物以稀为贵，于是沙丁鱼才被人们轻视了吧。尽管看不起沙丁鱼，但古人仍知道沙丁鱼的美味。江户时代编纂的《和训栞》中便记载了下面一则故事。

某天，紫式部吃了沙丁鱼，自此便再也无法忘怀那份美味。但当时的贵族都将沙丁鱼视为卑贱的鱼，所以紫式部无法公然食用。于是，她便趁着丈夫藤原宣孝外出的时候，偷偷烤了沙丁鱼来吃。但外出归来的丈夫闻到了沙丁鱼的味道，责备了她。于是，紫式部立刻以和歌回应道：

日の本にはやらせ給ふいはしみず

まゐらぬ人はあらじとぞ思ふ

（普天之下，无人不拜石清水［八幡宫］，无人不食味美鱼［沙丁鱼］。）

　　紫式部的意思是：只要是日本人都会去石清水八幡宫参拜，同理，只要是日本人都会吃沙丁鱼。自那以后，宫中女官便将"紫"用作沙丁鱼的隐语。但《猿源氏草纸》却将这个故事安在了和泉式部身上。不过，不论这件事到底发生在谁身上，故事本身都包含着对不吃沙丁鱼这般美味之鱼的上流阶级的一种嘲讽，同时也对沙丁鱼的美味进行了宣传。此外，也有说法称，之所以将沙丁鱼称为"紫"，是因为沙丁鱼聚集在海面时，原本蓝色的大海会呈现出紫色，即"藍（あい）に勝る"（胜于蓝），这与"鮎（あゆ）に勝る"（胜于鲇）谐音，所以才得此名。

　　秋刀鱼也是秋季颇为常见的一种鱼，同样颇为美味。而秋刀鱼同沙丁鱼的命运也颇为相似，都曾长期被人们视作下等鱼。据《梅翁随笔》，在明和年（1764 年—1772 年）之前，几乎没有人吃秋刀鱼。直至安永元年（1772 年），有家鱼店大打"价廉且身长为秋刀鱼也"的宣传，这种鱼才开始受到平民阶层的喜爱。但当时很多带有偏见的武家依然不肯吃秋刀鱼。

　　古典落语《目黑的秋刀鱼》颇为著名。某日，将军外出鹰猎，于目黑一带的一个茶屋休息，在那里他吃到了刚烤好的秋刀鱼，对其味道赞不绝口。回城后将军依然对秋刀鱼的美味念念不忘，于是命人再次做来给他吃，却完全没有之前那般好吃了。想来也肯定不好吃，因为将军的膳食在做好之后要先有人试毒，最后端到他面前的菜肴已不是新鲜出炉了，所以这道烤秋刀鱼想必口味大不如现烤出来的。最后，将军感叹一句："还是目黑的秋刀鱼好吃！"

关于这位将军的身份，有人称是三代家光，也有人称是八代吉宗，无论如何，可以确定的是，这则落语创作于安永以后。《目黑的秋刀鱼》在讽刺将军连现烤好的肥嫩秋刀鱼都吃不到的同时，也对秋刀鱼的美味进行了大肆宣传。

此外，秋天的鱼中还有一种不得不提，那便是"鲑"，即大马哈鱼，在日语中人们也称其为"秋味"，可见其深入人心的程度之甚。从绳纹时代起，大马哈鱼便在日本人的饮食中占据了极其重要的地位。到了秋天，大马哈鱼会从日本海一侧、东北地区以及北海道地区的河川溯河洄游产卵。

这一节的最后将为大家献上两首与鲑鱼有关的俳句：

初鮭や網代の霧の晴間より

（秋至初鲑洄，网代薄雾现晴天，此景映我心。）

——支孝

鮭に酒換へてうき世をえぞ知らぬ

（鲑鱼与美酒，换来浮世俗尘事，全然皆不知。）

——芜村

冒死吃河豚

到了冬天，吃着河豚什锦火锅，再配上一杯"鳍酒"[1]，真是尺颏

---

[1] 日本一种特有的酒，将鱼鳍割下，小火烧烤片刻后浸泡在清酒中饮用。

生香。

河豚的肝脏和卵巢中含有剧毒（河豚毒素），如不慎误食会致人死亡。但河豚的"白子"（精巢）与其身体的肉质却鲜美无比，正如在本书之前的内容中为大家介绍过的，日本人从绳纹时代起便已开始食用河豚了。

顺便为大家介绍一个关于河豚日语说法的小知识。在关东地区，人们往往称河豚为"フグ"；而在关西则大多没有浊音，称之为"フク"。那么，这一发音为何对应着"河豚"二字呢？

河豚虽是海鱼，但在中国却是逆川而上的鱼。据说，河豚能从长江入海口逆着激流，一直游到上游约一千两百公里的汉口。

中国人自古就视河里捕到的河豚为珍宝。由于是在河里捕到的豚鱼，所以便叫作河豚了。至于为何是豚鱼，据称是因其刚捕捞上来时会发出类似猪叫的声音，再加上河豚鼓起来的样子很容易让人联想到猪，因此而得名。

在丑陋外貌下却拥有鲜嫩肉质的河豚，自古被中国人视作美味。其精巢也因味道鲜美而得名"西施乳"。从人们将河豚肉比作春秋时代的美女西施的乳汁，足以看出中国人对河豚美味的赞美。

在这一点上，日本人也不甘落后。松尾芭蕉便创作了"诶呀并没啥，昨日无所事事过，但喋河豚汤"这首俳句。诗人表示，虽昨天吃了河豚汤，但自己觉得没什么大不了的。实则借此表现了自己的得意。

日语中还有一句谚语"河豚食う無分別に河豚食わぬ無分別"，意思是冒死吃河豚的是笨蛋，但因其有毒而不吃河豚的更是傻瓜。

到了冬天，便迎来了吃河豚的季节。人们常说"河豚は食いたし命は惜しし"（想吃河豚又惜命），以此形容想占便宜又怕冒险的意思。江户时代，河豚料理风靡一时。井原西鹤的作品中也屡屡出现描写老百姓品尝河豚汤的情景。

正如贝原益轩所说"谨慎之人不应食（河豚）"，传言武士曾是不吃河豚的。换个角度来看，应是因为当时大家都被河豚的美味深深吸引，常常能看到吃河豚的人，所以贝原益轩才有如此告诫之言吧。而有时人们也把河豚叫作"铁炮"，这是因为一旦"命中"，就小命不保了。

江户时代曾有一种说法称"河豚と間男は食い初むと堪忍ならぬもの"，意思是河豚和情夫都是一旦尝试过就再也忘不掉了。"河豚にも当たれば鯛にも当たる"（吃鱼时有可能吃到有毒的河豚，也可能吃到象征吉祥的鲷鱼），常用来形容祸福难卜。江户时代的老百姓觉得，反正自己不一定那么倒霉，所以也就心安理得地享受起河豚的美味了。

综上所述，至今到了冬季，河豚料理依然具有颇高的人气。和江户时代不同的是，现在人们只要去正规的料理店，就绝对不会出现中毒身亡之事。

不过，"河豚の横飛び"（河豚斜着身子跳）以及"河豚の立泳ぎ"（河豚站着游）都是用来嘲笑身材臃肿、腹部凸出来的女性的说法，是对女性的蔑称，现在几乎已经不用了。

而冬季的鱼肉火锅中还有两种鱼不得不提，那便是鳕鱼和鮟鱇。对于生活在北国的人来说，鳕鱼是冬季不可或缺的一种鱼，不论是煮着吃还是烤着吃都非常美味。趁着冬日的严寒，人们将鳕鱼用粗绳串起，吊在室外晾晒制作成鳕鱼干，作为能够长期保存的食物而在日本各地得到广泛普及。

鮟鱇可以说是奇丑无比的一种鱼了。体形大的鮟鱇全长能达到一米，全身胶质黏液较多，手感非常滑，很难捉住，所以人们一般会将鮟鱇吊起来再做处理。鮟鱇虽样貌丑陋，却有着鲜美的肉质，除了骨头以外几乎没有不能吃的地方。江户时代以后，鮟鱇成为冬季料理中颇受人们喜爱的一种鱼，《料理物语》中还记载了鮟鱇的料理方法。《古今料理集》记载称，鮟鱇是身份高贵之人才能品尝的珍味。

五 大型鱼的日本史

鲸鱼的味道

日本有一句谚语叫"鯨も白魚も魚"（鲸鱼和白鱼都是鱼），常用来表示不能根据大小来差别对待，也绝不可因为体形小就轻视对方之意，即人不可貌相的比喻说法。古时候，人们将鲸看作鱼的一种，所以"鯨"字使用的也是鱼字旁。

而"勇魚"（いさな）是古时候鲸鱼的日文名字。"勇鱼取"随后也成了大海、海滨以及波涛汹涌的海面一类事物的枕词。在《万叶集》卷二中便有《太后之御歌一首》："勇鱼取——淡海之海，远离洋面有船划来……"这里的"淡海之海"即琵琶湖，当然这句和歌并不是说琵琶湖里有鲸鱼，而是将"勇鱼取"用作了淡海的枕词。

江户时代后期出现了一本名叫《勇鱼取绘词》的书。书名中的"勇鱼取"指的是捕鲸。该书后面附有小山田与清于文政十二年（1829 年）写下的跋文，书中用图解的方式详细描绘了在九州肥前的生月岛上益富又左卫门的捕鲸事业。

首次指出鲸鱼并不属于鱼类的是梶取屋治右卫门（山濑春政）于宝历十年（1760 年）出版的著作《鲸志》，在该书中他指出，鲸虽为鱼形，但实为哺乳类动物。这本《鲸志》也是日本历史上首部记述鲸鱼时，绘有十四种鲸鱼的全身图并对其特征进行详细描述的书籍，在博物学史以及生物学史上均留下了浓墨重彩的一笔。

但一般的日本人大多还是将鲸看作鱼类。即便到了现在，贩卖鲸鱼肉或熏制鲸肉的也并非肉铺，而是卖鱼的店铺。

从绳纹时代及弥生时代的贝冢或遗迹中出土了鲸鱼的骨头，这说明自太古时期起，日本人就已经开始食用鲸鱼肉了。不过当时人们吃的鲸鱼肉很可能是误入海湾，在浅海搁浅，失去自由的鲸鱼。但随后，人们开展了乘着小船拿着鱼叉的捕鲸活动。经考证为三世纪末至四世纪的骨器（自静冈县辩天岛贝冢出土）上清楚地刻有捕鲸的绘图。

另外，古代人也将鲸鱼视为神圣之物。这不仅仅是因为鲸鱼体形巨大，还因为其具有洄游习性。当鲸鱼出现的时候，被鲸鱼追赶的小鱼鱼群便会逃至海湾内，对渔民来说也就意味着一次满载而归。因此，鲸鱼也被人们视作渔业丰收的吉兆，被称为"惠比寿神"或"惠比寿鲸"等。在建有神社的海湾渔村，由于鲸鱼的洄游被人们认为是神的旨意，所以那里的人是不会捕鲸或食用鲸鱼肉的。

《古事记》中关于神武天皇的记述中便有"久治良"（读作くじら，即鲸）的登场，由此可见鲸鱼的名称自古便存在。其中有一首"久米歌"[1]讲述了与鲸鱼有关的故事。在位于宇陀高丘上的一个猎场，人们为了捕鹬，设好了陷阱等待猎物上钩，但捉到的却是鲸鱼。不过，这个在山里用捕鸟的陷阱捉到了鲸鱼的故事怎么听都不合理，所以这里所说的"鲸"其实是"鹰（くぢ）ら"，即老鹰。但正因为是在山里捕鸟的时候误打误撞捕到了鲸鱼，才使得这个故事虽有些荒诞，却越发诙谐有趣。对于这首充满幽默

---

[1]　相传为神武天皇出征时所唱的歌谣。

的久米歌，也许将其理解为人们捕到的是鲸鱼确实会更合适吧。

据说，日本人开始忌讳食肉，始于佛教思想逐渐兴起的天武朝（673年—686年）。人们虽忌食肉类，当时却一直食用着鲸鱼肉。如今普遍认为正是因为当时受宗教思想的影响，人们难以获取兽肉或牛、马等家养牲口的肉，鲸鱼肉才得到了如此高度的认可。

据室町时代的《四条流庖丁书》中记载，鲤鱼被认为是鱼类中最高贵的，而鲸鱼却是个特例，地位远在鲤鱼之上。

实际上，鲸鱼肉非常好吃。不仅仅是鲸鱼肉，日本人食用过鲸鱼的所有部位。天保三年（1832年）刊行的《鲸肉调味方》中，对鲸鱼从肉到内脏、鱼皮、骨头在内的全身所有部位的味道和烹调方法都进行了记述。

书中所载的鲸鱼最美味的部位是接近尾部的背上的肉，做成刺身来食用，真可谓人间极品。鲸鱼肉可烤制或者做成汤、刺身、拌菜等，食用方法多样。此外，该书还介绍了鲸鱼内脏的食用方式。被称为"尾羽"或"尾羽毛"的鲸鱼尾鳍在售卖时会将黑色的鱼皮连带着白色的脂肪部分一起卖，所谓的"皮鲸"就是指这一部位。将"皮鲸"部位用盐腌制后就做成了"盐鲸"。据说丧事时使用的黑白竖条相间的布幕"鲸幕"，以及里外黑白颜色不一的和服腰带"鲸带"的名字均源于此。而将鲸鱼白色的脂肪层切成薄片后，用热水焯过再过凉水而做成的"晒鲸"，则会以醋或味噌等调料调拌，做成拌菜来吃。

这些日本人曾经非常熟悉的味道，如今却很难吃到了。地球上现存体形最大的生物——鲸鱼，在二十世纪过半后数量急剧减少。有些种类的鲸鱼甚至面临着灭顶之灾。而让鲸鱼遭受这般灾难的原因正是人类的过度捕捞。以日本为首，包括北欧等国在内的国家，随着捕鲸技术的发达而大肆捕捞鲸鱼，导致了如今的局面。

现在，国际上已禁止鲸鱼捕捞行为。尽管日本等捕鲸国以资源调查的名义获得了某些种类和一定数量的捕鲸资格,但这一行为迟早会被全面禁止。现在,鲸鱼已经成了稀少的高级食材,一般人几乎吃不到了,今后,或许所有人都无法再吃到鲸鱼肉了。

尽管可能再也吃不到鲸鱼肉了,但因此而指责禁止捕鲸的国际条约也无济于事。如果人们只是用渔网或鱼叉去捕洄游过来的鲸鱼,原本没什么问题。最终导致捕鲸行为遭到禁止的其实是开着捕鲸船,在全世界的海域每年捕捉上千头鲸鱼的屠戮行为。

欧美的捕鲸史与《白鲸》

目前尚未有研究表明人类究竟是从何时开始捕鲸的,但挪威新石器时代(公元前二千二百年左右)的壁画上已经出现了鲸鱼的图案,可见当时北欧人已经开始接触鲸鱼了。通过将壁画上的"鲸鱼"与壁画上其他的鱼类进行比较,也有人认为画中的动物其实是海豚,而海豚是齿鲸的一种。

顺便一提,鲸鱼分为两大类:一类是齿鲸,包括抹香鲸、虎鲸、领航鲸、海豚等;另一类是须鲸,包括长须鲸、露脊鲸、座头鲸以及塞鲸等。

欧洲的捕鲸发祥地应该是挪威,开始时间人们普遍认为是在公元前。到了十二世纪前后,巴斯克人开始将捕鲸作为一项产业。十六世纪,自荷兰率先开始捕鲸后,英国、丹麦、法国以及德国等国家也紧随其后。而十七世纪至十九世纪,美国也一度兴起了捕鲸热潮。

美国作家赫尔曼·梅尔维尔的长篇小说《白鲸》出版于美国的捕鲸业在经历了全盛期后逐渐走向衰败前的 1851 年。这部小说讲述了一个名叫亚哈的船长向夺走了自己一条腿的巨大白鲸莫比·迪克复仇的故事。小说中,亚哈的捕鲸船辗转于全世界的海域,终于找到了白鲸莫比·迪克,经过三天的激烈决斗，最终船倾人亡，幸存者只有水手以实玛利一人。

欧美十七世纪至十九世纪的捕鲸行为，除了挪威对小鳁鲸的捕捉外，并非是为了食用鲸鱼肉，而主要是为了获取鲸油。十八世纪中叶，蜡烛作为美国重要的出口商品之一，其产业的飞速发展便得益于从抹香鲸身上提炼出的鲸蜡。此外，小鳁鲸以及弓头鲸的鲸须也是当时欧美女性着装中不可或缺的束身衣及衬裙的制作材料。这些日常生活中的大量需求，也使得捕鲸行业不断地发展。

但到了1859年，美国的宾夕法尼亚钻出了石油，自此曾用作灯油的鲸油价值便明显降低。用来制作紧身衣的鲸须也由合金替代，除去挪威等一部分国家外，欧洲的捕鲸业开始出现衰退。如果当初的石油发现再晚个五十年，或许会有更多的鲸鱼惨遭灭绝。

日本的鲸鱼捕捞

最后，让我们来阅览一下日本的捕鲸史。

前文已为大家介绍过，自古日本人便食用鲸鱼肉，而专业的捕鲸师有组织地进行捕鲸的行为，据说出现在中世纪末的日本战国时代。据《鲸记》中的记载："元龟年中（1570年—1573年），三河国内海（现爱知县知多半岛）之人以七八艘船航至沼崎一带（捕鲸）。其后，又至丹后但马捕鲸。"此外，据《庆长见闻集》中的记载，文禄年间（1592年—1596年）捕鲸自伊势与尾张传至相模的三浦地区。也就是说，当时的三河、尾张、伊势等诸国已经存在捕鲸的方法了。

到了江户时代，人们在纪州的太地浦成立了专门捕鲸的组织——"鲸组"。庆长十一年（1606年），太地的和田忠兵卫赖元在泉州堺的浪人伊右卫门及尾张师崎的传次的帮助下，成立了用鱼叉捕鲸的"刺手组"，这个组织也被认为是"鲸组"的雏形。据传，赖元是镰仓幕府草创期的著名武将和田义盛的后裔。

这种捕鲸方法先以十艘左右的渔船围住鲸鱼，然后用刀刃长三四尺（约为 1 米）的鱼叉拼尽全力插入鲸鱼体内，最后将其成功捕获，可以说是非常勇猛的、也是极其危险的一种捕猎方式。最初，这种方式应该只能捕捉体形最大为五六米的巨头鲸。但随后这种捕鲸方式从纪州传至九州的肥前和四国的土佐，自明历到万治时期（1655 年—1661 年），日本各地的鲸组竟有七十三组之多。

而人们最终捕到全长十六七米的抹香鲸和露脊鲸等大型鲸鱼，是在延宝三年（1675 年）渔网捕捞法被发明出来后。发明了这种方法的是和田忠兵卫赖元的孙子和田角（亦作觉）右卫门赖治。这种捕鲸法需要人们先布置好捕鲸网，然后将鲸鱼赶到渔网的捕捉范围内，再设法将好几根鱼叉插入鲸鱼体内，最后由骑在鲸鱼背上的渔夫用长剑给出致命一击。

采用渔网捕捞法的捕鲸船团队不再像之前那样只有十艘左右的小规模了。太地浦的鲸组船队据说由十三艘"势子船"（负责将鲸鱼赶入渔网），两艘"持双船"（负责运送捕到的鲸鱼），九艘"鲸网船"（亦作双海船，负责张开渔网捕鲸），以及樽船、山见船、纳屋船各一艘，共计二十七艘船组成。

人们将捕捉到的鲸鱼用于饮食、灯油等，鲸鱼的内脏除食用外，还加工成药品的原料或肥料，鲸鱼的骨头、牙齿以及鲸须也毫无浪费、物尽其用。

捕鲸为人们带来的利益是巨大的，井原西鹤在《日本永代藏》中便将太地鲸组称为日本第一的富豪。肥前生月岛的益富氏也是著名的捕鲸富豪，近代后期经营着五组鲸组。

现以其中一组鲸组为例，为大家介绍一下其规模之大。在文政十二年（1829年），益富氏旗下的其中一组鲸组便拥有二十艘势子船、六艘持双船、十二艘双海船及其附加船两艘，是一支由四十艘船组成的大型捕鲸团队。而相关从业人员多达五百八十七人，其中包括三十名"羽指"负责出海捕鲸、三名实习人员、四百四十名"加子"负责各项运输工作，以及一百一十四名负责对鲸鱼进行解体和采集鲸油的人员。并且这将近六百人都是所谓的"正式员工"，如果算上临时雇的人手，每次捕鲸需要动员八百余人，足见其规模之庞大。

天明八年（1788年）十二月，前往九州旅行的司马江汉在生月岛亲眼目睹了捕鲸的场景，并以图文并茂的形式将其详细地记录在《江汉西游日记》中。

并且，司马江汉还登上了势子船，随船出海捕鲸，尽管因晕船受了不少罪，但依然以最直观的方式观察了整个捕鲸过程。在《江汉西游日记》中，司马江汉描述自己看到人们用十七支鱼叉插入鲸鱼体内，又用十七艘船将鲸鱼拉拽，当鲸鱼的挣扎减弱后再以长剑刺入，还在鲸鱼头部的喷水孔用剑钻出洞来，好让网穿过去。此外，一旦鲸鱼彻底死亡，就会沉入海中，所以人们不能完全杀死捕到的鲸鱼，要让其保持奄奄一息的状态并将其拉回岸上。除了捕鲸过程外，司马江汉还对第二天早晨看到的鲸鱼解体以及各部位的利用方法进行了描写。

无论如何，捕鲸这一渔业活动对出海的男人而言极具风险。古时候的捕鲸法早已不复存在，幸运的是今天我们依然能在和歌山县太地町的町立鲸博物馆等地看到许多描绘江户时代人们捕鲸场景的图片。那一张张图片也为我们生动地讲述着当年鲸鱼与出海的男人激烈决斗的故事。

海豚与鲸鱼一样，与人的关系十分密切。并且，正如前面为大家介绍的，其实海豚就是鲸鱼的一种。

我们平常称为海豚的动物其实是体长三四米的"真海豚"。这类海豚会跟随人类的船只行进，十分愿意与人亲近，并且非常聪明。它们能够通过在水中发出复杂的叫声来与同伴互通信息，甚至有学者认为它们的叫声就相当于具有沟通作用的人类语言。据说海豚的智力介于狗和黑猩猩之间。

在古代的希腊和罗马等地中海国家，海豚就是大海的象征，是神灵的随从。北天星空中一个比较小的星座便被称作海豚座。据希腊神话记载，海豚是海神波塞冬的使者，因为找到了逃走的海神爱妻安菲特里忒而被封为一个星座。此外，海豚还是鱼类中速度极快的游泳能手，所以也有一些地方认为海豚是能够将人的灵魂带到冥界的使者。

日本还有一些地方认为海豚是能够带来渔业丰收的神之使者。它们会随着黑潮北上，夏季时还会出现在津轻海峡。春秋时节，它们会从对马海峡附近通过，沿海的渔民认为这意味着神灵或佛祖的到来，所以绝不会去捕捉海豚。

作为强壮有力、速度极快又非常聪明的一种"鱼"，海豚自古时候起便被日本用以起名。苏我入鹿（そがのいるか）便是最具代表性的一个名字 [1]。此外，幸若舞中有一首名为《入鹿》的舞曲，亦称作《镰足》，讲述的是藤原镰足诛杀苏我入鹿的故事。

另外，在日本其他一些地方也盛行着海豚捕捞。三陆、房总、西伊豆、和歌山、名护、五岛等地至今依然捕捞海豚食用。

大海广阔无垠，是地球上所有生命的源头，至今依然孕育着无数鱼贝类的生命。正如"鲸も白魚も魚"这句谚语，对于海里的任何生命，我们人类都绝不能让它们灭绝。

---

[1]　"入鹿"（いるか）的发音与"海豚"（イルカ）相同。

第九章　动物的日本史

一 改变历史的马

迁入古代日本的骑马民族

说起与人类历史的关系之密切，几乎没什么动物能与马相提并论。无论东方、西方，都有不少马改变了历史的事例。

拉战车的马的登场可以追溯至公元前两千五百年。苏美尔文化的遗物中已经出现了由四匹马拖拽的战车了。到了公元前一千七百年至公元前一千六百年，赫梯人从卡帕多西亚（Cappadocia）南下，征服美索不达米亚。后又建立了赫梯帝国。大约同一时期，喜克索斯人（Hyksos）入侵埃及，雅利安人攻打印度。在这些军事行动中，马战车都发挥了极大的作用。

换言之，这一时期马拉战车改写了世界历史地图。

但真正引发军事革命的却并非马战车，而是骑马。作为能够战胜战车的军事力量，骑马登上历史舞台是在公元前一千三百年前后。

战车在实际操作中会受到一些限制，比如只能在平坦的道路上前进，道路要有一定的宽度，并且方向转换也不容易操作。但骑马就不同了，马匹几乎可以在任何地形上自由地驰骋，方向转换也可谓随心所欲。骑马军团的战斗力比马战车提高了不止一星半点。

曾经，江上波夫提出的"骑马民族王朝征服论"在日本引发热议。这一论调认为，在四世纪、五世纪前后，东北亚的骑马民族南下经过朝鲜半岛入侵日本北九州，最终征服了倭人，建立了大和朝廷。

确实，自绳纹时代到弥生时代，日本列岛上都没有马。尽管多多少少有一些马骨头出土，但实在难以凭借那少量的骨头来证明自古马就是日本列岛上普遍存在的动物。但是，在四世纪的遗迹中，马骨头的出土量却突然大量增加。此外，到了古坟时代后期，各地的古坟中都埋有马形陶俑。所以，可以肯定的是在四世纪、五世纪前后，马在古代日本承担着重要的职责。而饲养及调教马匹应该也是自那时开始兴起的文化吧。当年，能够纵横驰骋、在马背上使用刀枪的骑马军团登上历史舞台时，想必原有的旧势力也不得不投降。

但对于这个"骑马民族王朝征服论"，现在却出现了很多批判性的意见，这些意见对于天皇家族遥远的祖先是骑马民族大多持否定看法。

尽管对于大和王朝是否由骑马民族建立仍争论不休，但毋庸置疑的是，四世纪、五世纪前后，随着大量的马匹传入日本列岛，骑马文化和游牧文化也被带到日本来了。大和王权，也就是古代天皇家的势力为了能够更早地确保马匹数量，还设立了马饲部，并在日本各地设立了官牧对马匹进行管理，因此天皇家一度独占着日本国内大多数的马。由此可见，古代天皇家能够统一日本的背景之一便是马的存在。

那时从东国也就是关东地区到东北地区，都设有很多牧场。因此，日本人的姓氏中也有很多带"牧"字的，诸如牧原、牧野、大牧、小牧、上牧、牧岛、牧村，等等。这些名字都意味着当年那户人家多多少少与牧场有关。

顺便一提，我现在所在的埼玉县浦和市（现埼玉市）的郊外，古时候的名字就叫"大牧"，也许当年这里也是和牧场有关的一片区域吧。

花鸟风月日本史

"记纪"中的马与"田畑荒"的传承

《魏志·倭人传》记载:"此地(倭国)无牛、马、虎、豹、羊、鹊。"但从绳纹及弥生的遗迹中出土了马骨头,可见这一时期日本并非完全无马,只不过当时马是非常少见的一种动物罢了。

此外,在《古事记》和《日本书纪》中也几乎没有马出现。只在关于神代的章节中,出现了素戋鸣尊乱发脾气剥了马皮的故事而已。关于素戋鸣尊发脾气一事,《日本书纪》记载道:"秋则放天斑驹、使伏田中……又见天照大神方织神衣居斋服殿,则剥天斑驹,穿殿甍而投纳。"这段内容描写了素戋鸣尊秋天在农田中放马,损坏了已经成熟的庄稼。并且在天照大神织布的时候,素戋鸣尊在屋顶上打了个洞,将剥了皮的马突然扔了进去。因此,受到惊吓并大怒的天照大神才躲到了天岩户中不再出来了。

从这个故事中完全看不出马与人类的亲密关系。其中的马被看作是会毁坏庄稼又或者是被剥了皮后受人们忌讳的存在。

关于马破坏农田让人十分困扰的故事在日本各地都有很多。《古今著闻集》中也有这样一则故事:

宇多天皇在位期间,仁和寺的"御座所"(天皇的居室)挂有著名画家巨势金冈创作的一幅马画。据说那时一到晚上,附近的农田就会被不知名的某种东西啃食破坏。人们始终不知道破坏农田的到底是什么,直到一天有人发现仁和寺御座所的那幅画中的马蹄被泥土弄脏了。人们这才知道原来是这画中的马到了晚上从画里跑出来啃食了农田。于是,人们将画里马的眼睛抠了出来,自此附近的农田再也没有遭到破坏。

建于北武藏山中(现埼玉县都几川町)的古刹——慈光寺,有一座观音堂,作为"坂东三十三灵场"(指关东三十三所名刹的观音灵场)中的第九座观音灵场而远近闻名。这座观音堂的"外阵"[1]屋顶上便挂着一个马的雕刻，这匹马的尾巴被切断，马嘴也被铁锁绑住了。据说这样做是因为这匹马一到夜晚就会跑到附近的农田破坏庄稼，所以愤怒的农民们切断了它的尾巴，将它的嘴绑了起来。

那么，让我们再回到"记纪"神话中来。据《日本书纪》的记载（《古事记》中出现在仲哀天皇一段），神功皇后出兵新罗后，饶恕了降服于自己的新罗王，并让其负责养马。在"应神十五年"那一条目中，也能看到百济王进贡良马的记载。

由此可见，马与养马技术通过新罗被带到日本，随后百济系的技术也传入进来。所以毫无疑问的是，马与马文化是经由朝鲜半岛传入日本的。

在那之后，马便成了对于日本人来说无可替代的存在，并在历史上留下了深刻的印记。马在军用、运输和农耕等方方面面为人类提供了巨大的帮助。

日本古时候的马其实都是矮墩墩的小型马，从出土的弥生时代的马骨可以推测出那时的马一般也就 130 厘米高，最多不过 140 厘米。即便是镰仓的材木座中出土的中世纪的马骨，最大的也不过身高 140 厘米，而小型的只有 109 厘米。

中世纪以后，人们将马的标准身高定为四尺（约 120 厘米），将四尺五寸的马称为中马，而超过五尺的马则被叫作大马。

拒绝了"去势文化"的日本人

自平安时代起，马便与武士如影随形，其在军事上的重要性显著提高。

---

[1] 神社正殿或寺院正堂，位于内阵外侧用于参拜神佛的地方。

那时的人认为只有能骑马驰骋之人才配叫作武士，而只有能驯服烈马之人才会被称赞为勇猛的武士。

在源平合战中，骑马的武士华丽地登上了历史舞台。其中最著名的事迹便是有名马"生喰"和"摺墨"登场、由佐佐木高纲和梶原景季争夺先锋的"宇治川先阵之争"。

当时，源赖朝养了两匹广受好评的名马——生喰和摺墨。黑栗色的生喰高四尺八寸，健硕魁梧，但生性彪悍，不论是人是马都会乱咬一通，正因其不轻易让人靠近，得名"生喰"。而摺墨也是一匹健硕的马，其毛色全黑，遂得此名。

寿永三年（1184 年），面对木曾义仲率大军攻打都城，源赖朝将生喰赐予佐佐木四郎高纲，将摺墨赐予梶原源太景季。隔着宇治川与木曾军对峙时，佐佐木高纲和梶原景季却开始争夺起先锋之位。二人为抢头阵先后跃入了因降雨而水位上涨的宇治川的急流之中。最终，驾驭了生喰的佐佐木高纲笔直地强渡宇治川，以微弱的优势先足登岸，打了头阵。随后镰仓军一鼓作气击退了木曾军。这一段也是《平家物语》中的一个著名桥段。

人们往往认为马十分温顺，不会咬人，这种想法可就大错特错了。正如生喰那般，雄性马生性就不听话，也会咬人。创作于十二世纪的《年中行事绘卷》中，便不乏人们从暴躁发狂的马身上摔下来，抑或是拼命想要抓住扬起前蹄的马的场景。《信贵山缘起绘卷》中的一幅绘图呈现了用笼子罩住马嘴，再以竹竿牵之的景象，这便是古时候人们为了不让马咬人而想出的办法。

十六世纪战国时期来到日本的传教士以及幕府末期来到日本的外国人对日本马的评价可以说相当糟糕，基本上都是"暴躁得不得了""动不动就踹人、咬人""马与马之间经常打架"这类评价。所以那时的外国人对日本马的记述也是"难以控制，不好驾驭"。

这是因为日本当时并没有对马实施"去势"。雄性马一到了发情期就容易踢人、咬人或者与其他雄性马打架，这是天性。雌性马虽然相对温顺一些，但传统上人们并不会骑雌性马。游牧民为了马的繁殖和马奶，十分重视雌性马的饲育，而雄性马则被用作骑乘。这种传统在当时的日本也得到了传承。

但是雄性马生来性情比较暴躁，特别是发情期内疯狂起来，根本就不适合骑乘，于是人们便想到了去势的办法。去势后的雄性马会变得顺从，但运动能力随之有所减弱。

目前经研究已知，在公元前七百年至公元前六百年前后，斯基泰人（Scythians）骑的马便是"去势马"；而古希腊人也会为雄性马去势。据说，中国秦始皇陵里的兵马俑十分写实逼真，马俑中甚至还分了去势的马和未去势的马。

可以说，去势文化与去势马几乎遍布全世界，古时候就已经传至朝鲜半岛。但是，日本人却没有接受去势文化。这绝非是因为日本人不了解去势文化，反而正是因为了解，才选择了拒绝。这又是为什么呢？

日本几乎将古代中国和朝鲜的文化全盘接受，然后再进行模仿或改造成日式风格，慢慢促成了如今的日本文化。而学习的内容不仅仅是古代中国的朝廷制度、城市建设，甚至还包括风俗习惯等方方面面。但"宫刑"这种刑罚日本却没有接受，所以日本的朝廷中也没有宦官，当然日本也没有"割礼"这种文化。

这或许是因为日本对性器官的态度更多地偏于一种信仰，所以类似于损伤性器官或使其丧失能力的刑罚、习俗、仪式，日本并不具备接受它们的土壤。也因此古时候的日本人并没有对马采取去势的做法。

不过，鉴于此，日本的骑马武士确实相当不容易了。如果这些坐骑能乖乖听话迎战也就罢了，然而经常会出现公马正处于发情期，动不动就不受控制地到处乱跑或者跟别的马打架的情况，所以武士在与敌人交战前，往往先要跟自己的马进行一番苦战。

即便如此，没有马也是打不了仗的。战国武将为了保护良马，可以说是拼尽了全力。东国盛产名马。古时候，自关东地区至东北地区，可谓数一数二的良马产地。到了近代，北海道也发展成了良马的产地。据说这是因为越是寒冷的地区，马蹄越坚硬，腿脚也越是强而有力。近代以前，铁蹄并没有传入日本，所以温暖地区或气候湿润地区的马蹄一般比较软，无法乘载身着盔甲的武士翻山越岭。

日本没有马车的原因

自古以来，马就被视为神圣的动物而受到人们的推崇。人们认为马是神灵的坐骑，因此神社等场所会供奉马匹。"绘马"便是一种颇具代表性的供奉形式。最初，人们将活马视为神马进行供奉，随后变成了供奉刻有马图案的雕刻品或画作。最后，马成了一种民间信仰之对象，人们也开始在各式各样的小型绘马上写下心愿。最近特别流行通过绘马祈求姻缘或祈愿考试合格等。

从古代至近代，几乎没有比马更优秀的骑乘之物了。靠徒步需要花费三四天的路程，骑马往往只需要一天，这也难怪古代人会将马视作神的坐骑。以希腊神话为首，天马行空的故事流传于世界各地的神话传说之中。在日本，圣德太子骑上黑驹飞往日本各地的故事声名远扬。此外，《古今著闻集》中记载，成为大宰少贰 * 的藤原广嗣上午在大宰府工作，下午便

---

* 大宰府中的次官。大宰府，即中世纪时设立于日本九州筑前国的地方行政机关，也是古代九州地区的政治文化中心。

出现在奈良的朝堂之上处理政务。至于为何藤原广嗣能够这样一天内两地奔波，这是因为他骑乘的骏马奔跑一千五百里恍若一瞬间。

尽管马能载着人跑，但仍需要擅长骑马之人进行驾驭，并非任何人都能骑乘。还有一种做法，即自己坐在马背上让别人牵着马走，这样就可以慢悠悠地前往目的地，但是在行进过程中骑坐在马背上的人必须配合马的步调让身体上下起伏。因此，骑马绝非舒服的代步方式。若要说舒适的代步工具，那必然还是马车更佳。

但是在日本，直到明治之前都没有马车。平安时代，都城的贵族乘坐的几乎都是牛车。马却连货物都不拉运，拉送木材货车的依然是牛。顺便一提，明治时期之前，日本的牛车一直都是二轮车，虽然显然四轮车更平稳一些，但当时的日本是没有四轮车的。

日本的道路大多狭窄、弯曲且坡路频繁。古时候的日本是没有适合马车行驶的道路的。如果需要在短时间内走完一段长距离，便最能体现马车之价值；但如果距离近而缓速行驶，则牛车更为合适。四轮车在狭窄弯曲的道路上很难转变方向，且在坡路上难以保持平衡。

七世纪时，主要的官道各处便已设立驿站，备上马匹，这些驿站也已成为交通、通信的手段。但到了中世纪，这些驿站几乎都被废止，不再使用了，取而代之的是宿站的兴起。当时身为商人的旅行者开始利用宿站出行。到了近代，宿站进一步得到发展，人们又开始利用马匹赶路，但一般的老百姓很少骑马，马匹大多用于货物的搬运或为富裕的旅行者使用。

很有意思的是，当时的马蹄上还穿着草鞋。西博尔德在其著作《江户参府纪行》便记述道："叶靴（草鞋）在这个国家是皮靴或铁蹄所无法取代之物。"西博尔德看到日本人和马匹都穿着草鞋，一步一步走在弯弯曲曲且因下雨而湿滑的山路上，由此认为草鞋极其适合日本的道路。

关于马的史话，仍有许多没为大家讲述。此外，日语中有许多与马

花鸟风月日本史

有关的谚语，相信每一个日本人都能立刻在脑海中浮现出几个来。但是，到了二十世纪，马却突然间数量骤减，现在人们在日常生活中已经很难再见到马了。军事上人们不再需要马的协助；在运送和农耕方面，拖拉机和货车也取代了马的地位。除了赛马以外，几千年来人类与马的历史似乎正在落下帷幕。

二 自太古时期起就是人类朋友的狗

两万年前就开始与人类生活的狗

狗对于人类来说是相伴时间最为久远的家畜，既是朋友，也是与人关系最密切的动物。放眼全世界，只要有人类生活居住的地方就一定有狗的存在。这里所说的狗自然不是狼或野狗，而是家养的狗。

1980 年，人们在阿拉斯加的旧克罗河（Old Crow River）附近找到了据推测至少距今两万年前的家犬的骨头。在那之前，世界上最古老的家犬骨头是在旧石器时代的遗迹——伊拉克的帕勒高拉洞穴（Palegawra Cave）遗址内发现的距今约一万两千年前的下颌骨。其后，在美国爱达荷州的贾格尔洞穴中发现了大、小两种家犬的骨头，据推测时间约为距今一万至一万七千年前。但在阿拉斯加找到的家犬骨头比在伊拉克和美国爱达荷州找到的都要久远得多。

据分析，这只狗应该是在人类从亚洲经过白令陆桥前往北美时一起带过去的。也就是说，人类在两万年以前就已经开始和狗相伴生活了。

人们从日本的绳纹遗迹中也找到了许多狗的骨头。有些狗被石镞射穿，也有一些被扔在贝冢中，等等。由此可见当年狗也是人类的狩猎对象和食物。另外，又有很多作为陪葬品的狗遗骨出土，且人们找到了狗形陶俑，由此可以判断在绳纹时期狗就已经作为猎犬或看门犬与人类生活在一起了。

此外，虽然洪积世的地层中也出土了狗科动物的骨头，但似乎却与绳纹时期的狗没什么直接关联。绳纹时期的狗已经存在数种血统，人们大多认为那时的狗经杂交后渐渐形成了日本犬。这一说法尚存在争议，但人们普遍认同日本犬是基于来自南方的小型犬、来自北方的中型与大型犬，以及朝鲜半岛传入日本的中型犬等演变而来。

日本犬的由来也与日本人的起源密切相关，有学者认为或许是先后来到日本列岛的日本人祖先当初从各自的故乡带来了狗。对于这个说法我们至今仍无法断定是否确切，但可以肯定的是，从几万年前开始，人类就已经带着狗在地球上迁徙了。

进入弥生时代，狗与日本人的生活产生了更为密切的联系。

铜铎可谓是弥生时代的代表性青铜器，铜铎上往往雕刻有各式各样的图案与纹样。其中一个画有五条狗围攻一头猪场景的铜铎，自出土后便备受关注。此外，也有许多狗的陶俑出土。弥生时代后期，人们在古坟中发现了须惠器，旁边还有表现了包括狗在内狩猎场面的塑像。

到了弥生时代，狗已经成为人类狩猎时必不可少的重要伙伴。它们对于当时的人类来说既是猎犬又是看家犬，从狗被制作成陶俑也能看出其在祭祀和礼仪等方面也承担着重要的作用。还有很多以狗作为陪葬的例子，可以想象当时的狗已经像如今的宠物一般，成了人类家族的一员，与人类生活在一起了。

或许，这时就已经出现了饲养并训练狗的一群人。最终这些人成为大和政权中的"犬养部"，并且最终发展出了"犬养"氏家族。明治至昭和时期的大政治家——犬养毅的祖先应该便是大和政权时期与军事关系密切的犬养氏族之人。

"记纪"神话中的狗

在"记纪"神话中也有狗登场。

据《日本书纪》的记载,哥哥海幸彦(火酢芹命)在与弟弟山幸彦(彦火火出见命)进行一番斗争后败下阵来,最终选择发誓成为"狗人"顺服于弟弟。原文曰:"火酢芹命苗裔、诸隼人等,至今不离天皇宫墙之傍,代吠狗而奉事者矣。"

于是,海幸彦的子子孙孙——"隼人"便要代代服侍天皇家,不得擅自离宫,并要代替狗,以看家护院为职。这里讲述的便是服从于大和王权的九州势力——隼人,作为守护大和的军事力量,须一直尽职尽忠之事。被征服的一方称为"狗人",并且必须成为征服者的看家狗。

在《日本书纪》的《垂仁天皇纪》"八十七年"那一项中,还记载了下面这样一则故事:

很久很久以前,在丹波国一个叫桑田村的地方,住着一个名叫瓮袭的人。瓮袭家有一条名叫足往的狗。足往杀死了一只名叫牟士那的山兽。在这只野兽的腹内,人们发现了八尺琼勾玉。最终,这块八尺琼勾玉被进献给了石上神宫。

此外,在该书的《景行天皇纪》中还有一则故事:日本武尊在信浓的山间迷路时,一条不知从何处冒出来的白狗为其带路,使其平安到达美浓。

在《古事记》的《雄略天皇》文中,记载了河内志儿的大县主向雄略天皇赠呈狗以表恭顺之意的故事。

有一天,雄略天皇站在河内的一座山上向下望去,看到了与天皇家宫殿颇有几分相似的大县主家的宅子。怒火中烧的雄略天皇打算烧掉大县主的家宅。惊恐万分的大县主赶紧找来狗,在狗脖子上拴上铃铛并盖上白布,令族人中一个名叫腰佩的人牵着狗绳子，将狗献给雄略天皇，这才平息了雄略天皇的怒火而得以赦免。据说，雄略天皇将这只狗作为彩礼送给了即将成为皇后的若日下部王。

在《日本书纪》中的《武烈天皇纪》"八年春三月"一条中也有狗出现。根据记载，武烈天皇竟让一众女性裸身坐下，让公马和母马在她们面前交配。交配完后，武烈天皇会检查这些女性的阴部，如有湿润者则杀之，只留下下体未湿的女性在宫中做官婢。武烈天皇还命人挖了一个池子，建造了一个巨大的庭园，并在庭园里安置了各种鸟兽，而自己则骑着马，放狗去追这些鸟兽来享受狩猎的乐趣。

此外，在古代传说中狗也扮演着重要的角色。这其中最为人熟知的当属《桃太郎》与《花咲爷》（亦作《开花爷爷》）了吧。

《桃太郎》讲述了从桃子中诞生的桃太郎带领着狗、猴子和雉鸡前往鬼岛为民除害，最终击败了恶鬼并带着金银财宝归来的故事。而跟随桃太郎一起前往鬼岛的三种动物当中，狗是最忠诚的。猴子和雉鸡虽然也是日本人非常熟悉的动物，但却是野生的，只有狗是被人类饲养的。人类相当于狗的主人，因此在童话故事中将狗描写成忠实的动物也无可非议。

《桃太郎》中出现的这三种动物又能巧妙地用来比喻军队等组织中的某一类人。比如，狗忠诚而勇敢，即便面对比自己强大的对手依然有勇气对抗。猴子虽然难言其忠诚，却宛如参谋一般，具有相当的智慧和谋略。而雉鸡则可以随心所欲地到处跑动，正适合担任传递命令和收集情报的职位。

《花咲爷》中出场的狗虽然最终凄惨地死去，却为人类带来了财富与幸福。这个故事讲述了一条被善良的老爷爷收养的狗不断为老爷爷带去幸运的故事。住在隔壁的坏爷爷因为妒忌而强行将狗夺走了，结果幸运丝毫没有降临，反倒是不幸接踵而至，于是坏爷爷便将狗杀死了。善良的老爷爷厚葬了这条狗，而在狗埋葬的地方又长出了一棵树，这棵树继续不断为善良的老爷爷带去财富。坏爷爷见到后便将树砍掉烧成了灰。善良的老爷爷将这些灰撒向枯木后，枯木竟然相继开出了鲜花。

这则故事中的狗即便死后也依然为收养自己的恩人带去财富，即使变成了灰也要开出花来为人们提供梦想与幸福。可以说《花咲爷》是一部为我们讲述日本人与狗在历史长河中的友好关系的童话故事。

但不论是《桃太郎》还是《花咲爷》，其故事原型都有可能来自朝鲜、中国又或是东南亚、太平洋上的诸岛，而流传至今，在日本各地也有着诸多版本。无论原型来自哪里，又或者是哪一个版本，谈论这两个童话故事时，都不能将狗排除在外。

对狗来说很残忍的"犬追物"与斗狗

提到狩猎，必然又与狗有着密切的关系。平安时代，在兵部省管辖下便设有"主鹰司"，主要负责训练猎鹰与猎狗。也就是说，在当时鹰猎活动所用的狗是由政府来饲养的。

《枕草子》中便记载了一则关于一条名叫"翁丸"的狗的故事。由此可见，在当时狗已经成为人们的宠物。到了平安时期，整个都城内野狗横行。城市里的野狗一般都是家养的看门狗或宠物狗的后代。根据记录了十二世纪初宫中典章制度的《禁秘抄》，当时曾举办一种叫作"犬狩"的仪式，在此仪式中，人们会将藏住在宫中各处的野狗找出来，然后用弓箭射杀。此外，在藤原定家的《明月记》（1235 年）中也有描述称，狗总会弄脏宫中或贵族的家宅，甚至还会从不知道什么地方叼来人的骨头。

到了镰仓时代，"犬追物"作为一项武士竞技活动逐渐盛行开来，与

"笠悬""流镝马"并称为"马上三物"或"骑射三物"。

　　"犬追物"这项骑射活动会将狗放在由竹篱笆围起来的猎场中，随后武士骑马追赶之并用弓箭射奔犬。为了不让狗受伤，弓箭的头并不尖锐，并且会为狗套上一个大的鸣镝（日语为"蟇目"［ひきめ］），但这些对于被射中的狗来说，仍然是相当残忍的。

　　日本南北朝时期著名的二条河源落书中便有一句"弓难引之犬追物，落马次数更为多"。这句落书讽刺了突然暴富的武士兴致勃勃地以"犬追物"为乐，但是比起射落的箭的数量，人从马上掉下来的次数更多。到了室町时代，"犬追物"更为盛行，规模也较之前更大。每次"犬追物"的竞技，人们会准备一百五十条狗，每次放出十条，射手总计三十六名，每次四人出列比赛谁射到的狗更多。

　　从日本战国时代开始，"犬追物"的热潮渐渐消退。这是因为当时大小战役越来越多，人们加入到实际的战争中后，也就无暇顾及竞技玩乐了。江户时代的元和八年（1622 年），岛津氏令"犬追物"热潮复燃。其后，萨摩岛津家传承了"犬追物"的技艺，在江户时代屡屡掀起热潮。到了明治十二年（1879 年），宫城内的吹上御苑曾为天皇进行"犬追物"的表演，而表演结束后，这一竞技活动便失去了热度，不再受到追捧。

　　据《太平记》，北条高时命人从诸国搜集了上千条狗送到镰仓，每个月都要举行十二次"犬追物"。据说他还会下令一次性放出一百条至二百条狗，让射手与之交战。但是《太平记》归根到底是一部物语性质的书籍，其记载内容的真实性也有待商榷；并且按照当时的条件，能够每个月进行十二次"犬追物"竞技的说法令人生疑。但在《增镜》中同样记载了北条高时喜好斗犬的内容，所以镰仓时代应该已开始盛行斗犬活动了。

　　顺便一提，著名的土佐斗犬自江户时代后期的天保年间（1830 年—1844 年）末期至嘉永年间（1848 年—1854 年）人气颇高。第二次世界大战中斗犬活动被废止，战败时高知县连一头斗犬都找不到了，但在昭和二十六年（1951 年）它们再次回到了大众视野中。

此外，纯种的土佐犬在日语中被叫作"シシザキ"，是一种可用于狩猎野猪等活动的中型猎犬。而现在斗犬活动中所用的土佐犬，则是明治时期之后，纯种的土佐犬与虎头狗等品种的混种。

《生类怜悯令》及与狗有关的谚语等

"犬追物"和斗犬于狗而言均属于虐待行为。纵观日本历史，即便狗可以为人类看家护院或者协助狩猎，它们的地位仍然很低。日语会用"犬畜生"（いぬちくしょう）这类说法来比喻卑鄙下流、可耻可怜之人或事物。

但狗也有过一段光辉的历史。这便是江户时代在五代将军纲吉统治下，施行《生类怜悯令》的二十几年时间。

贞享四年（1687 年），幕府首次颁布了对狗进行保护的法令——《生类怜悯令》。据说，纲吉在天和二年（1682 年）失去了嫡子德松，自那以后便再无儿子出生。对此十分担忧的纲吉生母桂昌院找自己信赖的僧人隆光商量。隆光称这是前世杀生之报应，所以今后切忌杀生，要对生命有怜悯之心，尤其须注意，纲吉是狗年出生，应对狗格外珍重。于是《生类怜悯令》横空出世。

这道法令不断升级，对象除了狗以外还包括了牛、马、猫、猴、鸡、蛇、龟、鼠，甚至是所有的鱼贝类和鸟类。乍一看，《生类怜悯令》仿佛是领先世界的一部动物保护法，其实不然。违反了《生类怜悯令》的人无一例外都受到了惩罚，甚至还有不少人被判处死罪或领受流放荒岛等严厉刑罚。

也就是说，这道法令使得动物的性命高于人类的性命。甚至还出现了父母仅仅因踢开了咬住孩子的狗，就被判处流放荒岛的例子。

由此，"犬畜生"变成了"お犬様"（狗大人），而纲吉私下里也被人们叫作"犬公方"[1]。其结果是整个江户城野狗泛滥，人与狗的冲突和矛盾层出不穷，不断激化。为此，幕府不得不在江户城中和近郊的四谷、喜多见、中野建造了野狗收容所。中野的野狗收容所占地面积竟达二十九万余坪（约九十万平方米）。元禄八年（1695年），一期工程即将竣工。收容——不对，应该说是入住的狗数量多达十万条。

这些野狗收容所不光是建造费用，连食料费用也耗资巨大，而幕府却将这些全转嫁到了江户市民和天领 * 领民身上。每一间收容所的狗屋都要从江户市民身上收取金三分，领民则需要交出俸禄米。如此这般，实在无法断言人与狗能保持良好的关系。对于大部分老百姓而言，狗反而成了敌人。虽然纲吉在临死前留下遗言称要继续施行《生类怜悯令》，但六代将军家宣一上任就立刻废止了这一法令。纲吉一死，狗的地位一夜间又回到了从前。

另外，神社、寺庙门前经常能看到一对狛犬。其实它们不是狗，而是狮子。在帝王之墓的左右配上一对狮子作为守卫的做法，以古埃及的斯芬克斯（狮身人面像）为首，广见于波斯和印度等地。而这种做法随后传入中国，经朝鲜半岛，后作为寺院的守护兽传入日本，据推测，狛犬最晚至七世纪前后传入日本。没有见过狮子的古代日本人将这种兽形雕刻称为"高丽犬"。

最后，我们来看一看与狗有关的谚语。

---

[1] 公方为近代日本的一种称呼，指统治者。
* 指天皇的直辖领地，此处特指江户幕府的直辖领地。

在形容关系极差的死对头时，日语会说"犬猿の仲"（狗和猴子的关系，即水火不容之意）。"犬が西向きゃ尾は東"（狗向西边看时其尾巴就会摆向东边）则用来比喻理所当然之事。"犬に論語"（对狗讲《论语》）用来形容对牛弹琴。"犬の糞"（狗的粪便）则有两个意思，一个用来形容随处可见、稀松平常之事物；因为狗的粪便很脏，所以它的另一层意思是指粗俗不雅之物。"犬の遠吠え"（狗离得远远地吼叫）形容胆小之人躲在不会被敌人攻击到的地方抱怨，即虚张声势之意。"犬も食わない"（连狗都不理），这个说法往往用来表示夫妻吵架时连狗都不会上前掺和。"犬の糞に手裏剣"（在狗粪上用手里剑）用来表示在不足挂齿的事物上浪费了更贵重的东西，即杀鸡焉用牛刀之意。"犬も歩けば棒にあたる"（狗走在路上也会被棒子打）这个谚语也有两个意思，一个是表示出风头容易招灾；另一个表示虽然没有才能和运气，但偶尔也会碰上意想不到的幸运。而日语中"犬猫の夫婦"（狗猫夫妻）则用来形容关系不和睦的夫妻。

除了上述这些表述外，日语中还有许多和狗相关的谚语，在此就不一一列举了。不过这些谚语足以证明狗与人类的关系有多密切。

三　猫与老鼠的日本史

猫传入日本始自奈良时代

猫与人类共同生活的时间仅次于狗。人们从公元前五千年左右的耶利哥城（Jericho）的遗址发现了猫的遗骸。但对于这只猫是人类饲养的还是野生的，尚未有定论。在公元前两千五百年左右的埃及第五王朝时期的绘画中也有带着项圈的猫，从这幅画可知这只猫由当时的埃及人所饲养。

据说在佛教传入日本的时期（六世纪中叶），猫从欧洲经丝绸之路被带入中国，然后再经由朝鲜半岛传入了日本。引入猫的理由是为了保护珍贵的佛教经典不被老鼠破坏。但对于这一说法，尚存在一些争议。而元庆八年（884 年）的文献中首次出现了中国的猫传入日本的记载。

据称，猫在古埃及被奉为神兽。但在欧洲等地却被视作具有魔性的动物。比如，欧洲有些迷信称，如果做了有黑猫出现的梦或者早晨出门时看到黑猫横穿道路，就会发生不吉利的事情，或是活了很久的猫会变身成恶魔或魔女而危害人类，等等。

此外，在中国，猫很多时候也被视作是阴险且令人感到毛骨悚然的动物。杀了黑猫就会遭殃的说法广泛流传，与此相关的奇闻、怪谈盛行。传闻吸收了月光而变成妖精的猫如果是雄猫就会化作男人，如果是雌猫就会化作女人。

在日本，《徒然草》等作品中也记述了一种叫作"猫胯"的猫妖。到了江户时代后期，在大名家中引发骚动的猫妖的故事被创作成人形净琉璃及歌舞伎等艺术形式，获得了极高的人气。

之所以猫会被认为具有魔性又或者令人感到毛骨悚然，原因在于其外表及习性。猫的眼睛有时会变成细细的一道，有时又会睁圆，在夜晚甚至还会发光。而猫毛产生静电后，全身的毛都会炸起来。并且猫在走路的时候不会发出声音。此外，猫生气时露出牙齿的样子比狗要可怕多了。

在日本，到了奈良时代以后猫才逐渐成为人们的宠物，到了平安时代，猫已经出现在了贵族的日记和一些物语中了。《枕草子》中有一句"猫最好是背上全是黑的，此外则都是白色"的描写。清少纳言曾在中宫定子身边供职并创作了《枕草子》，其中记载道，一条天皇甚至将自己养的猫封位为从五位以上的女官位阶，并将母猫唤作"命妇夫人"。据说，头背为黑色，腹部为白色的正是这只"命妇夫人"。

另外，在《源氏物语》中也有猫的登场。在《若菜下》这一段中，爱恋女三宫的柏木甚至将女三宫饲养的猫当作她的替身来宠爱。夜晚，柏木让猫睡在自己身旁，白天又是抚摸又是将其抱在怀中。由于猫的身体十分柔软且具有感官刺激性，所以无论古今东西，都有将猫比作女人身体的例子。

金泽文库是镰仓时代北条实时在距离镰仓较远的金泽村（现横滨市金泽区金泽町）建造的大型图书馆。北条实时任幕府的评定众一职，曾辅佐北条经时、北条时赖、北条长时、北条政村、北条时宗五代幕府执权、治政。并且，他还是一个喜爱阅读的好学之人，他收集并珍藏了数量庞大的和汉书籍，并最终创建了金泽文库。

这个金泽文库也被称作"金泽猫"，得此名称是因为这里养了许多猫。据说，为了防止鼠害破坏文库，时人从宋朝引入了许多优秀的捕鼠猫。金泽猫这一名称直到近代还在相模一带广为使用。

化猫骚动记与招财猫

据《和名抄》记载，猫似虎但体形更小巧，常捕鼠为食，和名为"祢古万"。现在日语中的猫读作"ねこ"，但据说在古代叫作"ねこま"，其名的起源尚未得到确认，民间也流传着各种说法，比如因为猫嗜睡，所以才叫"寝子"（亦作寝儿，读作ねこ），又或者由于猫从朝鲜半岛传入日本，所以才叫"寝高麗"（ねこま）。

猫会变成鬼怪的观念自古便有。《古今著闻集》（成书于 1254 年）中便收录了好几则与猫有关的怪谈。如下面这一则：

曾经，观教法印在嵯峨山庄内养了一只猫。那是一只不知来自何处的漂亮的唐猫（指从中国传入日本的价格高昂的猫）。那只猫很擅长接球，于是观教便满心宠溺地抛球与它玩耍。有一次，观教将球替换成了秘藏的名刀让这只猫去接，而猫却叼着名刀跑走了，刀也不知下落。或许是一个魔物化作了这只猫抢走了名刀，然后肆无忌惮地四处进攻吧。细细想来真是可怕。

此外，在藤原定家的日记《明月记》中"天福元年（1233 年）八月二日"一条也有下面这段与猫有关的内容。

一名来自南都（奈良）的人声称："南都出现了一只名叫猫胯的怪兽，一晚上就咬了七八个人，而且死了好几个人。这只怪兽最终被杀死了，而它的眼睛像猫一样，身长如狗一般。"

古时候的人认为，猫上了年纪以后，尾巴就会分成两半，化作猫胯这种怪兽祸害人间。

吉田兼好的《徒然草》（成书于 1330 年前后）中便有一则故事，讲述了连歌师行至革堂行愿寺附近时，有一条狗扑过来，他却以为是猫胯在袭击自己，遂惹来了一场大骚动。此外，还有一个故事描述了两个人的对话。

其中一个人说，"据说深山里有一只叫猫胯的怪兽会吃人"，另一个人听闻此言，说道，"不是在山里，即便在这一带，猫上了年纪后也会化作猫胯取人性命"。

到了江户时代，有关猫的怪谈也渐渐更富有神秘色彩。《耳袋》（1784年—1814年成书）里便有下面这样一则故事：

化作男子母亲模样的猫百般折磨着这名男子，男子万万没想到母亲其实是猫妖变的，于是一直默默忍受着。

但突然有一天，猫妖现了原形。于是这名男子为了替母亲报仇，杀死了猫妖。然而他发现，死在自己手下的是自己的母亲，遂打算自尽。这时他的朋友劝阻了他并解释，"猫和狐狸在化成人后若经过了一定的岁月，那么即便死了也不会立刻换回原形"。最后，果不其然，这名男子看到的正是那只猫妖的尸体，而非自己的母亲。

此外，人形净琉璃和歌舞伎中的"猫骚动物"这一系列也赢得了广泛的人气。

《今川本领猫魔馆》（1740年首次演出）是由三好松洛等人创作的人形净琉璃，这个剧目在骏河今川家的骚动中加入了猫妖怪的戏剧元素。四世鹤屋南北的《独道中五十三驿》（1827年首次演出）则出现了身穿十二单衣的猫妖舔舐行灯油的场景。此外，嘉永六年（1853年）创作出的《花埜嵯峨猫魔稿》讲的是民间流传的"锅岛猫骚动"事件，由于佐贺锅岛藩的抗议，这个剧目并未演出。但"锅岛猫骚动"事件在明治时期以后却以另外的形式收录在实录本《佐贺怪猫传》及讲谈《佐贺夜樱》中，成为脍炙人口的作品。

"锅岛猫骚动"大致讲述了佐贺藩二代藩主锅岛光茂因谁输谁赢的纠纷而杀死了围棋对手龙造寺又七郎。又七郎的母亲悲伤至极而自尽。家里养着的爱猫则舔舐了又七郎母亲的血，变成了一只猫妖找锅岛光茂报了仇。

这么看来，似乎与猫有关的故事总是带着一丝恐怖与不吉利。但下面这则故事则正好相反，很是讨人喜欢。

位于东京世田谷的豪德寺是近江彦根藩井伊家的菩提寺。二代藩主井伊直孝在猫的召唤下进入此寺并将这里作为井伊家的菩提寺，自此豪德寺和井伊家都走向了繁荣。于是，寺院内设了猫冢，开始为人们提供画有招财猫图案的护身符。随后，招财猫的护身符和摆设被人们视为能够使生意繁荣昌盛的吉祥之物，尤其受到花街和餐饮店老板的喜爱。直至今日，还有不少店铺会摆放招财猫以求生意兴隆。

此外，据说雄性三花猫可以预知天气，所以船主会以高价购买此种猫。而在出海的船上养猫也可以防止搬货时跑进来的老鼠偷食船上谷物。

在西洋被嫌弃在日本却被视为能带来财富的老鼠

视猫为天敌的动物便是老鼠了。这里所说的老鼠指的是半寄生在人类社会的家鼠，主要有沟鼠、黑鼠以及鼷鼠三大类。

这些老鼠与人类社会关系密切，实际上它们比猫出现的时间还要早得多。老鼠出没于世界上各个角落，在人类的家宅中自由自在地出入和啃食食品，甚至还会传播鼠疫等传染病病毒。对于人类来说，老鼠基本上是一种有害无益的动物。

在古埃及和古印度，老鼠是夜晚的象征，而在希腊则象征着毁灭与死亡。在中世纪的欧洲，人们往往将老鼠与恶魔或魔女联系起来，老鼠的大量出现便是灾害与传染病暴发的前兆。那时的人们认为，魔女能够变成老鼠的样子或者变出老鼠，那时的魔女审判记录中还流传下来一份据说是魔女口述的变出老鼠的做法。

与鼠害有关的传说众多，其中《哈梅尔的花衣魔笛手》在日本广为人知。这个故事发生在德国一个叫作哈梅尔的小镇，当时小镇的老鼠十分猖獗、无人能灭。某一天，一个身穿斑点衣服的男子出现，他听闻市民想要灭鼠的愿望后开始吹奏笛子，最终将小镇上的老鼠消灭殆尽。但当老鼠全被消灭后，小镇上的市民却违背了当初支付酬劳的约定并将男子赶出了小镇。十分生气的男子便将小镇里四岁以上的孩子全部带走了。

人们大多认为日本在迈入农耕社会的同时，开始遭受鼠害侵袭。位于静冈市的登吕遗迹是弥生时代村落的遗址，这里的高床式仓库的柱子上部安装有驱鼠器。类似的驱鼠器在其他弥生遗迹中也有发现，由此可见，弥生人当初为了保护粮食不遭老鼠破坏而绞尽了脑汁。

目前已知稻子种植技术在绳纹时代后期就已传入日本，并且在那之前日本人早已开始种植稗子、粟米和栗子等农作物了。所以从遥远的古时候开始，人们肯定就已经为鼠害所深深困扰。

但不可思议的是，日本几乎没有将老鼠与死亡或毁灭联系在一起的传说或强调老鼠破坏能力的说法或故事流传下来。在古代传说《鼠净土》中，老鼠能够为人类带来利益，有时甚至被奉为有预知能力的神兽。

在《古事记》神代卷中便记载了一则老鼠拯救了大穴牟迟神（大国主命）危机的故事。须佐之男命将大国主命引诱到枯草原，准备放火烧死大国主命。当他被熊熊烈火包围，眼看就要丧命的危急时刻，一只老鼠告诉他地下有空洞，于是他躲在地下，逃过了一场杀身之祸。

自古以来，人们就认为老鼠有预知灾害的能力。人们在很长时间内相信，火灾、地震或洪水等灾害发生前，老鼠会成群移动，等到安全了再跑回来。而记录了这些现象的书籍自"记纪"开始到近代的随笔集不胜枚举。直至现在也有不少人相信这种说法，但其实老鼠成群移动预示着灾害发生的说法并未得到证实。大火灾或洪水泛滥的时候，像老鼠这样的小动物消失得无影无踪是很正常的一件事情，当人类重建了受灾区后，它们自然而然就回来了。灾害发生前老鼠会成群避难的说法，或许带有些许杜撰。

在日本，老鼠被人们称为"嫁が君"（よめがきみ），有时也单写一个"嫁"（よめ）字。这是因为老鼠夜间活动，到了晚上能利用"夜目"（よめ）——它们在晚上也能看得见——而得此名。但这不过是民间传说，原本的语源尚未得到证实。

"嫁が君"（よめがきみ，直译为"妻子是你"）一说或许来自中国的传说老鼠嫁女。根据民间传闻，人们会在除夕夜把老鼠"嫁"出去，在馒头上插假花放在床上或空房间内供给老鼠，这样一来就能减少鼠害了。虽然日本也有老鼠嫁女的故事，但却并未形成民间习俗。为了避免鼠害，在日本各地也确实存在不将其扑灭，而是适当地将食物分给老鼠的习俗。

《鼠净土》与义贼鼠小僧

日本人对于《鼠净土》这个故事可谓耳熟能详，该故事有时也被叫作《老鼠与饭团》或者《老鼠的麻糬》等。这个故事的内容大致是：

很久很久以前，有一位善良的老爷爷。有一天，老爷爷一不留神将饭团弄掉了。他赶紧去捡掉下去的饭团，但回过神来却发现自己进入了一个洞穴，这里便是老鼠在地下的净土。在这里，老鼠唱着歌，捣着年糕。它们看到老爷爷进来，非常欢迎，并给了他很多诸如年糕以及金银宝物的礼物。有一个贪婪的老婆婆听到这个消息十分羡慕，于是故意把米团子弄掉，然后擅自闯入了老鼠的净土。看到正在唱歌和捣年糕的老鼠，老婆婆模仿猫的叫声把它们都吓跑了，于是她便被关在地下，再也出不来了。

这个故事中的老鼠显然是能够为人类带来财富的动物。或许，古时候日本人是将老鼠奉为谷灵神的吧。很久以前的日本人会将老鼠喜欢吃的饭团、米团子或年糕等食物摆出来，以此避免更严重的鼠害。此外，那时人们还相信只要有老鼠在便不会遭遇灾害，这大概也是人们对老鼠预知能力的一种朴素信仰。

直到不久之前，人们都还保留着"房间的角落或米仓的老鼠洞是通往净土或黄泉的入口"的信仰。但如今人们的住宅中已经很少有老鼠洞了，而米仓也都用坚固的钢筋水泥制成……

不过，猫就算被人格化，顶多也就是变成了猫妖。而老鼠却会成为英雄的冠名，这个深受老百姓追捧的英雄便是义贼鼠小僧次郎吉。

据传，次郎吉生于宽政八年（1796 年）或宽政九年，出生地为江户日本桥。他的本职是土木建筑工人，后来却成了救济贫民的义贼。正如其名"小僧"，他身材小巧、动作敏捷，专门洗劫大名的宅邸。遭其下手的大名共有九十五家，若算上大身旗本，则有一百三十九家受害。他所偷取的金额达一万二千两，若是放到现在，相当于十几亿日元。松浦静山的《甲子夜话》记载道："（义贼鼠小僧次郎吉）从不伤人，且不取一切器物，仅拿走金银。"次郎吉会将偷来的一部分金子分给贫苦百姓，因此在江户百姓中他的义贼之举广受好评。但到了天保三年（1832 年），他潜入松平宫内少辅的宅邸时被捕，在江户市内被拉着游街后，在小冢原被斩首示众。次郎吉被杀时年仅三十六岁。

他的墓地以本所回向院（位于东京两国町）为首共有七处。其墓碑被人们视为能带来赌运和抽签运，甚至还有人认为能治疗痔疾，所以直到今天还有人会破坏他的墓碑带走以求好运降临。

但这位义贼鼠小僧次郎吉并非真实存在的人物，他应是人们在真实存在的盗贼稻叶小僧等人身上寄托了对义贼的期望而虚构出来的人物。而之

花鸟风月日本史

所以用"鼠"字冠名，则是因其行盗时多在夜晚且神出鬼没。

此外，日语中与猫或老鼠有关的谚语数不胜数。像"窮鼠猫を噛む"（穷鼠咬猫，相当于狗急跳墙）这样既有猫又有鼠的谚语也不在少数。各位读者如果感兴趣的话不妨查查看。

四 山里的野兽

既是食物、药材也是信仰对象的猴子

地球上的生物中与人类最为接近的当属猴子了，但猴子其实是灵长类动物的一种，目前共有十一类约一百七十种灵长类动物生活在地球上。较其他种类而言，生活在最北方的猴子便是日本猕猴了。青森县下北半岛作为猴子在地球上最北的栖息地而闻名于世。

日本的猴子尽管仍以山中野生的居多，但它们曾生活在离村落更近的区域，与人类的关系也远比现在亲近得多。在日语中，猴子可以写作"猿""猴"或者"猨"等；而"猿"字原本在汉语中指的是长臂猿科的猿猴，汉语的"猴"这个字则表示猴科的长尾猴。《西游记》中出场的孙悟空便属于猴类。日本猕猴虽然没有尾巴，但属于猴科。

原先，日本只有日本猕猴这一个种类的猴子栖息，所以才出现了"猿""猴"和"猨"这些汉字混用的情况。

绳纹时代的贝冢中出土了许多猴子的骨头，看起来绳纹人应该食用过猴子。据说猴子肉质软嫩鲜美，中世纪以后仍然有人将猴子肉用盐腌制后作药膳。据说猴子肉能治腹泻，并且可以暖身。还有做法会将猴脑放入容器中蒸烧，用来做补脑的药。而晒干的猴脑曾被用作治疗神经痛的药材。

有关猴子作为珍贵药材而受到人们重视的记载，可追溯到古代流传下来的神话故事。比如，下面这则《猿之生肝》便与此有关。

龙宫的公主生病后，为了给爱女治病，龙王命令海月（水母）去取猴子的生肝（活着时摘取的肝脏）。原本海月成功骗了猴子跟自己回去，但在途中不小心将实情说漏了嘴。于是，猴子骗海月称自己忘记带生肝，以回去取为借口趁机逃走了。海月因此受到了龙王的惩罚，被剥去了所有的骨头。

这则故事被记载在佛典以及《今昔物语集》《沙石集》等书中，东南亚地区也广泛流传着类似的故事。这则故事与龙宫传说一样，原为跨海传入日本的神话传说。全世界食用猴子并以之为药的国家并不在少数。

此外，猴子并非只是被人类用作食物或药材。自古时候起，人类便开始饲养猴子，将其作为宠物。人们还曾认为猴子是神的使者，信奉猴子可以除灾除难。

古代的日本人曾认为猴子是太阳神的使者。在"记纪"神话中登场的猿田比谷（猨田彦）便是天之八衢的异形太阳神，在回答了天钿女命的问题后为天孙琼杵尊带路。因这次缘分，天钿女命与猨田彦结为夫妇，而他们的子孙也被称为"猿女"（猨女）。

"猿女"随后又成了古代皇宫中的女官，并发展成演奏舞乐的一支氏族。

据说日语"猴""猿"的发音"さる"是由动词"戯る"（さる）演变而来的，这个动词原本表示装腔作势或喧闹，而猴子会模仿人类做出滑稽可笑的动作，因此根据这个动词的发音得名。在宫廷祭神仪式上演出滑稽舞蹈的演员也被称为"さる"，随后在此基础之上发展出了"猿乐"（散乐）。到了近代，还出现了让猴子自己跳舞的耍猴表演。

而在日语中"猿"的发音"さる"又与动词"去る"（离开）相同，由此还发展出了猴子能够驱灾除难的信仰。"庚申待"（こうしんまち）即

修炼者在庚申日彻夜静坐不眠，待庚申之夜，揭三猿之像以祭祀帝释天和青面金刚的仪式，起源于道教避三尸之说。"庚申信仰"如今早已深深扎根民间。

此外，猴子还被视为"厩神"而被饲养在马厩，其缘由是人们认为猴子能够"去"除马匹的灾难，保护马匹不受河童的伤害。日本人认为河童会将马匹拽入河中，但由于河童很讨厌猴子，所以一旦有猴子在，它们就不会出现（有关河童与猿猴的关系，详见下文"虚构的动物"一节）。

与猴子有关的民间传说

有关猴子的民间传说中最广为人知的当属《猿蟹合战》以及《猿婿人》了。

作为日本五大童话故事，《猿蟹合战》其实有多个版本流传于世，但故事梗概大抵如下：

猴子用柿子的种子与螃蟹交换了饭团。螃蟹认真地种下了柿种并将柿子树培育长大。而当柿子树终于结出果实时，猴子却爬上树独享了甜柿子，并将涩柿子扔在螃蟹身上，砸死了螃蟹。螃蟹的孩子十分悲伤，找来栗子、臼、蜂、牛粪，潜入猴子家成功报了仇。

还有另一个版本的故事，叫作《猿与蟹与柿》。在这个版本中猴子虽然独占了柿子，但是螃蟹用计谋骗取了柿子并躲进了洞穴中。生气的猴子于是用屁股堵住了洞穴口并将尾巴塞进去威胁螃蟹，如果不交出柿子就要往洞穴里排泄。而螃蟹并不屈服，只是死死地抓住猴子尾巴不松手。最终猴子尾巴被夹断，而屁股上的毛也都被螃蟹弄掉了，只剩一个红红的屁股。另外，螃蟹用来夹猴子尾巴的蟹钳上却长出了毛。

除了上面这则《猿与蟹与柿》外，还有诸多民间传说讲述了猴子为何会有红屁股和红脸蛋。《猿婿人》也是这样一则故事。

　　一位男子在下地干活时因为腰疼而无法好好工作，于是他嘟囔道："如果谁能帮我干活的话，我就把三个女儿中的一个嫁给他。"于是从旁边的树上跳下来一只猴子，帮他干完了农活。虽然让猴子做自己女婿有些为难，但男子认为答应了的事情就应该做到，于是便去跟三个女儿商量。但是大女儿和二女儿都不同意，三女儿则表示自己愿意去，并索要了石臼和水瓮作为嫁妆。三女儿让猴子背上这些嫁妆，自己随之进入了山里。当他们来到深川边的悬崖时，三女儿让猴子爬上悬崖去给自己摘取樱花枝。于是猴子爬上了樱花树，却不幸坠落，掉入河中，由于背着石臼，猴子一直沉到了河底，而三女儿则从山里逃了回来。

　　这个故事也有好几个版本，无论是哪一个版本，其中的猴子都十分愚蠢。古代人将猴子视作神的使者而推崇信奉，并衍生出了"猿乐"；另外，又会让猴子出现在类似《猿蟹合战》这样的故事中，扮演狡猾奸诈的角色，或是在《猿婿人》中让猴子被人类欺骗，最终被杀死。

　　除了上述这些故事外，还有许多有关猴子的毁誉参半的故事。这些故事也都从侧面印证了自古以来猴子便与人类的关系十分密切。

　　猴子的天敌是狗。下面这则传说描述了被人类尊奉为神的猴子在加害了人类后又被狗打败的故事。在《桃太郎传说》中，虽然猴子与狗合作打败了鬼，但在这则故事中二者却上演了互相残杀的一幕，这个故事就是伊那的《早太郎传说》。

　　远州见付天神（静冈县磐田市）的猿神每年都会要求人类用活人做祭礼。害怕招来灾难的村民每年都会将一名年轻女子献上作为活祭品。一名旅僧听闻这件事，感到十分悲痛，一天夜里他潜入天神社，听到了怪物在自言自语道："不要让信浓的早太郎知道。"于是，这名旅僧赶紧奔赴信浓国去寻找这位"早太郎",发现早太郎是伊那的光前寺（位于长野县驹根市）内养的一条狗的名字。于是旅僧借来了这条狗，替代掉原本要当活贡品的女子放入了天神寺。到了深夜，现身的怪物与早太郎进行了激烈的交战。最终，早太郎取得了胜利，咬死了这个怪物。而这个怪物其实是一只上了年纪的大狒狒。

有些版本称这只怪物是狸猫，但原初版本应该是猴子。狒狒则是阿拉伯狒狒等大型猿猴的总称。

此外，比叡山的日吉神社也将猴子看作神的使者，而在近江坂本的日吉大社（滋贺县大津市）至今都将猴子视为神猿来饲养。位于比叡山京都一侧登山口的赤山明神禅院的屋顶梁柱上摆有一只手持钱币的猴像。而位于东京赤坂的山王社（日枝神社）中，还有一对身着衣冠束带的猴像坐镇神门内侧。

还有一则猴子击败大蜈蚣并救下巨蛇的传说。这个故事里的猴子其实是人类。而此人便是三十六歌仙中的一人，平安初期的猿丸大夫。猿丸大夫作为《百人一首》中"奥山に紅葉踏み分け鳴く鹿の声聞く時ぞ秋は悲しき"（红叶深山有鹿鸣，声来闻者亦悲秋）这首和歌的作者而名声大振，但他究竟是何人、其出生去世的具体年月为何，尚无人知晓，是一个充满未解之谜的人物。

据传，猿丸大夫的本名是小野猿麻吕。从京城逃亡外地的有宇中将成为奥州小野的朝日长者的门客，并娶长者之女为妻后生下马王，而马王与侍女所生之子便是猿麻吕了。中将与妻子死后成为二荒山神，分别作为男体、女体的山神化身。但因山中之湖的纠纷，二荒山神与赤城神展开了争斗，二荒山神化作一条巨蛇，而赤城神则变成了大蜈蚣。战斗中，二荒山神本处于劣势，于是便向脸孔酷似猴子的弓箭名手猿麻吕求助。猿麻吕一直追杀大蜈蚣到利根川岸边，并使其身负重伤，最终凯旋而归。蜈蚣的血将沼泽和山里的树木全都染红了，因此现在此处的沼泽被人们称为赤沼，山被称作赤城山，山脚下的温泉为赤比曾汤，而杀死蜈蚣的那片土地则被命名为宇都宫。

熊肉料理

栖息在日本山林里的野兽中体格最为庞大，力量也最为强壮的当属熊了。

生活在日本本州、四国以及九州的熊是亚洲黑熊。其体长一米二至一米六，体重大约一百二十公斤。居住在日本的另一种熊是栖息在北海道的棕熊，体长两米左右，比亚洲黑熊的体形庞大一些，脾气也很暴躁。有时甚至会攻击牛、马或人类。

在《日本书纪》与《和名抄》中早已出现了有关"羆"（ひぐま，即棕熊）的记载，而出现在文献中的"熊"则几乎都是亚洲黑熊。

亚洲黑熊喜欢居住在深山老林里，特别是落叶阔叶林，是它们的最爱。它们以蚂蚁、蜜蜂和螃蟹等小动物为食，也会吃草木的根茎、嫩芽以及花和果实等。亚洲黑熊擅长爬树，偶尔会在树上睡觉。它们的性情比较温顺，一般只要不是迎头撞上，几乎不会对人类发起攻击。

据说如果被熊攻击，最好的办法是装死。这种说法在中国的文献和《伊索寓言》中都有出现，但其实完全是民间迷信。不仅仅是熊，很多动物都具有足够敏锐的感知能力，装死这类行为是骗不过它们的。装死反而会让熊起疑，它们可能会用一招就能折断牛和马脖子的强壮前臂去捅触装死的人，或者用牙齿去咬，因此装死反倒是极其危险的做法。

日本人将熊作为狩猎的对象。在纪州的熊野等地，人们则将其视作熊野神灵的化身而敬畏着熊。

人们狩猎熊主要是为了取熊胆和食用熊肉。熊胆由带有胆汁的胆囊干燥后制成，虽味道奇苦无比，却具有多种药效。在汉方药中也有熊胆这剂药，真正的熊胆价格十分昂贵。江户时代，甚至有一匁[1]熊胆相当于一匁金子，或者一匁熊胆相当于一俵米的说法。因此有人会熬制树皮以假乱真，冒充熊胆高价在市场上销售，而辨别真假熊胆的方法也传承了下来。

此外，日本人曾经经常食用熊肉。江户时代的宽永二十年（1643年）出版的《料理物语》中便介绍称，熊肉十分适合做汤汁料理和田乐料理[2]。受佛教影响，日本人表面上扬言不吃动物的肉，但实际上除了家养的牛、马外，日本人一直在吃兽类的肉。在《料理物语》中除了熊肉外，还介绍了狸猫、鹿、野猪等共七种兽肉的烹调方法。江户时代，还有专门卖兽肉的肉店和专门制作兽肉的料理店。

而在中国料理中，熊掌被视为山珍野味。据说熊左前肢的掌心肉以蜂蜜入味后鲜香至极。在中国，司马迁的《史记》中便载有楚成王沦为阶下囚，死前还想再吃一次熊掌的内容。在日本，平安初期的《延喜式》中也已出现了关于熊掌的记录。成书于室町时代初期的《庭训往来》记载有盐腌熊掌。在江户时代中期的《日本山海名产图会》（成书于1799年）中也记录有津轻地区食用熊掌肉，并作成贵人膳食的部分。

除了食肉外，日本人还会将体积巨大的生物名称冠以"熊"字。如体形最大的鹰，日本人便命名为"熊鹰"，大型的蜂则叫作"熊蜂"，日本最大的蝉被称为"熊蝉"，等等。由此可见，自古以来日本人都对熊这种野兽之王怀有崇敬之情。

---

[1] 匁（もんめ），日本古代计量单位，约等于3.75克；后文的"俵"（ひょう）同样是日本古代的计量单位，约为60千克。

[2] 田乐料理，即用签串起来后，沾上甜味噌酱制成的料理。

　　　　　　　　　　　　　　　　　　　　　花鸟风月日本史

与人关系最亲密的鹿

鹿是与日本人关系十分密切的一种动物。绳纹遗迹中出土最多的哺乳类动物的骨头当属鹿骨了。其原因在于，首先，鹿的数量很多；其次，它们十分容易捕获；再加上鹿肉也十分美味可口。自太古时期开始日本人就一直食用鹿肉。

《延喜式》中记载了鹿肉干、腌制鹿肉等鹿肉的各种制作方法，书中甚至还记录了鹿内脏的名称。在《今昔物语集》中关于鹿肉，有描述称"煎之美味，烤之亦鲜美"。江户后期的儒学家羽仓简堂在其著作《馔书》中写道，鹿肉以冬天的最为肥嫩鲜美，鹿胸肉为最佳，后肢肉次之。据说，羽仓简堂所处的时期，最盛行的是用鹿肉做寿喜烧口味的火锅料理。

此外，鹿在日语中叫作"シシ"，为了和野猪（イノシシ）区分，也作"カノシシ"。

自古时候起，鹿除了肉可供人食用外，其他利用价值也很高。比如，鹿角和鹿骨可以加工成各式各样的工具，甚至可以制作成捕鱼用的鱼叉、钓针等；鹿的毛皮柔软结实，可以做成去山林打猎时披着的外披或骑马时的护腿。而尚未完全骨质化的袋角即鹿茸，是一剂汉方药材。

鹿经常会出现在村落附近，有些地区的人视鹿为神的使者，因而禁止捕食鹿，在这些受到保护的区域，鹿与村落的人十分亲近，人们也会给这些野生的鹿喂食。如春日大社的神域奈良公园、安艺的严岛神社、宫城的金华山，等等。

另外，日本也曾盛行猎鹿。从中世纪到近代，武士家的围猎捕获的几乎都是鹿。一次围猎能够捉到数百头鹿也不是什么新鲜事。即便如此，鹿的数量并没有减少，大概是因为鹿有着极其旺盛的繁殖能力，而这也得益于良好的自然环境。

然而，自古以来，鹿也是破坏庄稼的代表性动物。为此，人们发明出了各式各样的用来驱赶鹿的器具。

秋天是鹿的繁殖期。从初秋到仲秋，雄鹿呼唤雌鹿的叫声似乎带着一丝丝哀愁，唤得人心潮涌动。

　　　　夕されば小倉の山に鳴く鹿は

　　　　今宵は鳴かず寝にけらしも

　　　　（傍晚时分至，小仓山鹿鸣；今夜却无声，或是已入眠。）

　　　　　　　　　　　　　　　　　　——舒明天皇，《万叶集》卷八

　　　　山里は秋こそことにわびしけれ

　　　　鹿の鳴く音に目をさましつつ

　　　　（山村小木屋，更觉秋寂寥；夜闻鹿鸣鸣，几度梦中醒。）

　　　　　　　　　　　　　　　　　　——壬生忠岑，《古今和歌集》

如上面这两首和歌般，自《万叶集》以来，在红叶中想着伴侣的雄鹿的鸣叫与模样，成了诗歌和绘画的题材。

现如今，猴子、熊、鹿栖息的家园中有很多都遭到了人类的破坏。山里的野兽急剧减少，而与这些山里的野兽在自然中共处才孕育出的日本人的文化感性也正急速消失。

五 虚构的动物

有害却被人们喜爱的河童

说到日本人最熟悉的虚构动物，当属之前提到过的河童了。河童是一种北至青森，南至冲绳，在日本各地的河川和沼泽中均存在的妖怪。

河童的发音"カッパ"原本是日本关东地区的方言，并且人们还会称其为"カワワッパ""カワッパ""カワランベ""カワワラシ"等，不论哪个发音，写作汉字都是"河童"；但也有地方写作"河太郎"（カワタロウ、ガタロウ）或"河儿"（カワコ）。无论读音不同还是写法不同，上述说法从意思上都是指河里的儿童。

不同地区的河童，外貌与属性也存在差异，但大致相同的是以下这些特征：有着儿童般的模样；生活在水里；发型是经典的河童头；头上有一个装满水的碟子，如果碟子里的水干了河童就会死去；手脚都是三根指头，且有蹼；身体颜色为绿色、黑绿色或灰色，偶尔会有红色；手臂可以伸缩自如，可以左右横穿；最喜欢吃的食物是黄瓜。

关于河童行为的说法各异，但共通的是一种可怕特性——河童会将马拽入河中，或者将在河边玩耍的小孩或大人的"尻子玉"拔出，使之溺水而亡。"尻子玉"指的是古时候日本人想象出的肛门内的一颗球。据说溺水而亡的人肛门之所以呈打开状态，在古人看来就是因为被河童拔去了

"尻子玉"。

河童的"驹引"（拽马）传说广泛分布于日本各地，为避免劫难，人们会在马厩中饲养猴子或在马厩中挂上绘有猴子牵马图案的绘马。据说这是因为猴子与河童交恶，猴子一看到河童就会去捉住它们。至于为何河童喜欢将马拽入河中，则不得而知。此外，还有不少地方传说河童每年会有两次在山和河之间移动。

虽然河童是可怕的妖怪，但相当呆笨，所以也有不少行动失败的故事流传于民间。据说它们喜欢相扑，会向人类挑战，一旦输了就会破坏农田、作恶多端。但是它也会在厕所摸女性屁股或者在拽马失败时被人类抓住并砍去胳膊。为了要回胳膊，河童写下道歉书，或告诉人类灵丹妙药的制作方法作为谢礼，这些道歉书和谢礼在日本各地都有流传。甚至还有说法称，若是和人类处好了关系，河童还会帮人做农活或者在农田里除草等，这些时候河童的形象就非常惹人喜爱了。

关于河童的起源，在天草地区流传着下面这样的传说：

左甚五郎曾负责监督筑城工程，但因人手不足，眼看着无法在工期内完工。于是他便制作了许多人偶，并将生命吹入人偶中使它们"活"过来充当人手，最终顺利完成了筑城工程。工程结束后，左甚五郎将这些没用了的人偶扔进了河里打算冲走，这些人偶便问道："今后我们该吃什么活下去呢？"于是，左甚五郎回答道："吃人的屁股吧。"由此这些人偶生活在河里并最终变成了河童。

关于河童的种种传说，江户时代以降才流传起来。在那之前的文献中几乎完全没有河童的记载。而在江户时代的地志类书籍《和汉三才图会》及《利根川图志》《日本山海明物图会》等书籍中则有许多关于河童的记载，并且在《百鬼夜行》和其他妖怪集，以及诸如《耳袋》等奇谈集中，河童也有登场。

此外，日语中还有许多跟河童有关的谚语。

"河童の川流れ"（直译为河童的河流）指即便是某方面的高手，也会有失败的时候。而"河童の木登り"（河童爬树）则用来比喻做自己不擅长的事情，或即便要做也做不来之意。"河童の屁"（河童的屁）或"屁の河童"（屁之河童）都是用来形容不足取、不值一提的事情或者毫不费力之事。这是因为即便在水中放屁，也不过是咕嘟一下冒个气泡而已，毫无气势可言。另有一种说法称"河童の屁"或"屁の河童"其实是"木端の火"（直译为木屑的火，即微弱之意）的误传。

到了近代，柳田国男在《远野物语》中写道："河中多有河童居住，尤以猿石川居多。"此外像《山岛民谭集》所描写的那般，日本各地都有河童传说流传。在远野地区，至今仍有老人坚称自己在儿时曾在常坚寺后面的足洗川看到过河童。

但今天，日本的河川大多被水泥墙围起，或建起了大坝，又或者被人类污染，河童的传说也随着环境的恶化逐渐消失。池塘和沼泽亦是如此。被人类夺走了生存家园的这种可恨又可爱的小妖怪究竟去哪里了呢？

腾空呼风唤雨的龙

要说到与水不可分离的虚构动物，自然首先会想到龙。这种虚构动物与上一节的河童比起来，体量要庞大得多。西洋称其为"Dragon"，中国称之为"龙"。日本所说的龙便由中国传入。

十二支中的子、丑、寅、卯、辰、巳、午、未、申、酉、戌、亥原本是用来表示方位和时刻的说法，并分别用来对应鼠、牛、虎、兔、龙、蛇、马、羊、猴、鸡、狗、猪这十二种动物，而这些动物中只有龙是虚构出来的。

　　尽管从来没有人见过龙，但谁都知道龙长什么样子。明明是十二生肖中唯一一个虚构出来的动物，但与另外十一种真实存在的动物摆在一起，竟毫无违和感。至于原因，大概是龙对于日本人来说，古时候曾是非常亲近的动物。在十二生肖中，被用于雕刻、绘画、纺织品等美术工艺中的动物图案，龙压倒性地占了首位。不知不觉中，龙已经以眼瞪八方或威严鸣吼之姿出现了天花板的图案上，柱子上也雕刻着五彩的龙，屏风画和挂轴上也常见龙的英勇姿态。很多祭奠活动中都会有"龙"出场。此外，龙神传说、龙王与龙宫传说、相传是龙居住的湖泊沼泽或洞窟等，在全日本不胜枚举。此外，带"龙"字的地名也有许多。

　　但龙却并非日本独有的虚构动物，它的原产地是中国。

　　龙平时生活在水里，有时会带来降雨，时机一到它就会飞升上天。据悉，这种对龙的想象在中国的新石器时代，也就是五千多年以前就已经形成了。当时的玉器上业已出现龙的形象。甲骨文中也已有了"龙"的古字。

　　渐渐地，龙在古代中国成为象征新皇帝即位的瑞祥之兆，进而成了天子的象征。比如，龙颜指的是天子的脸，龙驾和龙车都是天子乘坐的车马，龙旗是天子的旗帜。此外，龙也成为皇帝在典礼等仪式上穿着的服饰上的重要图案。

　　《礼记》中"龙"与"凤""麟""龟"并称为四灵。到了汉代逐渐形成了四神的观念，而龙也是四神之一。这四神很早就传入了日本，在日本人的理解中这四神是守护东、西、南、北四个方位的神兽。即守护东方的青龙、守护南方的朱雀、守护西方的白虎、守护北方的玄武。高松冢古坟和龟虎古坟石室的四面墙壁绘有四神图已广为人知。此外，皇宫中南面的正门被叫作"朱雀门"也源自四神守护四方位的思想。

　　时代推移到庆应四年（1868年，即明治元年），戊辰年的会津战争时，会津藩按照年龄编制了"白虎"（十六岁至十七岁）、"朱雀"（十八岁至三十五岁）、"青龙"（三十六岁至四十九岁）、"玄武"（五十岁以上）四支部队。这四支部队与由四个方向进攻而来的西军进行了对抗。而这场战役中白虎队的悲剧可谓家喻户晓。

接下来，我将为大家介绍一下日本人对龙的普遍概念。龙形似巨大的蛇，有着尖锐的爪子和短小的手足，背上覆有八十一枚鳞片；头部有两根好似鹿角的犄角，嘴边有长长的胡须。龙会住在大海或池水等水中，又或是地下；能够掌控水；会随着龙卷风升空并呼云唤雨；人们将龙视为龙神而崇拜、敬畏；若惹得龙神不高兴，就会出现干旱或洪水等灾害。

《今昔物语集》中有这样一则故事。

很久很久以前，奈良有一座名为"龙菀寺"的寺庙。不知何时，化作人形的龙来到这间寺庙，与每日诵读法华经的僧人渐渐熟悉起来。随后人们都知道了这件事。某一年，各国大旱，百姓深受其苦。于是，皇帝唤龙菀寺的僧人来到宫中，命令僧人道："你去命令龙消除干旱！"于是僧人回到寺庙与龙商量此事，龙回答道："本就是畜生之身的我因自己的恶性而苦恼，托你诵读的法华经，我才能逃离痛苦。所以我要报答你的恩情。"于是，龙在约定好的那一天令天空降下了倾盆大雨，这雨下了整整三天三夜，滋润了干枯的农田。

此外，在《宇治拾遗物语》中还有下面这样一则故事。

很久很久以前，奈良有一名叫作惠印的僧人。某天，惠印恶作剧在猿泽池边立了一个写有"某月某日，此池将有龙升空"的牌子。随后，这个原为恶作剧的事情传开，牌子上所写的这一天到来时，许多人都来到猿泽池，打算一睹龙的真容。原本惠印对很多人受骗还感到很开心，但没有想到会来如此多的人，于是自己也开始怀疑，会不会真有龙出现，便也来到猿泽池想一探究竟。但是人们左等右等都没有龙出现的迹象，最终夜色降临，也并没有龙出水升空。

这则故事讲述了一个骗子最终也被自己的恶作剧所骗的故事。芥川龙之介以此为原型创作了《龙》这部短篇小说。但在这本小说中，龙真的浮出水面升上天空，原本打算戏弄众人的惠印愿望落了空。

我现在所在的见沼田圃，原本是江户时代的享保年间（1716年—1736年）开拓的一大片沼泽地。当地古神社保留了湖水信仰，至今仍流传着龙神的传说。

虽然龙的传说在日本各地仍保留下来许多，但如今适合龙栖息的环境已经不多了。那么，被夺走了栖息地的龙现在又藏身于何处呢？

对日本人来说最可怕的鬼

想象出来的动物中最可怕、最优雅，同时也是日本人最为熟悉的应该就是鬼了。带"鬼"字的地名在日本各地均有出现，而这些地区大多与鬼的传说有关。此外，日本人的姓氏中也有许多带"鬼"字的，动植物的名字中冠以"鬼"字的同样不在少数。而有关鬼的祭祀活动或民俗庆典在日本各地依旧兴盛不衰。

自古以来，就有说法（《和名抄》）称日语的"鬼"（オニ）来自"隐"（おぬ）字的发音，后者表示人看不见的隐居。死灵中的恶灵是鬼，怪物、魑魅魍魉也都是鬼，《百鬼夜行》中的"百鬼"是夜间嚣张跋扈的怪物的总称。

据悉，汉字"鬼"在日语中的训读定为"オニ"是平安时代的事情。"鬼"这个字原本是指死者灵魂的汉字。所以"魂"和"魄"这两个字中都有"鬼"字。人死后会入鬼籍等说法也是由此而来。顺便一提，"鬼籍"

花鸟风月日本史

指的是记录死者戒名（法号）的账簿，也称作"鬼录"或"鬼簿"。

日本的鬼最常见的形象为：外貌虽似人类但身高超八尺（两米四）；肤色为红、绿或黑、黄等，并不统一；骨骼强壮，体毛浓密；头发是卷毛，头上还长着一个或者两个角；身穿虎皮兜裆布，手持大金棒；有一个或两个眼睛；大獠牙从大嘴中露出。

在《今昔物语集》《宇治拾遗物语》《古今著闻集》以及《日本灵异记》等书中都有这样的鬼出现并取人性命。在《出云风土记》中也记载了一个独眼鬼吃了田夫的故事。

此外，"记纪"中也有鬼登场。伊邪那岐被黄泉的恶鬼追赶，并在黄泉比良坂向恶鬼投掷了桃子果实，以此来防御鬼的进攻。古代中国有说法称，桃子可以防止死灵带来的灾祸。

在桃太郎的故事中，桃太郎击退了鬼，而他是从桃子中生出来的，这恐怕也借鉴了桃子可以击退恶灵的特性吧。

而在历史上以击退鬼而闻名的是渡边纲。

渡边纲是嵯峨源氏的子孙，也是平安中期的武士。同时他是源赖光的得力干将，与坂田公时 *、平贞道、平季武并称赖光四天王。在《今昔物语集》中，有一则渡边纲打败了本想袭击源赖光的鬼同丸的事迹。此外，《平家物语》中也记载了下面这样一则故事。

某一天，渡边纲在一条堀河的戾桥遇到一位美女并与之一路同行。但到了五条渡这位美女突然变成了鬼。于是，渡边纲用源赖光交给自己保管的名刀"髭切"向鬼砍去，鬼的一条手臂被砍断，然后便飞向了爱宕山。随后，渡边纲听从了阴阳师安倍晴明的忠告进行了斋戒，封印了鬼的手臂。但他耐不住故乡过来的养母的再三恳求，给养母看了鬼的断臂。他刚把断

---

* 一作"坂田金时"。

臂拿出来，养母就变成了鬼，夺走断臂后从"破风"（正门屋顶的装饰部件）处飞走了。由于发生了这件事，自此渡边纲便不再建造破风，而改为"东屋造"（棱锥形屋顶建筑）了。名刀"髭切"也改名为"鬼丸"。

之后这则故事发展出了多个版本。《太平记》中渡边纲砍断鬼手臂的地点在大和国宇陀郡的大森。而在能乐《罗生门》这部剧中，渡边纲则是在罗生门砍断的鬼手臂。《御伽草子》中的《罗生门》这个故事中，夺走鬼手臂的人是源赖光，而鬼化作了源赖光的母亲。此外，在能乐《大江山》《御伽草子》中的《酒吞童子》中，则是住在丹波大江山的酒吞童子和其同伙攻击源赖光和渡边纲等四天王。

鬼的概念也与佛教密切相关。"饿鬼"是死者的一种形态，为六道轮回之一，在这一道中鬼终日饥饿，连人的粪便都吃。饿鬼往往看起来十分瘦弱，脖子细到仿佛食物无法通过，却有着与身形完全不相符的鼓起来的大肚子，虽然饿鬼外貌令人作呕，但他们并不吃人。

天邪鬼会践踏、破坏佛像中的四天王像和三门的仁王像等。虽然他在人间作恶多端，但是可以通过佛法将其封印在佛像的台座之中。

另外，还有一些鬼是向佛的。奈良兴福寺的天灯鬼像与龙灯鬼像便是维持佛祖前灯火长明的佛祖的随从。作为地狱狱卒的鬼也要承担起相应的职责。原本地狱的狱卒长着牛头人身，样貌十分怪异，因此也算鬼的一种。

虽然很多鬼都是穿着兜裆布的男性形象，但是在渡边纲砍断鬼手臂的故事中出现的是女鬼，与此类似，有不少女鬼的形象被塑造出来。有说法认为女人上了年纪就会变成鬼，因此在日本各地流传着许多鬼女传说。比如，安达原的鬼婆传说便十分著名。据说鬼婆会让旅行者住下，趁着他们睡着时杀了他们食其肝脏。

みちのくのあだちが原の黒冢に

鬼こもれりと聞くはまことか

（陆奥安达原黑冢，有鬼据守可真否？）

——平兼盛,《大和物语》

　　《拾遗和歌集》中收录的上面这首和歌随后被改编成了谣曲《安达原》（《黑冢》），到了近代又发展出了《奥州安达原》这一歌舞伎狂言剧目。

　　关于鬼的故事还有很多很多，童话故事和民间传说除了《桃太郎》外，还有《瘤取爷》《大工与鬼六》等，这些故事中的鬼与其说令人感到恐怖，倒不如说让人倍感亲切。

　　此外，小孩子玩的捉迷藏在日语中叫作"鬼ごっこ"，而这里的"鬼"也就是恶灵，要去捉逃跑的人。而被捉到的人会被鬼同化。所以为了不被捉到，大家要四散开来到处躲跑。

　　归根到底，鬼还是与死者有关，对于人类来说，他们更多的是带来灾祸的不明怪物。所以在日本，迎接新年时，要在立春的前一天晚上举行"追傩"（ついな，一种驱鬼仪式），人们口中唱着"福入内，鬼出去"并撒豆子，以此来祈求新的一年全家安康，没有恶灵骚扰。

　　此外，日本还有天狗、鵺、狐狸妖怪、食梦貘等许多虚构的动物，关于这些，我会另寻机会为大家介绍。

后记

我自大学毕业后进入出版社工作，从事历史杂志与历史图书的编纂工作三十年后，便萌发了想要自己执笔进行创作的念头，并于昭和五十年（1975 年）前后开始了历史类随笔和历史文艺评论等写作。但这一时期我其实并没有特别想写的东西。

昭和五十六年（1981 年），当时我供职的同人杂志（《文人》第二号）曾刊登了我写的这样一段文字：

我的工作性质使得我有很多机会阅读历史书籍。虽说是阅读，但其实大部分时候都是用偏颇的眼光去看待这些书。从学者、研究者的论文到历史小说以及历史资料等我都经常翻看。

话虽如此，但我的历史知识是浅薄的，既没有独立的历史观，也没有擅长的领域。若要说我不争气我也无可反驳，但我一直认为历史杂志的编辑就应该是这样一种状态。

也就是说，我其实一直刻意让自己不要变成历史方面的专家。虽然这听起来很像是为自己找借口。或许如果我自认是专家的话，那么就会踏入历史学家和历史作家的领域，而我也会将自己的历史观强加于读者身上，那么我编辑的杂志也会变成很有偏向性的东西。

兴趣虽然最开始会有偏移，但最终会缩小范围，拥有自己的特性。

　　拿我自己举例，我从初中到高中最热衷于捉蝴蝶。刚开始的时候，只要是蝴蝶我就喜欢，更多的是热衷于收集种类更全的蝴蝶。但随后我有了一起捉蝴蝶的小伙伴，然后我们各自也有了自己擅长的领域，于是便开始专注于捕捉某一类的蝴蝶又或者是全心扑在收集蝴蝶卵和幼虫，饲养它们长大，同时进行观察上。

　　原本只要是跟蝴蝶相关的事物我都感兴趣，但渐渐地我开始有了自己的喜好，最终我找到了自己的挚爱——翠灰蝶。

　　到了这种程度，基本上已经超越了普通的兴趣爱好，而我也在一定程度上成为蝴蝶方面的专家了。对于那些普通常见的蝴蝶，可以说我毫不心动。

　　如果我一直坚持下去的话，或许兴趣的范围会进一步缩小，比如最后我就会写出一篇《论翠灰蝶在生殖中A、B、AB、O型的适合与不适合及RH因子》之类的论文，然后给自己戴上昆虫学家的帽子。

　　但不知道是幸运还是不幸，随后我渐渐远离了当初热爱的蝴蝶，现在对于蝴蝶的兴趣只停留在少年时代的回想之中。

　　我想说的是，作为大众历史杂志的编辑，我并不是想告诉大家自己曾经过度追求兴趣，差点成为某个领域的专家，而是想说，对于一个兴趣的深入，会导致更多的兴趣被丢失，这件事很可怕。

　　但是，一旦我离开了历史杂志编辑的岗位，我认为自己会重新努力寻找自己与历史的关联吧。那时的我将如何缩小我在历史方面的兴趣，对于现在的我来说无法想象。

我辞职是在写下这段文字的十五年以后。这期间我对于历史的个人兴趣又分出了好几个领域，并进一步酝酿升华。

我在某一个时期开始发现，历史也好，文化也好，当然是人类创造出来的，而其创造背景中往往都伴随着那个地区的风土与自然。我认为如果抛开自然环境和自然状况，就无法谈历史。我们往往很容易仅仅将目光放在某个人物的行为上，但那时开着什么样的花、有什么样的鸟儿在鸣叫、刮着什么样的风，应该都是与历史密切相关的。毫无疑问，古时候的人比现在的我们拥有丰富得多的自然知识。这样一来，如果我们不能很好地了解自然，就无法充分理解古时候的人所理解的历史与文化。

比如，我们来翻阅看看《太阁记》。

贱岳之战后，待在越前北庄城的柴田胜家与阿市在决战前夜咏诵了包含杜鹃一词的辞世歌。时间是天正十一年（1583 年）四月二十四日，相当于现在的 6 月 13 日前后。柴田胜家与阿市那时已经知道，太阳升起时便是丰臣秀吉大军开始猛攻之时。在天亮前，正如暴风雨前的平静，二人肯定听到了杜鹃不断地啼鸣。杜鹃这种鸟整个夏天都会在日本各地啼叫，而且啼鸣声在天亮前就已经开始了。但是对于如今并不知道杜鹃何时以及如何啼叫的现代人来说，二人所作的辞世歌的背景似乎就很难理解透彻了。此外，杜鹃也被认为是能够搬运死者灵魂的鸟，是能够往返于冥界与人间的鸟。如果能够了解到，传说杜鹃也会因追忆往昔而啼鸣的话，那对于柴田胜家与阿市的辞世歌似乎就能有更深一层的解析了。

但遗憾的是，大多数现代人已经失去了这种感知。

在我辞职后不久，月刊《MOKU》的山口阳一先生就对我发出了邀约，希望能够连载我现在最想写的东西。我毫不犹豫地决定要写《花鸟风月日本史》。经过三年的连载，最终得以成书问世。也就是说，这本书其实是我第一次独立创作出来的作品，也是经过十五年的沉淀与酝酿后最想动笔写的题目之一。虽然本书中还有许多没有写到的内容，并且里面也包含了自己独断或有失偏颇的观点，但对我来说这是一本非常具有纪念意义的书。

我也希望能够得到诸位读者的感想与指正。

在为连载写稿的三年时间里，我的交稿时间总是拖延。在此，我也想向三年来坚持刊登我的文章的山口先生以及《MOKU》编辑部，还有负责将我写的内容制作成书的松泽隆先生表示由衷地感谢。

此外，本书在执笔过程中，也参考了许多史料、事典以及辞典类书籍和参考文献。

关于引用的史料和参考文献等，在正文中均有明确表述。而像《古事记》《风土记》《万叶集》《古今和歌集》《新古今和歌集》《枕草子》《源氏物语》《今昔物语集》《平家物语》以及《太平记》等古典文学的内容则主要以《日本古典文学大系》（岩波书店·旧版）为底本，并适当参照了岩波文库的其他文库化书籍。关于《日本书纪》则是以岩波文库版为底本。此外，有关近代的各种随笔等内容，则主要参考了《日本随笔大成》（吉川弘文馆）、《东洋文库》（平凡社）、岩波文库版各类书籍。事典与辞典类则主要选取使用了《世界大百科事典》（平凡社）、《国史大辞典》（吉川弘文馆）、《日本史大事典》（平凡社）、《日本历史地名大系》（平凡社）、《日本国语大辞典》（小学馆）、《日本大岁时记》（讲谈社）、《谚语大辞典》（小学馆）、《日本奇谈逸话传说大事典》（勉诚社）、《民俗学辞典》（东京堂出版）、《说话文学辞典》（东京堂出版）、《广辞苑》（岩波书店）。

除了上述著作、书籍外，我从当编辑时出版的杂志书《自然与人类的日本史》系列（《鱼的日本史》《花的日本史》《鸟的日本史》《树的日本史》《虫的日本史》）中也获得了不少灵感与帮助。其他的书名恕我不再一一列举，但为了完成这本书，我确实参考了众多前人的研究和论文以及随笔等。在这里我想表达自己深深的谢意。

最后，关于本书中的一些说法我想稍作说明。关于书中的动植物名称，（在日语版本中）原则上各个名称在首次出现时都采用了其汉字形式，第二次以后出现则使用了假名来表示。但对于很多日本人并不熟悉的汉字，则一律采用了假名表示。还有一些汉字表示反而更常见的名称，则一律通篇使用汉字表示。关于神话中的人物名称，由于《古事记》与《日本书纪》中的名称并不一致，所以书中具有多个名字的人物，会使用括号加注。而"记纪"与《万叶集》等原文本采用万叶假名或汉文体的内容，则并未使用原文，而主要采用了岩波文库等文献所使用的读解版假名，以便更好地理解。其中有些地方也掺杂了我自己的解读。

如果本书能够多多少少唤醒人们对"花鸟风月"——对于日本人来说可称为内心文化遗产——的兴趣的话，那将带给我至高的喜悦。

平成十二年（2000 年）十一月

文库版后记

　　三月十一日的下午，风尚有些寒意，但也渐渐开始感受到初春的气息飘浮在空气中，正好在我对这本书进行校对时，一场九级大地震袭击了东日本。海啸还席卷了东北地区到关东地区的太平洋沿岸城镇，不仅仅是建筑物，连很多人宝贵的性命都被大海夺走了。

　　家住埼玉市的我虽然很幸运没有受到灾害的袭击，但是看到电视上播出的各地惨状，只能悲痛地闭上眼睛。在各类报道中，总是能听到"预料之外"这样一个词，或许天灾往往就发生在人们预料之外吧。不论科学如何发展和进步，人类始终不可能控制自然现象，也无法规避天变地异。

　　回顾日本的历史，地震、海啸、火山喷发、台风、大火，等等。迄今为止究竟遭受过多少灾难已无法得知。但每一次，日本人都能够克服困难、重新出发，继续创造新的历史。

　　灾害带走的不仅仅是人的生命与财产。还有许许多多生物的生命也都被灾难夺走，比如在大自然中生活的动物，牛、马、羊、猪等家畜，猫、狗等宠物，鸡、鸭等家禽以及野鸟和昆虫，也都因各种灾害丧命，甚至是花草树木等植物也遭受了巨大的磨难。

　　这一次的大地震想必又带走了许许多多的生命。

　　电视上播出的受灾的海边城镇仿佛拒绝生命存在一般，瓦砾、木屑堆积成山，随着黑浑的海水一股脑涌上来。但人类一定能在那里重新燃起生命之灯，重建美好家园。我相信到那时，草木也将重新发芽，鸟、兽、虫也将再次回归，在新的自然中与人类共生。

无论何时，人类与大自然都是一体的，无法分割开来。大自然为人类提供了无尽的恩惠与安乐，但有时也会露出獠牙向人类发起攻击。再次阅读本书后我有感而发，于是便想以这些感想作为之前后记的补充。

平成二十三年（2011 年）三月十二日

花鸟风月日本史

〔日〕高桥千剑破 / 著
曹倩 / 译

图书在版编目 (CIP) 数据

花鸟风月日本史 / (日) 高桥千剑破著; 曹倩译 .
-- 贵阳: 贵州人民出版社, 2020.3
 ISBN 978-7-221-15821-5

I. ①花… II. ①高… ②曹… III. ①文化史－研究
－日本 IV. ①K313.03

中国版本图书馆 CIP 数据核字 (2020) 第 002454 号

著作权合同登记号 图字:22-2019-37 号

选题策划	联合天际
责任编辑	钱海峰
特约编辑	张雅洁　吴昱璇
装帧设计	王大力
美术编辑	梁全新

出　版	贵州出版集团　贵州人民出版社
发　行	未读(天津)文化传媒有限公司
地　址	贵州省贵阳市观山湖区会展东路 SOHO 公寓 A 座
邮　编	550081
电　话	0851-86820345
网　址	http://www.gzpg.com.cn
印　刷	三河市冀华印务有限公司
开　本	889 毫米 ×1194 毫米　1/32　11 印张
版　次	2020 年 3 月第 1 版　2020 年 3 月第 1 次印刷
I S B N	978-7-221-15821-5
定　价	68.00 元

关注未读好书

未读 CLUB
会员服务平台